KB106194

파이드로스

정암고전총서 플라톤 전집

파이드로스

플라톤

김주일 옮김

아카넷

정암고전총서는 윤독의 과정을 거쳐 책을 펴냅니다.
아래의 정암학당 연구원들이 『파이드로스』 원고를 함께 읽고
번역에 도움을 주셨습니다.
정준영, 이기백, 김유석, 강성훈, 강철웅, 이창연, 김인곤

'정암고전총서'를 펴내며

  그리스·로마 고전은 서양 지성사의 뿌리이며 지혜의 보고이다. 그러나 이를 우리말로 직접 읽고 검토할 수 있는 원전 번역은 여전히 드물다. 이런 탓에 우리는 서양 사람들의 해석을 수동적으로 수용하는 처지를 완전히 극복하지 못하고 있다. 사상의 수입은 있지만 우리 자신의 사유는 결여된 불균형의 문제를 안고 있는 것이다. 이런 상황은 우리의 삶과 현실을 서양의 문화유산과 연관 지어 사색하고자 할 때 특히 심각한 문제를 야기한다. 우리 자신이 부닥친 문제를 자기 사유 없이 남의 사유를 통해 이해하거나 해결하는 것은 거의 불가능하기 때문이다. 우리의 문제에 대한 인문학적 대안들이 때로는 현실을 적확하게 꼬집지 못하는 공허한 메아리로 들리는 것도 그런 이유 때문일 것이다.

  한 공동체에서 살아가는 사람들이 자신들의 생각과 말을 나누며 함께 고민하는 문제와 만날 때 인문학은 진정한 울림이 있는 메아리가 될 수 있다. 이것은 우리가 우리의 현실을 함께 고민하는 문제의식을 공유함으로써 가능하겠지만, 그조차도 함께 사유할 수 있는 텍스트가 없다면 요원한 일일 것이다. 사유를 공유할 텍스트가 없을 때는 앎과 말과 함이 분열될 위험에 노출될 수 있기 때문이다. 이런 점에서 진정한 인문학적 탐색은 삶의 현실이라는 텍스트, 그리고 생각을 나눌 수 있는 문헌 텍스트와 만나는 이중의 노력에 의해 가능할 것이다.

현재 한국의 인문학적 상황은 기묘한 이중성을 보이고 있다. 대학 강단의 인문학은 시들어 가고 있는 반면 대중 사회의 인문학은 뜨거운 열풍이 불어 마치 중흥기를 맞이한 듯하다. 그러나 현재의 대중 인문학은 비판적으로 사유하는 인문학이 되지 못하고 자신의 삶을 합리화하는 도구로 전락하는 경향이 없지 않다. 사유 없는 인문학은 대중의 욕망을 충족시키기 위해 소비되는 상품에 지나지 않는다. '정암고전총서' 기획은 이와 같은 한계상황을 극복할 수 있는 기본적인 토대를 마련하고자 하는 절실한 문제의식에서 시작되었다.

정암학당은 철학과 문학을 아우르는 서양 고전 문헌의 연구와 번역을 목표로 2000년 임의 학술 단체로 출범하였다. 그리고 그 첫 열매로 서양 고전 철학의 시원이라 할 『소크라테스 이전 철학자들의 단편 선집』을 2005년도에 펴냈다. 2008년에는 비영리 공익법인의 자격을 갖는 공적인 학술 단체의 면모를 갖추고 플라톤 원전 번역을 완결할 목표 아래 지금까지 20여 종에 이르는 플라톤 번역서를 내놓고 있다. 이제 '플라톤 전집' 완간을 눈앞에 두고 있는 시점에 정암학당은 지금까지의 시행착오를 밑거름 삼아 그리스·로마의 문사철 고전 문헌을 우리말로 옮기는 고전 번역 운동을 본격적으로 펼치려 한다.

정암학당의 번역 작업은 철저한 연구에 기반한 번역이 되도록 하기 위해 처음부터 공동 독회와 토론을 통해 이루어진다. 번역 초고를 여러 번에 걸쳐 교열·비평하는 공동 독회 세미나를 수행하여 이를 기초로 옮긴이가 최종 수정하는 방식으로 진행된다. 이같이 공동 독회를 통해 번역서를 출간하는 방식은 서양에서도 유래를 찾기 어려운 번역 시스템이다. 공동 독회를 통한 번역은 매우 더디고 고통스러운 작업이지만, 우리는 이 같은 체계적인 비평의 과정을 거칠 때 믿고 읽을 수 있는 텍스트가 탄생할 수 있다고 확신한다. 이런 번역 시스템 때문에 모든 '정암고전총서'에는 공동 윤독자를 병기하기로 한다. 그러나 윤독자들의 비판을 수용할지 여부는 결국 옮긴이가 결정한다는 점에서 번역의 최종 책임은 어디까지나 옮긴이에게 있다. 따라서 공동 윤독에 의한 비판의 과정을 거치되 옮긴이들의 창조적 연구 역량이 자유롭게 발휘될 수 있도록 노력하였다.

정암학당은 앞으로 세부 전공 연구자들이 각각의 연구팀을 이루어 연구와 번역을 병행함으로써 아리스토텔레스 철학 원전, 키케로 전집, 헬레니즘 선집 등의 번역본을 출간할 계획이다. 그리고 이렇게 출간될 번역본에 대한 대중 강연을 마련하여 시민들과 함께 호흡할 수 있는 장을 열어 나갈 것이다. 공익법인인 정암학당은 전적으로 회원들의 후원으로 유지된다는 점에서 '정암고전총서'는 연구자들의 의지뿐만 아니라 시민들의 소중한 뜻이 모여 세상 밖에 나올 수 있는 셈이다. 이런 점에서 '정암고전총서'가 일종의 고전 번역 운동으로 자리매김되길 기대한다.

'정암고전총서'를 시작하는 이 시점에 두려운 마음이 없지 않으나, 이런 노력이 서양 고전 연구의 디딤돌이 될 것이라는 희망, 그리고 새로운 독자들과 만나 새로운 사유의 향연이 펼쳐질 수 있으리라는 기대감 또한 적지 않다. 어려운 출판 여건에도 '정암고전총서' 출간의 큰 결단을 내린 아카넷 김정호 대표에게 경의와 감사의 뜻을 전한다. 끝으로 정암학당의 기틀을 마련했을 뿐만 아니라 앎과 실천이 일치된 삶의 본을 보여 주신 이정호 선생님께 존경의 마음을 표한다. 그 큰 뜻이 이어질 수 있도록 앞으로도 치열한 연구와 좋은 번역을 내놓는 노력을 다할 것이다.

2018년 11월
정암학당 연구자 일동

'정암학당 플라톤 전집'을 새롭게 펴내며

플라톤의 사상과 철학은 서양 사상의 뿌리이자 서양 문화가 이루어 온 지적 성취들의 모태가 되었다는 점에서 큰 의미를 지니고 있다. 특히 그의 작품들 대부분은 풍성하고도 심오한 철학적 문제의식을 담고 있을 뿐만 아니라 생동감 넘치는 대화 형식으로 쓰여 있어서, 오늘날까지 많은 사람이 최고의 철학 고전이자 문학사에 길이 남을 걸작으로 손꼽고 있다. 화이트헤드는 '유럽철학의 전통은 플라톤에 대한 일련의 각주'라고까지 하지 않았던가.

정암학당은 플라톤의 작품 전체를 우리말로 공유할 수 있도록 하자는 취지에서 뜻있는 학자들이 모여 2000년에 문을 열었다. 그 이래로 플라톤의 작품들을 함께 읽고 번역하는 데 매달려 왔다. 정암학당의 연구자들은 애초부터 공동 탐구의 작업 방식을 취해 왔으며, 이에 따라 공동 독회와 토론을 통해 텍스트를 이해하는 노력을 기울여 왔고, 초고를 여러 번에 걸쳐 교열·비평하는 수고 또한 마다하지 않았다. 2007년에 『뤼시스』를 비롯한 3종의 번역서를 낸 이후 지금까지 출간된 정암학당 플라톤 번역서들은 모두 이 같은 작업 방식으로 이루어진 성과물들이다.

정암학당의 이러한 작업 방식 때문에 번역 텍스트를 출간하는 데 출판사 쪽의 애로가 없지 않았다. 그동안 출판을 맡아 준 이제이북스는 어려운 여건에서도 플라톤 전집 출간의 의미를 이해하고 전집 출간 사업에 동참하여 많은 노력을 기울여주었다. 그 결과 2007년부터 2018년까지 20여 종의 플라톤 전집 번역서가 출간되었다. 그러나 최근 이제이북스의 여러 사정으로 인해 전집 출간을 마무리하기가 어려워졌다. 정암학당은 플라톤 전집 출간을 이제이북스와 완결하지 못하게 된 것에 대해 아쉬움을 표하는 동시에 그 동안의 노고에 고마움을 전한다.

정암학당은 이 기회에 플라톤 전집의 번역과 출간 체계를 전반적으로 정비하기로 했고, 이런 취지에서 '정암학당 플라톤 전집'을 '정암고전총서'에 포함시켜 아카넷 출판사를 통해 출간할 것이다. 아카넷은 정암학당이라는 학술 공간의 의미를 이해하고 '정암학당 플라톤 전집' 출간의 가치를 공감해주었다. 여러 가지 측면에서 많은 어려움이 있었음에도 어려운 결단을 내린 아카넷 출판사에 감사를 표한다.

정암학당은 기존에 출간한 20여 종의 번역 텍스트를 '정암고전총서'에 편입시켜 앞으로 2년 동안 순차적으로 이전 출간할 예정이다. 그러나 이런 작업이 짧은 시간에 추진되었기 때문에 번역자들에게 전면적인 수정을 할 시간적 여유가 주어지지는 않았다. 따라서 아카넷 출판사로 이전 출간하는 플라톤 전집은 일부의 내용을 보완하고 오식을 수정하는 선에서 새로운 판형과 조판으로 출간한다. 이 점에 대해서는 독자들께 양해를 구한다. 정암학당은 출판사를 옮겨 출간하는 작업을 진행하는 동시에, 플라톤 전집 중 남아 있는 텍스트들에 대한 번역본 출간 시기도 앞당길 수 있도록 노력할 것이다. 그리하여 오랜 공동 연구의 결실인 '정암학당 플라톤 전집' 전체를 독자들이 조만간 음미할 수 있도록 최선을 다할 것이다.

끝으로 정암학당의 기반을 마련해 주신 고 정암(鼎巖) 이종건(李鍾健) 선생을 추모하며, 새 출판사에서 플라톤 전집을 완간하는 일에 박차를 가할 것을 다짐한다.

2019년 6월

정암학당 연구자 일동

차례

작품 내용 구분

등장인물

소크라테스(Sōkratēs)

대화 시기의 추정에 따라 다르기는 하지만 최소한 50세 이후의 나이로 설정된 것으로 볼 수 있다. 이 대화편에서 그는 이야기를 좋아하고, 사랑에 관심이 많은 인물로 등장하는데, 이는 플라톤의 다른 대화편을 통해서도 확인되는 사실이기도 하다. 또한 그는 사람들과 이야기 나누기를 좋아해서 아테네 시내를 떠나는 일이 거의 없는데, 뤼시아스의 이야기를 듣기 위해 이례적으로 시내를 떠나 시골의 자연 풍광에 접하고 이로부터 영감을 받는 것으로 그려진다.

파이드로스(Phaidros)

파이드로스는 기원전 450년경 출생하여 390년경에 죽은 것으로 알려져 있다. 플라톤의 대화편에는 『프로타고라스』(대화 설정 연대 기원전 433~432년) 315b~c에서 엘리스 출신의 소피스트인 히피아스를 추종하는 인물로 그려지며, 『향연』에서는 돌아가며 하는 연설의 좌장을 맡아 사랑에 대한 첫 번째 연설을 하는 인물로 등장한다. 그리고 이 대화편에서는 연설술에 대한 지대한 관심과 건강을 염려하는 인물로 그려진다. 이 대화편의 주요 주제 중 하나가 사랑인 것은 『향연』에서 그가 '사랑'이라는 주제로 돌아가면서 연설을 하는 자리의 좌장 역할을 맡은 것을 떠올리게 하며, 이 대화편에서 그가 보이는 연설술에 대한 관심은 『프로타고라스』에서 그가 소피스트들에게 보이는 지대한 관심을 연상케 한다. 또한 그는 기원전 415년, 알키비아데스가 대함대를 이끌고 시칠리아 원정을 가기 전에 발생한 신성 모독 행위에 연루되어 아테네에서 달아났다가 403년에 아테네로 돌아왔다. 펠로폰네소스전쟁 이후 들어선 30인 과두정을 몰아내고 민주정이 내린 대사면령 덕분이었다.

16

뤼시아스(Lysias)

직접 대화에 참여한다는 의미에서는 뤼시아스가 등장인물은 아니지만, 이 대화편을 이해하기 위해서는 그에 대한 이해가 필요하다. 그의 아버지는 시칠리아의 쉬라쿠사이 출신이고, 페리클레스의 초청을 받아 아테네에 정착했다. 아버지가 죽은 430년(또는 445년경)에 유산 상속을 위해 투리이로 가서 그곳에서 테이시아스 등에게서 연설술을 배웠다. 412년에 돌아와서 아테네 정치에 가담했으나 404년 30인 과두정에 의해 재산을 몰수당하고 그의 형 폴레마르코스는 죽고, 그는 가까스로 탈출하여 메가라로 가서 그곳에서 아테네에서 추방당한 민주파들을 후원하여 403년 민주파가 정권을 잡는 데 기여한다. 이 대화편에도 언급이 되듯이 그는 당대의 유명한 연설문 작성가였다. 『국가』 1권 앞부분에는 소크라테스가 케팔로스의 집에 갔을 때, 그곳에 뤼시아스가 있었다는 언급이 있다.

일러두기

- 번역의 기준 판본으로는 옥스퍼드 고전 텍스트(Oxford Classical Text, OCT) 시리즈인 버넷 판(John Burnet, *Platonis Opera*, vol. II, 1901)을 사용하였다.
- 소위 '스테파누스' 쪽수와 행수는 가급적 본래 행수에 따르려고 했으나 번역 과정에서 원문과 번역 순서가 달라서 많이 차이 나는 경우는 번역문의 행수를 기준으로 했다.
- 번역에서 OCT를 따르지 않은 경우는, OCT를 따르지 않은 이유를 주석에서 밝혔다. 주석에서 언급되는 사본들은 다음과 같다.

   B = cod. Bodleianus, MS. E. D. Clarke 39 (895년 사본)
   T= cod. Venetus Append. Class. 4, cod. 1 (10세기 중반 사본)
   W = cod. Vindobonensis 54, suppl. phil. Gr. 7 (11세기 사본)

- 존대법은 각 등장인물들의 추정 나이와 친밀도를 고려해서 우리말 어법에 크게 어색하지 않은 한에서 적용하였다.
- 그리스어 고유명사 표기는 대화 배경 시기인 5세기 아테네의 발음을 기준으로 삼았다. 그 발음을 한국어로 표기하는 데에는, 같은 종류의 외국어 발음을 한국어로 표기하는 국립국어원의 표준적인 방식을 따랐다. 단, 우리말에서 일반적으로 통용되고 있는 명칭들은 통용되는 방식을 따랐다.
- 그리스어는 독자의 편의를 위해서 로마자로 표기하였고, 그리스어의 로마자 표기는 정암학당의 다른 번역들에서 사용하고 있는 방식을 따라서, 카이는 ch로, 윕실론은 단모음일 때는 y로, 복모음 안에서는 u로 표기하였다.

파이드로스

파이드로스

소크라테스, 파이드로스, 뤼시아스

소크라테스 여보게 파이드로스, 대체 어디 가나? 어디서 오는
길이고?

파이드로스 케팔로스* 님의 아들 뤼시아스** 님 곁에 있다가, 소크
라테스 선생님, 산책[1]하느라 성벽[2] 밖으로 걷는 중이에요. 이른
아침부터 거기 앉아서 긴 시간을 보냈거든요.[3] 실은 저와 선생님
의 벗[4]인 아쿠메노스[5] 님의 말씀을 믿고 길을 따라 산책하는 중
이죠. 그분 말씀이 회랑 길[6]에서 걷기보다는 그 편이 더 활력을
준다더군요.

소크라테스 벗이여, 그가 훌륭한 말을 했군 그래. 그건 그렇고

---

* 『국가』 1권에 나온 바 있는 거류 외국인. 페리클레스의 초청으로 고향 쉬라쿠
사이를 떠나 아테네로 이주해 왔다. 기원전 430년경 사망한 것으로 추정된
다. 등장인물 소개 중 '뤼시아스' 참고.

** 등장인물 소개 참고.

뤼시아스가 도시* 안에 있었던 모양이군.[7]

b 　파이드로스　예, 에피크라테스** 님 댁에 계셨죠. 올륌피온[8] 근처
에 있는 모뤼코스***의 집이라고 하는 곳에 말이죠.

소크라테스　그래 어떻게 시간을 보냈나? 하긴 보나마나 뤼시아
스가 자네들에게 말[9] 잔치를 베풀었겠지?

파이드로스　같이 걸으며 들으실 여유[10]가 있으면 아시게 될 텐
데요.

소크라테스　무슨 소린가? 자넨 내가 핀다로스 말마따나[11] 자네[12]
와 뤼시아스가 어떻게 시간을 보냈는지에 대해 듣기를 "일[13]보다

---

*　아테네 시를 가리킨다. '아테네'는 우리가 잘 알고 있는 아테네라는 나라를 가
리키기도 하고(아티카 또는 아티케라고도 불린다), 성벽으로 둘러싸인 아테
네 시를 가리키기도 한다. 여기서는 좁은 의미로 쓰였는데, 이후에 나오는 성
벽 밖의 시골과 대비시키기 위해서 '도시'라는 번역어를 채택했다.

**　아리스토파네스의 희극 『여인들의 민회』에 한 번 언급되는 인물. 『여인들의
민회』에 대한 고대 주석에 따르면 연설가이자 선동정치가였으며, 그가 기른
수염 때문에 희극의 소재가 되곤 했다고 한다.

***　아리스토파네스의 희곡 『아카르나이 사람들』, 『벌』, 『평화』와 희극 작가 플라
톤의 토막글 등에서 부유하고 사치스럽게 사는 대식가로 묘사되곤 하던 사
람. 앞의 에피크라테스도 아리스토파네스의 희극에 한 번 등장하는데, 집주
인이 모뤼코스에서 에피크라테스로 바뀌는 것이 뒤에서 잔치가 일반적인 잔
치에서 말의 잔치로 바뀌는 것과 관련되는 듯하다. 당시의 희극에 자주 언급
되었던 것으로 보아 실존 인물일 가능성이 많고 언급된 집이 실제 그의 집이
었을 가능성도 크지만, '모뤼코스의'라는 말이 소유격이 아니라 형용사형인
것을 생각하면 '모뤼코스의 집과 같이 호사스런'이란 뜻일 수도 있다.

도 윗급"인 것으로 치리라[14] 생각 안 하는가?

파이드로스 그럼 앞장서시죠.

소크라테스 알았으니 이야기하게.

파이드로스 알겠습니다. 하긴 들으실 이야기가 선생님께 제격
이긴 해요.* 실은 우리가 시간을 보낸 이야기는 무슨 조화인지
는 모르겠지만** 사랑에 관한 것이었거든요. 그야 물론 뤼시아스
님이 유혹받는 어떤 아름다운 소년에 대해 글을 쓰셨기 때문인
데, 사랑을 하는 이***한테서 유혹받는 게 아니란 말이죠. 바로 이

---

* 무지자를 자처하는 소크라테스가 스스로 사랑에 대해서만큼은 잘 안다고 하
   는 소리가 『뤼시스』 204b와 『향연』 177d, 198d, 『테아게스』 128b에 나온다.

** 상황을 이해하지 못할 정도로 다루는 솜씨가 뛰어나다는 뜻의 표현이다.

*** 원어는 'erastēs'이고 '소년애인'으로 번역한 'paidika'와 짝을 이루는 말이다.
   『파이드로스』에서 말하는 사랑을 이해하기 위해서는 이 둘의 관계를 이해하
   는 것이 필수적이다. 고전기 그리스 문화에서 사랑으로 번역할 수 있는 말은
   'philia'와 'erōs'다. 'philia'가(이 대화편에서 'philia'는 주제적으로 다루어지지
   않고 『뤼시스』에서 주로 다루어진다.) 부모와 자식, 형제간, 또래집단, 공동체
   구성원들 사이에 성립되는 상호적인 애정 형태라면, 'erōs'는 이성과 동성을
   불문하고 기본적으로 육체적인 관계를 동반하거나 암묵적으로 승인하는 일
   방적인 애정 형태라고 할 수 있다. 일방적이라 함은 애정의 주도권을 갖고 능
   동적으로 욕망의 주체가 되는 'erastēs'가 수동적으로 애정을 받는 입장에 서
   게 되는 상대방인 'erōmenos(사랑받는 이)' 또는 'paidika'에게 일방적인 애정
   을 행사하기 때문이다. 'erōmenos'가 남성형이고, 'paidika'는 '어린 소년'을
   지칭하는 중성명사인 데서 알 수 있듯이, 플라톤이 그리스의 에로스 문화에
   서 주로 문제 삼은 것은 청년 내지는 중장년의 나이인 'erastēs'와 십대 중후
   반의 소년 사이의 동성애 문화이다. 이 대화편에서 이후 전개되는 내용을 보

게 참 그분이 절묘한 솜씨를 보인 점이죠. 자기를 사랑하는 사람보다 자기를 사랑하지 않는 사람에게 더 기쁨을 주어야 한다[15]고 이야기하신다니까요.

소크라테스 참 대단한 사람이라니깐. 제발 부자보단 가난한 사람에게, 나이 어린 사람보단 나이 든 사람에게, 그리고 나를 비롯한 우리 대다수에게 곁드는 다른 것들 모두에 대해서도 다 그래야 한다고 썼어야 할 텐데! 그랬다면 정말이지 그 이야기들은 도시스럽고[16] 일반 서민을 위한 것이 될 텐데. 아무튼 나로서는 듣고 싶은 마음이 하도 간절해서 자네가 걸어서 메가라*까지 산책을 가고, 헤로디코스**의 말대로 성벽까지 올라갔다 되돌아오는

면 알 수 있듯이, 당시 동성애 문화는 연장자 입장에서 사랑하는 소년에게 애정 공세를 퍼붓고 애정의 대가(charis)를 받는 형태였다. 물론 이 애정의 대가는 '기쁨(charis)'이라고 번역한 데서 알 수 있듯이 육체적인 것이었다. 또한 사랑을 받는 입장에서 적극적으로 사랑을 드러내는 것은 '방자한(hybristēs)' 일이었다. 그러나 이 대화편에서도 그렇지만, 특히 『향연』에서 잘 드러나듯이 플라톤은 이런 에로스 문화의 애정 형태가 뒤집어져야 한다고 생각했다. '사랑을 하는 이'란 번역이 다소 어색할 수 있으나, '사랑하는 이'란 말이 '누군가가 사랑하는 대상' 즉 '사랑받는 이'라고 오해될 수도 있어서 이렇게 번역했고, 혼동이 생기지 않을 문맥에서는 '사랑하는 이'라고 하였다.

* 코린토스 부근에 있던 나라. 펠로폰네소스전쟁 당시에는 스파르타의 펠로폰네소스동맹 쪽에 서서 아테네와 대적하였다. 아테네에서 북쪽으로 40킬로미터 정도 떨어져 있다.

** 플라톤이 『국가』 406a에서 그의 섭생법을 허약한 채로 오래 살게 하는 것이라 비판한 적이 있는 의사. 메가라 출생으로 메가라 시민들에게 메가라의 성

한이 있더라도 자네한테서 절대 떨어지지 않을 걸세.

파이드로스 아니, 너무도 훌륭하신 소크라테스 선생님, 무슨 말
씀이세요? 뤼시아스 님이 오랜 시간을 들여 여유를 두고 엮은 것   228a
을, 요즘 사람들 중에서 글 솜씨가 가장 무섭도록 능수능란하다
는[17] 그분의 그것을, 어설픈 주제에 제가 그분에 값하게 암송하
리라고 생각하시나요? 어림없지요. 하기야 그럴 수만 있다면 제
게 황금 더미가 생기는 것보다 그걸 더 바라기야 하지요.

소크라테스 파이드로스여, 내가 파이드로스를 모른다면, 나 자
신마저 잊은 것이나 마찬가질세. 하지만 그 어느 쪽도 아니거든.
뤼시아스의 이야기를 들으면서 한 번 듣고 만 것이 아니라 자기
한테 이야기해 달라고 저자*는 몇 번이고 거듭해서 청했는가 하
면, 그는 기꺼이 따랐다는 것을 내가 잘 알고 있네. 하지만 그에   b
게는 그것으로도 충분하지 않았고 결국에는 그의 책자를 넘겨받

벽까지 올라갔다 오는 건강법을 권장한 듯하다. 여기서 소크라테스는 헤로디
코스가 메가라 출신인 것을 빗대서 우선 파이드로스와 메가라까지 걸어가고,
거기서 메가라의 성벽에 올라갔다 오는 한이 있더라도 파이드로스의 이야기
를 듣고 말겠다는 결의를 보여 주고 있다. 앞에서 아쿠메노스의 충고를 따른
파이드로스의 취향과 연결되고, 건강에 집착하는 파이드로스에 대한 조롱도
겸하는 것으로 볼 수 있다.

* 지금 소크라테스는 마치 재판정에서 파이드로스에 대해 증언하는 투로 말하
고 있다. 따라서 여기서 '저자'는 파이드로스를 가리킨다. 이 대화편의 후반부
에 나올 재판 이야기의 복선이 되기도 하는 셈이다.

아 가장 바라 마지않던 구절들을 뜯어보았고, 그걸 하느라 이른 아침부터 앉아 있다가는 지쳐서 산책을 위해 나섰으나, 내가 생각하기로는, 개에 맹세코* 그 이야기를 속속들이 알고서[18]였을 걸세. 그것이 아주 길지 않았다면 말이지. 한편 그는 그걸 익히러[19] 성벽 밖으로 가고 있었지. 그런데 도중에 그는 이야기 듣기 병에 걸린[20] 사람과 마주쳤고, 그를 보고서는[21] 같이 열광할[22] 사람을 갖게 되리라고 기뻐하며 앞장서라고 청하고 있었지. 하지만 정작 이야기를 사랑하는 자[23]가 이야기해 달라고 조르자, 꼭 이야기하고 싶은 마음은 진짜 없다는 듯이 빼고 있었지. 끝내 누군가 자발적으로 듣지 않으면, 억지로라도 말할 참이었으면서 말이지. 그러니 그대는, 파이드로스, 그가 어차피 조만간 할 것을 지금 바로 해 달라고 조르게.

파이드로스   저로선 제가 할 수 있는 선에서 이야기하는 것이 참으로 엄청 최고로 잘하는 것이로군요. 제가 보기에 선생님은 제가 어떤 방식으로든 말하기 전까지는 도무지 저를 놓아주실 것 같지 않으니까요.

소크라테스   그렇지. 자네는 나를 아주 잘 봤네.

---

* 소크라테스가 자주 쓰는 맹세의 표현이다. 『고르기아스』 482b의 내용에 따르면 이 맹세는 개의 머리를 하고 있는 이집트의 신 아누비스에서 왔다고 한다. 신의 이름을 직접 호명하는 불경함을 피하기 위한 것이라는 해석이 있다.

파이드로스 그럼 이렇게 하겠습니다. 정말이지, 소크라테스 선   d
생님, 했던 말 그대로를 제가 속속들이 배운[24] 것은 전혀 아니라
서 말이죠. 그렇더라도 사랑을 하는 사람의 경우와 사랑을 하지
않는 사람의 경우가 어떤 점에서 차이가 난다고 그분이 말씀하
셨는지, 그 대부분의 취지는 간추려서 하나하나 훑을 겁니다. 처
음부터 시작해서 말이죠.

소크라테스 우선은, 여보시게, 대체 그 겉옷 아래 왼손에 갖고
있는 게 뭔지나 보여 주기나 하고. 자네가 바로 그 이야기 자체
를 갖고 있는 거 같아서 말이야. 그게 사실이라면 나에 대해서는
이렇게 생각해 두게. 내가 자네를 무척 좋아하긴 하지만[25] 뤼시   e
아스까지 곁에 있는 마당에 자네가 가지고 연습하라고 나를 자
네에게 맡길 생각은 전혀 없으니 말이지. 자, 어서 보여 주게.

파이드로스 항복![26] 소크라테스 선생님, 선생님을 상대로 훈련할
수 있겠구나 하고 선생님께 걸었던 저의 기대를 때려눕히고 마
셨군요. 그건 그렇다 치고, 그럼 어디 앉아서 읽어 드리는 게[27]
좋으시겠습니까?

소크라테스 이리로 길을 벗어나 일리소스 강[28]을 따라가세나. 그   229a
러다가 마음에 드는 곳이면 어디든 조용한 데 앉을 수 있을 거고.

파이드로스 때마침 잘 된 거 같네요. 제가 마침 맨발이니 말이
죠. 선생님이야 늘 그렇잖아요.[29] 그러니 우리 발을 담그고 냇물
을 따라가는 게 가장 편하겠네요. 그리 불쾌한 일도 아니고요.

특히 일 년 중 요맘때, 하루 중 요맘때는요.

소크라테스 그럼 앞장서게. 그 김에 우리가 어디 앉을지도 살펴보고.

파이드로스 그러시다면 저기 저 높다란 플라타너스[30]가 보이십니까?

소크라테스 그런데 왜 그러나?

b 파이드로스 저기에 그늘과 적당한 바람도 있고, 앉아도 좋고 내키면 기대 누워도 좋은 풀밭이 있지요.

소크라테스 알았으니 앞장서게.

파이드로스 그런데 말이죠, 소크라테스 선생님, 여기 어디쯤에서 보레아스가 오레이튀이아*를 채 갔다고들 하지 않나요?

소크라테스 그래, 그랬다고들 하지.

파이드로스 아, 그럼 여기선가요? 냇물이 마음을 끌고[31] 깨끗하

---

* 북풍의 신인 보레아스가 아테네의 전설적인 왕인 에렉테우스의 딸(강의 신 케피소스의 딸 프락시테아와 결혼하여 낳은 딸)을 납치해 간 이야기는 플라톤 이전 문헌에는 헤로도토스의 『역사』 7권 189에만 전한다. 여기에는 납치에 대한 말은 없고, 아테네인들이 칼키스인들의 침공을 맞아 보레아스에게 기원하여 북풍을 불게 해 칼키스인들의 함대를 침몰시켰다는 것인데, 그럴 수 있는 것이 보레아스는 오테이튀이아와 결혼해서 아테네인들의 사위였던 탓이라고 한다. 납치에 관한 이야기는 플라톤을 통해 아폴로도로스나 파우사니아스, 오비디우스에게 전해진 듯하다. 광적인 사랑에 대한 이야기가 이 대화편 초입에 나오는 것은 소크라테스의 두 번째 연설과 연결되는 것으로 해석할 수 있다.

며 맑고, 확실히 소녀들이 근처에서 놀기에 맞춤하긴 하니까요.

소크라테스 여기가 아니고, 두세 스타디온*쯤 아래쪽이지. 아그 c
라의 지역[32]으로 건너가는 길목이지. 그리고 거기 어딘가에 보레
아스의 제단[33]이 하나 있지.

파이드로스 그런 줄은 전혀 깨닫고 있지 못했네요. 그건 그렇고
소크라테스 선생님, 제우스의 이름을 빌려 여쭐 말씀이 있습니
다. 선생님은 그 신화적인 이야기가 정말이라고 믿으십니까?

소크라테스 그 반대로 내가 지혜로운 자들[34]이 그러듯 그걸 믿
지 않는다 하더라도 이상하지야 않겠지. 그러고선 그녀가 파르
마케이아[35]와 놀고 있는 걸 보레아스의 바람**이 근처의 암벽 아래
로 밀어 떨어뜨린 거라고, 그리고 바로 그렇게 해서 죽은 게 보
레아스가 낚아채갔다고 전해진 거라고 지혜를 발휘하여[36] 말하 d
고 말이지. 또는 아레이오스 파고스[37]에서 그랬다고 하든지 말이
지. 거기서지 여기서 채간 게 아니라는 이야기도 전해지긴 하니
까. 그런데 나는 말이야, 파이드로스, 어찌 보면 그런 것들이 마
음을 끈다고[38] 생각하긴 하지만, 그건 너무 무섭도록 영리하고
일은 고되게 하지만 운이 썩 좋지는 못한 사람의 일이라고 생각

---

*　거리의 단위로, 본래 올림피아 경기장의 경주로 길이다. 스타디온은 1/5마
　일, 즉 200미터 남짓이다.

**　신이 아니라 '북풍'을 가리키는 말이다.

하네. 그건 다른 어떤 이유에서도 아니고 그 사람으로서는 그것 다음에는 반인반마인 켄타우로스*의 모습을, 다시 또 키마이라의 모습을 바로잡아야 하고, 그와 유사한 고르고들과 페가소스** 같

e 은 것들의 무리와 그 밖의 다른 기이한 것들의 무더기와 흉측한 어떤 본성들을 지닌 이상한 것들이 밀려든다는 이유에서일세.[39] 만약 누군가가 그런 것들을 믿지 않고 그럴듯한 것[40]에 맞춰 하나하나 설명해 간다면, 막된 어떤 지혜를 사용하는 것이니 그에게는 많은 여유가 필요할 걸세. 하지만 내게는 그럴 여유가 전혀 없네. 그 이유는, 여보게, 이런 걸세. 나는 아직 델포이 신전의 글귀처럼*** 나 자신을 알지는 못하네. 그래서 내게는 그것을 여태

230a 껏 모르면서 남의 것들을 살피는 것이 우스꽝스러워 보이네. 바로 그런 이유에서 나는 그것들에 대해서는 일반적인 생각을 믿고 그것들을 내버려 두고는, 내가 방금 말한 대로 그것들이 아니

---

* 말 그대로 반은 사람이고 반은 말인 괴물이다. 보통은 켄타우로스라고 하는데, 여기서 플라톤은 그 모습을 형용하기 위해 '히포켄타우로스'라는 표현을 사용했다. '히포'는 말(馬)을 뜻한다.

** 키마이라는 머리는 사자, 몸통은 염소, 꼬리는 뱀 또는 용의 형상을 한 괴물이고, 고르고는 머리는 뱀으로 둘러싸이고 멧돼지의 이빨을 한 세 자매들을 각기 이르는 말이며, 페가소스는 날개를 단 말이다.

*** 소크라테스가 처음 한 것처럼 많이 알려진 '너 자신을 알라'라는 말은 원래 델포이 신전 입구에 있던 말이었다. 이 말이 플라톤 철학에서 갖는 의미에 대해서는 『알키비아데스 I』(김주일 · 정준영 옮김)의 미주 154 참고.

라 나 자신을 살펴본다네. 내가 튀폰*보다 더 뒤엉키고 훨씬 사나운 어떤 짐승인지, 또는 본성상 어떤 신적이고 차분한 구석이 있는 한결 온순하고 단순한 동물인지 말일세. 그나저나 벗이여, 이야기 도중이긴 한데 자네가 우리를 데려오려고 한 나무가 이거 아녔나?

파이드로스 예, 이게 그겁니다.

소크라테스 헤라에게 맹세코,[41] 쉼터가 참 아름답기도 하지.[42] 이 플라타너스 자체도 품이 아주 넓고 드높은 데다 풀목향[43]도 그 드높음과 짙은 그늘이 더없이 아름답고, 그 꽃 역시 만개의 절정에 달해 그 자리를 더없이 향기롭게 하겠으니 말이지. 그런가 하면 샘 또한 더없이 마음이 끌리게 플라타너스 아래에서 아주 차가운 물로 흐르는군. 내 발로 미루어 판단하건대 말이야.[44] 소녀상들과 조상(彫像)들을 보아하니 어떤 님프들**과 아켈로오스***의 신

b

---

* 백 개의 뱀 머리를 갖고 강력한 백 개의 손과 발을 가진 괴물. 머리마다 온갖 짐승의 소리를 낸다. 앞에 열거된 여러 괴물들의 또 다른 한 종류.

** 전원과 숲과 물에 사는 신적인 존재로 젊은 여성의 모습으로 형상화된다. 이들은 들판과 자연의 정령으로 다산과 아름다움을 의인화한 존재들이다. 이들은 하급의 신으로 간주되며 제우스의 딸이라고도 한다. 님프들은 사는 곳에 따라 여러 분류로 나뉘는데, 나이아스(복수: 나이아데스)는 샘과 하천에 사는 님프들로, 어떤 강의 나이아스는 흔히 그 강의 딸로 여겨졌다.[피에르 그리말(2003), 「님파이」 참고] 아켈로오스가 이 대목에서 님프들과 같이 묶이고, 263d에서는 님프들이 아켈로오스의 딸로 여겨지는 것은 이런 까닭이다.

*** 아이톨리아에 있는 그리스 최대의 강이자 그 강의 신이다. 그는 오케아노스

c 전인 듯하군. 그런가 하면—계속 말해도 괜찮다면 말인데—바람이 잘 통하는 자리라 어찌나 흐뭇하고 심히 상쾌한지! 그 바람 소리가 여름철답게 청량하게도 매미들의 합창에 화답하는군. 무엇보다 절묘한 것은 풀밭 쪽이니, 완만하게 비탈진 곳에, 머리를 기대 눕기에 딱 좋게 무성하게 자라 있네. 그러니 여보게 파이드로스, 자네는 외지인 안내자 노릇을 더없이 아름답게 해냈군.

파이드로스 신기한 분이여, 거참, 선생님은 아주 이상한 분으로 보이네요. 선생님이 말씀하시는 걸 보면 영락없이 안내를 받는 어떤 외지인 같지, 이 고장 사람 같아 보이지 않으니 말입니다.

d 그만큼 선생님은 도시를 벗어나 경계 너머로 가지도 않으실뿐더러, 제가 보기에는 아예 성벽 밖으로 나가시는 일 자체가 없는 것 같습니다.

소크라테스 탁월한 이여, 나를 이해해 주시게. 내가 배움을 좋아해서 그런 거니까. 시골과 나무들은 나에게 아무것도 가르치려 들지 않지만, 도시에 있는 사람들은 안 그렇거든. 보아하니, 그

의 아들들 중에서 가장 나이 많은 강의 신으로서, 헤라클레스와 여자를 놓고 싸움을 벌인 일화가 있다. 헤라클레스와 대결 중에 그가 황소로 변해 싸우자, 헤라클레스가 그의 한쪽 뿔을 부러뜨렸다. 이 뿔에 대해서는 여러 설이 전하지만, 그중 하나에 따르면 이 뿔을 강의 님프들인 나이아데스가 풍요의 뿔로 바꿔 놓았다고 한다.

런데도 자네는 내 일탈의 약[45]을 찾아낸 것 같군. 여린 가지나 무슨 열매를 내저어 굶주린 가축들을 이끄는 사람들처럼, 자네는 나에게 책자에 든 이야기를 그처럼 내밀어 모든 아티케 지역과   e
자네가 원하는 다른 어떤 곳으로든 이끌고 돌아다닐 수 있을 것 같아 보이니 말이지. 그런데 이제는 현재 여기에 와 있으니 난 누울 생각이고, 자넨 읽기에 가장 편하다고 생각하는 자세를 취하고 읽어 주게.

파이드로스   그럼 들어 보시죠.[46]

내 사정에 대해서 너는 알고 있고, 또 너는 이렇게 되면 얼마나 우리에게 이득이 된다고 내가 믿는지 들었어. 그런데 난 내가   231a
너를 사랑하는 자가 아니라고 해서 내가 필요한 것들을 얻을 자격이 없다고는 생각하지 않아. 저들[47]은 욕구가 가시고 나면 잘해 주었던 것들을 후회하는 마음이 들지. 하지만 그렇지 않은 사람들[48]은 딱히 마음이 변하는 때가 없어. 왜냐하면 이들은 어쩔수 없이 잘해 주는 게 아니라 자발적으로, 자신들의 일에 대해서 스스로 궁리해서 가장 좋은 결정을 내리듯, 자신들의 힘에 맞춰 잘해 주기 때문이지. 게다가 사랑을 하는 사람들은 자신들의 일들 중 사랑으로 인해 잘못 처리한 것과 잘해 준 것들을 살펴보고, 거기다 자신들이 치른 수고까지 보태서는 사랑받는 이들   b
에게 갚아야 할 응분의 기쁨[49]을 오래전에 갚았다고 생각해. 반

면에 사랑을 하지 않는 사람은 자신의 일에 대한 소홀함을 그것*
때문이라고 변명하는 일도 없고, 다 지나간 수고를 따지는 일도
없으며, 일가친척들과의 불화를 탓하는 일도 없지.[50] 그렇게 함
으로써 그토록 나쁜 것들이 제거되었기에, 해서 사랑받는 이들
에게 기쁨을 주리라고 생각하는 것을 무엇이든 하는 것 말고는
c 남는 것이 아무것도 없어. 더구나 사랑을 하는 사람들은 자기들
이 사랑하는 사람들을 그 무엇보다도 좋아한다고 말하며, 말로
도 행동으로도 다른 사람들에게 미움을 사는 한이 있더라도 사
랑받는 이들에게 기쁨을 줄 자세가 되어 있기에 그들을 소중히
여기는 게 마땅하다면, 그들의 말이 사실일 경우 그들은 나중에
자기들이 사랑에 빠지게 되는 사람들이 누구든 그들을 이들**보다
더 소중히 여기리라는 것은 쉽게 알 수 있고, 또한 그들이 그러
는 게 좋겠다고 하면, 이들에게 못되게 굴기까지 할 게 분명해.
게다가 그와 같은 그런 것***을, 경험 있는 사람이라면 아무도 막
d 을 엄두조차 내지 않는 불행을 안고 있는 사람에게 내어 주는 게

---

*　사랑.

**　그전에 사랑했던 사람들.

***　자신을 사랑하는 사람이 자신에게 주는 기쁨(charis) 대신에 사랑받는 이가
　　주는 기쁨인 성적인 대접을 돌려 표현한 것이다. 다소 고루한 표현을 쓴다면
　　사랑받는 이의 정조라고도 할 수 있고, 그의 마음 또는 사랑하는 사람을 소중
　　히 생각하는 마음까지 포함한다고 볼 수도 있다.

어떻게 그럴듯하겠어? 그들 자신조차 자기들이 제정신이라기보다는 병들어 있다는 것을, 그리고 자기들이 사리 분별을 잘못하는 것을 알면서도 자신들을 지배할 능력은 없다는 것을 인정하는 터에 말이지. 그러니 그들이 사리 분별을 잘하게 되고 나면, 자기들이 그런 상태에서 스스로 궁리해서 내린 결정들이 잘된 것이라고 어떻게 생각할 수 있겠어? 더더구나 너를 사랑하는 사람들 가운데서 가장 좋은[51] 사람을 네가 고른다면 너에게 그 선택은 적은 사람들로부터 하는 선택이 될 테지. 하지만 다른 사람들로부터 너 자신에게 가장 맞춤한 사람을 고른다면, 그것은 다수의 사람들 가운데서 하는 선택이 될 거야. 그렇게 해서 다수의 사람들 사이에서 너의 우애[52]에 값하는 사람을 얻을 가망이 훨씬 더 크고 말이지.

e

더 나아가 네가 기존의 관습을 두려워한다고, 즉 사람들이 알게 돼서 너에게 비난이 가해질까 봐 두려워한다고 해 봐. 십중팔구 사랑을 하는 사람들은 스스로 자기들을 부럽다고 여기듯이 그렇게 자신들이 다른 사람들에게서도 부러움을 사리라는 생각에 의기양양해져서는 자신들의 고생이 헛되지 않았다는 것을 온갖 사람들에게 이야기하고 자랑삼아 과시하기 쉬워.[53] 반면에 사랑을 하지 않는 사람들은 자신들을 누르고[54] 십중팔구 사람들의 평판 대신에 가장 좋은 것을 선택[55]하기 쉬워. 더구나 사랑을 하는 사람들이 사랑받는 이들을 따라다니고 이것을 일로 삼아 하

232a

는 것은 다수의 사람들이 듣고 볼 수밖에 없어서, 그리하여 그들

b 이 서로 이야기를 주고받는 모습이 보일 때면, 욕구가 이루어졌거나[56] 조만간 이루어질 거라서 그들이 함께한다고 많은 사람들은 생각하지. 반면에 많은 사람들은 사랑을 하지 않는 사람들이 우애를 이유로, 또는 다른 어떤 즐거움을 이유로 누군가와 이야기를 나누는 것은 어쩔 수 없는 일*이라는 것을 알기 때문에 만남을 이유로 그들을 탓하려 들지 않아. 더더구나 우애는 지속하기가 어렵다는 생각 때문에, 그리고 다른 경우**에는 다툼이 생기

c 면 불행이 양쪽에 공동의 것이 되지만, 네가 가장 소중히 여기는 것들***을 내어 주는 경우에는 너에게 큰 해가 될 거라는 생각때문에 두려움이 생긴다면, 사랑을 하는 사람들을 더 무서워하는 것이 그럴듯할 거야. 가뜩이나 그들을 괴롭히는 것들이 많은데다, 만사가 자신들에게 피해를 주게 되어 먹었다고 그들이 생각하기 때문이지. 바로 그 때문에 사랑받는 이들이 다른 사람들과 만나는 것을 그들이 막는 거야. 재산을 가진 사람들은 재물로 그들을 능가하지나 않을까, 배운 사람들은 지적으로 압도하지나

---

* 이 대화편에서 'anankē(필연, 어쩔 수 없는 일)' 관련 단어들이 중요한 의미를 갖고 있어서 이 말(anankaios)도 일관되게 번역하려 했지만, 문맥으로만 보면 '당연한 일'이라고 이해해도 된다.

** 231d에서 말한 '그와 같은 그런 것'을 주는 경우가 아닌 다른 경우.

*** 231c의 '그와 같은 그런 것'.

않을까 무서워서 말이지. 그 밖에 뭔가 좋은 것을 가진 사람들   d
각자의 능력을 그들은 경계하지. 그리하여 그들은 네가 이들에
게서 미움을 사도록 너를 설득해 친구가 없는 처지로 만드는 한
편, 만약 네가 네 자신의 일을 살필 때 그들보다 더 훌륭하게 사
리 분별을 한다면, 너는 그들과 다투게 될 거야. 반면에 사랑을
하지 않으면서 훌륭함[57]을 통해 자신들에게 필요한 것들을 해낸
사람들은 사랑받는 사람과 함께하는 사람들을 질투하지 않을 테
고, 오히려 사랑받는 사람에게 응하지 않는 자들을 미워할 텐데,
사랑받는 이들이 이들에게서 멸시당한다고 생각하는 한편, 함께
하는 자들로부터 사랑받는 이들이 이익을 얻으리라 생각하기 때
문이지. 그러니 그 일로부터는 미움보다는 우애가 사랑받는 이
들에게 생길 가망이 훨씬 더 크지.   e

　더더구나 사랑을 하는 대다수의 사람은 사랑받는 이들의 됨됨
이를 알거나 그 밖의 특징들을 겪어 알게 되기에 앞서 그 육체를
갈망했기에, 욕구가 가신 후에도 그들과 여전히 우애 있기를 원
할지는 확실하지 않아. 그러나 사랑을 하지 않는 사람들의 경우   233a
에는, 그전부터도 서로 우애 있는 사이였다가 그것들을 한 처지
라, 그들이 무슨 좋은 일을 겪었든 그로 인해 그들과의 우애가
경감되는 게 아니라, 오히려 이것이 앞으로 있을 것들의 기약으
로 남는 것이 그럴듯하지. 더더구나 사랑을 하는 사람들이 아니
라 나의 말을 네가 따르게 되면, 너로서는 더 나아지는 게 제격

이지. 저들은 가장 좋은 것에 어긋나더라도 상대방의 말과 행동을 칭송하는데, 한편으로는 미움을 받지 않을까 두려워서고 다른 한편으로는 자신들 역시 욕구로 인해서 아는 수준이 더 형편없어져서란 말이지. 사랑의 실상이란 게 그렇거든. 사랑은 사랑을 하는 사람이 잘 안 풀릴 때에는, 다른 사람들한테는 고통을 주지 못하는 것들을 괴롭게 여기게 만들지. 하지만 잘 풀릴 때에는, 즐거움의 자격이 없는 것까지도 저들로부터 칭송을 받을 수밖에 없게끔 만든단 말이지. 그러니 사랑을 하는 이들을 부러워하기보다는[58] 동정하는 편이 사랑받는 이들에게 훨씬 더 격에 맞는 거야. 반면에[59] 만약 네가 내 말을 따른다면, 우선 나는 당장의 즐거움을 돌보며 너와 함께할 것이고, 장차 이익이 될 것도 돌보며 너와 함께할 것이고, 사랑에 의해 약해지지 않고 나 자신을 지배하며 작은 일로 심한 미움을 품지 않을 뿐만 아니라, 큰 일로는 시간을 두고 약간의 화만 낼 것이며, 의도적이지 않은 것들은 양해하는 한편, 의도적인 것들은 막으려 애쓸 거야. 이런 것들이 우애가 오랜 시간 지속되리라는 증거인 거거든. 사랑하지 않는다면 강한 우애는 생길 수 없다는 생각이 너에게 들 수 있겠지만, 그렇다면 우리는 우리의 아들과 아버지와 어머니를 소중히 여기지 않았을 것이며, 믿을 만한 친구들도 얻지 못했을 것이라는 점을 염두에 두어야 해. 그 사람들은 그런 욕구에서가 아니라 다른 종류의 일에서 생기지.

더구나 가장 많이 곤궁한 사람들에게 가장 많이 기쁨을 주어야 한다면, 다른 경우의 사람들에서도 가장 나은 자들이 아니라 가장 곤란한 자들한테 잘해 주는 것이 제격이지. 이들은 가장 크게 나쁜 상태에서 벗어나게 되기 때문에, 가장 큰 기쁜 마음[60]을 그들에게 표할 테니 말이지. 더더구나 개인적으로 한턱낼 때도 친구들을 초대하는 것이 아니라 구걸하는 자들과 포식이 필요한 자들을 초대하는 것이 제격이지. 이들은 반기며 따라와 문을 두드리고 몹시 즐거워하며 아주 적지 않은 기쁜 마음을 표할 것이며, 그에게 많은 좋은 것들을 기원해 줄 테니 말이지. 하지만 몹시 곤궁한 자들이 아니라 기쁨을 돌려줄 능력을 가장 많이 갖고 있는 자들에게 기쁨을 주는 것이 아마 제격일 거야. 그저 사랑을 하는 사람들이[61] 아니라 그런 것에 자격이 있는 사람들에게 말이지. 너의 청춘을 탐닉할 그런 사람들이 아니라 네가 나이가 들더라도 자신들의 좋은 것들을 나눌 사람들에게 말이야. 다 하고 나서는 다른 사람들에게 자랑하는 사람들이 아니라 부끄러움을 느끼고 누구에게든 침묵을 지킬 사람들 말이지. 잠깐 동안 열중하는 사람들이 아니라 일생 동안 한결같이 친구일 사람들 말이지. 욕구가 가시면 미워할 트집거리를 찾을 사람들이 아니라 청춘이 끝났을 때에 그들 자신의 훌륭함을 드러낼 사람들 말이지. 그러니 너는 내가 말한 것들을 기억하고 이것을 염두에 두라고. 사랑을 하는 사람들의 친구들은 행실이 잘못되었다고 그들을 욕하지

e

234a

b

만 사랑을 하지 않는 사람들에게는 어떤 친척도 그들이 자신들의 일에 대해 스스로 궁리해서 내린 결정이 그것* 때문에 잘못되었다고 비난을 가하는 일이 결코 없다는 사실을 말이야.

그럼 아마 너는 너더러 사랑을 하지 않는 사람 모두에게 기쁨을 주라고 권하는 거냐고 나에게 물을 수 있을 거야. 나는 사랑을 하는 사람이라고 한들 너더러 사랑을 하는 모든 사람들을 상

c 대로 이 생각을 가지라고 시키리라고는 생각하지 않아. 왜냐하면 받는 사람 편에서는 동등한 감사의 기쁨의 값어치가 없고, 다른 사람들 몰래 주기를 원하는 네 편에서는 그게 마찬가지로 불가능하니까.[62] 그렇지만 그 일로 해서 어떠한 손해도 있어서는 안 되고 양자에게 이익이 되어야 해. 이렇게 해서 나는 내가 할 말은 할 만큼 했다고 봐. 하지만 빠뜨린 게 있다는 생각에 네가 아직 뭔가 바라는 게 있다면 물어봐.

파이드로스 소크라테스 선생님, 선생님이 보시기엔 이야기가 어떤 거 같은가요? 다른 점들도 그렇지만 특히 어휘를 구사하는 게 비범해 보이지 않습니까?

d 소크라테스 벗이여, 그 정도가 아니라 그 솜씨가 신묘해서 넋이다 나갈 지경일세. 그리고 내가 이 지경이 된 건 자네를 통해서네, 파이드로스. 자네를 바라보면서 그렇게 됐으니까 말이지. 자네가

---

* 사랑.

읽어 가면서 그 이야기로 인해 환희에 찬 듯이[63] 내게 보였기 때문일세. 왜냐하면 나는 나보다는 자네가 그와 같은 것들에 대해 훨씬 정통하다고 생각해 자네를 따라갔고, 따라가다 보니 자네, 신들린 그대[64]와 함께 디오뉘소스적 열광에 합류하게 되었네.[65]

파이드로스 됐네요. 정말 그렇게 장난치셔도 되는 겁니까?

소크라테스 자네에게는 내가 장난하는 걸로 보이고 진지했던 걸로는 보이지 않는다는 말이지?

파이드로스 물론이지요, 소크라테스 선생님. 그러지 마시고 우애의 신 제우스를 걸고 정말로 진실하게 말씀해 주십시오. 선생님은 동일한 주제에 대해서 그리스 사람들 중 다른 누군가가 이것들보다 더 대단하고 더 풍부하면서도 이것들과는 다른 것들을 말할 수 있으리라고 생각하시나요?   e

소크라테스 뭐라고? 그 점에서까지 나와 자네 둘 다한테서 그 이야기가 칭송받았어야 하고—필요한 것들을 그 작가가 말했다고 보고서 말이지—어휘들 하나하나를 명확하고 매끄럽게, 게다가 예리하게까지 다듬었다는 점에서만 칭송받아서는 안 된다고? 만약 그래야 한다면, 자네의 기쁨을 봐서 받아들여야겠지. 나로서는 내가 변변찮아 알아채지 못했으니까. 나는 그것의 연설적인[66] 면에만 주목하고 있었으며, 뤼시아스 스스로도 그 점*에서   235a

---

* 정작 '필요한 것들'을 말했는가 하는 점.

는 충분하지 못하다고 생각하리라고 생각하고 있었거든. 그리고 사실은 그래서 말인데[67] 파이드로스, ─만약 자네가 별다른 말을 하지 않는다면 하는 말이지만─내가 보기에는 그는 같은 것들을 중언부언하는 것 같았네. 같은 것에 대해 풍부한 이야기를 잘 풀어 가지 못하거나, 어쩌면 그런 것에 대해서는 전혀 신경 쓰지 않는다는 듯이 말이지. 그리고 사실 내게는 그가 같은 것들을 이렇게 저렇게 말하면서도 양쪽으로 다 가장 훌륭하게 말할 줄 아는 사람인 양 과시하며 호기를 부리는 것으로 보였네.

b **파이드로스** 말도 안 되는 소리예요, 소크라테스 선생님. 바로 그 점에서 그 이야기가 가장 뛰어나거든요. 왜냐하면 그분은 그 주제에서 나올 수 있는 것들 중에서 말할 만한 것들을 전혀 빠뜨리지 않았고, 그래서 누구도 그가 말한 것들 외에 더 풍부하고 더 가치가 있으면서도 그것과는 또 다른 것들을 도저히 말할 수 없을 정도이기 때문이죠.

소크라테스 그 점에 대해서는 내가 더 이상 자네 말을 따를 수가 없겠는걸. 왜냐하면 만약 내가 자네를 기쁘게 하느라 자네에게 동의한다면, 그것들에 대해서 말을 하고 글을 쓴 적이 있는 지혜로운 옛 남자 분들이며 여자 분들이 나를 논박해 버리실 테니 말일세.

c **파이드로스** 누굽니까 그분들이? 그리고 선생님은 어디서 이것들보다 더 나은 것들을 들으셨습니까?

소크라테스 이제는 그런 것까지는 말할 수가 없지만, 단지 어떤 사람들한테서 들은 것은 확실하네. 어쩌면 아름다운 사포*나 지혜로운 아나크레온**,[68] 또는 어떤 산문작가[69]들한테서 들었던 걸지도 모르겠지만 말이지.[70] 대체 무슨 근거로 내가 이런 말을 하냐고? 신묘한 친구, 어쩐지 나는 가슴이 벅차서 그것들 말고 그것들에 못지않으면서도 다른 것들을 말할 수 있을 것 같은 느낌을 받고 있네. 물론 그것들 중 어느 것도 내 쪽에서 생각해 낸 것이 아니라는 점은 내가 잘 알지. 나 자신의 무지를 자각하고 있으니까. 그렇다면 내 생각으로는 내가 항아리처럼 어딘가 있는 남의 샘물로부터 나의 귀를 통해 내가 채워진 경우가 남네. 그런데 아둔한 탓에 이번에도 역시 바로 그 점, 어떻게 그리고 누구한테서 들었는가 하는 것은 잊어버리고 말았네.

파이드로스 정말 대단한 분이세요. 말씀 참 잘하셨습니다. 설사

---

*   기원전 7세기 중후반에 레스보스 섬에서 태어난 여류시인. 결혼을 앞둔 젊은 처녀들이 모여서 배우는 학교를 운영했던 사포는 주로 자신의 제자들에 대한 애정을 노래하여 그리스인들로부터 열 번째 무사 여신이라 불리기도 했다. 그녀의 출생지이자 학교 자리였던 레스보스 섬의 명칭에서 여성 간의 동성애자를 지칭하는 '레즈비언(lesbian)'이라는 말이 유래되었다는 설이 유력하다. 사포에 대한 자세한 설명은 정혜신(2003) 참고.

** 기원전 6세기 후반에서 5세기 초반에 활동한 서정시인. 소아시아의 테오스 출신이었으나 트라케의 압데라로 이주했다가 사모스 섬의 참주 폴뤼크라테스의 궁정에 머물렀다. 그가 살해된 후 아테네의 참주 히페아스의 궁전에 있다 죽었다. 우아한 문체로 포도주, 디오뉘소스신, 노년, 사랑을 노래하였다.

제가 부탁을 하더라도 선생님은 누구한테서, 또 어떻게 그런 이야기를 들으셨는지는 말씀하시지 말고, 선생님이 말씀하시는 바로 그것을 해 달라고 드리는 말씀이에요. 선생님께서는 그의 책자에 있는 것들보다 더 낫고 못지않게 풍부한 별개의 것을 그것들과는 별도로 말씀하시겠노라 약속하셨고, 저 역시 선생님에게 아홉 명의 최고관리들처럼 델포이 신전에 실물 크기의 황금상을 봉헌하겠노라 약속합니다.[71] 제 것만이 아니라 선생님 것까지요.

소크라테스 자네는 정말이지 금쪽같은 진정한 친구일세, 파이드로스. 뤼시아스가 모든 점에서 빗맞혔다는 게 내가 하는 말인데다가, 정말로 이 모든 것과는 다른 것들을 내가 말할 수 있다고 자네가 생각한다면 말일세. 그렇지만 나는 아무리 형편없는 산문작가라도 그 지경이 되지는 않으리라고 생각하네. 당장 이야기의 주제와 관련해서 보더라도, 자네는 어느 누가 사랑을 하는 사람보다는 오히려 사랑을 하지 않는 사람에게 기쁨을 주어야 한다는 이야기를 하면서 어쩔 수 없이 한쪽의 사리 분별을 칭찬해 마지않는 한편 다른 쪽의 정신 나간 상태를 비난하는 일을 제쳐 두고 다른 어떤 이야기를 할 수 있으리라고 생각하나? 아니지. 나는 이야기하는 사람에게 그런 것들은 허용하고 참작해 주어야 한다고 생각하네. 그리고 그런 것들에 대해서는 발견이 아니라 구성을[72] 칭찬해야 하는 한편, 어쩔 수 없는 것들*은 아니면

서 발견하기 어려운 것들은 구성에 더해서 발견을 칭찬해야 한
다고 생각하네.

파이드로스 하시는 이야기에 동의합니다. 제게는 적절히 말씀하
신 것으로 보이니까요. 그러니 저 역시 그렇게 하도록 하죠. 저
는 사랑을 하는 사람이 사랑을 하지 않는 사람보다 병에 걸려 있   b
다는 점을 선생님께서 가정하시도록 허용할 테니, 선생님은 나
머지 것들에 대해서 여기 이 책자에 있는 것들보다 더 풍부하고
값어치 있는 것들을 말씀하셔서 큅셀로스의 후손들의 올림피아
봉헌물 옆에 단조(鍛造)** 조각상으로 세워지시죠.

소크라테스 파이드로스, 자네를 놀리느라 자네 소년애인[73]을 공
격했다고 해서 심각해진 건가? 그리고 정말 내가 그의 지혜를 넘
어서서 그와는 다르면서 더 다채로운 것을 말해 보려 할 거라고
생각하는 건가?

---

* 236a 1행의 '어쩔 수 없이 한쪽의 사리 분별을…'이라고 해서 어떤 주제를 다
   룰 때 꼭 이야기할 수밖에 없는 것들을 말한다.

** 원문의 'sphyrēlatos'는 '망치로 두들긴'이란 말이다. 금속을 다듬질해서 조각
    상을 만든다는 말이니, 정성과 노력이 많이 들어가는 화려한 조각상을 말한
    다. 금속판을 나무로 된 고갱이(core)에 덧붙여 나가는 형태로 작업했다고 하
    니, 여기서는 문맥상 황금판을 덧붙이는 형태의 작품일 듯하다. 코린토스의
    왕이자 페리안드로스의 아버지인 큅셀로스의 후손들이 바친 봉헌물이 무엇
    인지를 오늘날까지 정확히 밝혀지지는 않았으나 단조 형태로 된 것이라는 것
    이 여기서 암시되는 듯하다.

파이드로스 여보세요, 그 점과 관련하여 선생님은 같은 자세의
c 붙들기*에 걸리신 거예요. 무엇보다도 선생님은 우리가 서로의
말을 되돌려 주어 희극 배우들의 허접한 짓거리를 어쩔 수 없이
하는 일이 없도록,[74] 하실 수 있는 방도를 다 해 말씀을 하셔야
하니까요. 조심하시고, 부디 "만일 제가, 소크라테스 선생님, 소
크라테스 선생님을 모른다면, 나 자신마저 잊은 것과 마찬가지
입니다."란 저 말과 "꼭 이야기하고 싶은 마음이 있었지만, 빼고
있었다."[75]는 말을 제가 어쩔 수 없이 이야기하도록 하는 선택을
하지는 마십시오.[76] 그리고 심중에 두고 계신다고 하신 말씀을
하시기 전까지는 우리가 여기를 떠나지 않으리라는 점을 명심하
d 십시오. 외진 곳에 우리 둘만 있고, 제가 더 힘이 세고 젊습니다.
이 모든 점들을 고려해서 "내가 그대에게 하는 이야기를 새겨들
으십시오."[77] 그리고 자발적으로 이야기하는 것보다 강제로 이야
기하는 것을 택하지는 마십시오.

소크라테스 하지만, 복 받은 파이드로스, 어설픈 사람이 훌륭한
작가와 동일한 주제에 대하여 즉흥적으로 이야기해서는 그들과

---

* 정확한 자료가 없으나 레슬링에서 두 선수가 같이 넘어졌을 때, 다시 똑같은
   자세에서 경기를 재개시켰다는 것(권오선, 2003, 53쪽)에 비추어 소크라테스
   의 공격에 파이드로스는 자신이 진 게 아니라 같이 넘어졌고, 이번에 다시 같
   은 자세를 취해 자신이 공격할 차례임을 말하는 듯하다. 비슷한 대목이 『국
   가』 544b에 등장한다.

비교되어 웃음을 살 텐데.

파이드로스 상황이 어떤지 아시는 겁니까? 저를 상대로 표정관리는 그만하세요. 무슨 말을 해야 선생님이 어쩔 수 없이 이야기하실지 알 것 같거든요.

소크라테스 그럼 절대 말하지 말게.

파이드로스 아니요, 지금 바로 이야기하겠습니다. 그런데 저의 이야기는 맹세가 될 겁니다.[78] 저는 선생님께 맹세합니다. 아니 그런데 누구를, 어느 신을 걸고 맹세한담? 여기 있는 플라타너스 나무를 두고 하는 건 어떨까요? 정말이지, 만약 바로 이 나무를 앞에 두고[79] 선생님이 제게 그 이야기를 해 주지 않으신다면, 어느 누구의 또 다른 그 어떤 이야기도 선생님에게 보여 드리는 일도 알려 드리는 일도 결코 없을 것입니다.

소크라테스 아이고, 몹쓸 사람. 자네는 이야기를 좋아하는 사람한테 자네가 시키는 것을 하게끔 하는 강압책을 잘도 찾아냈군.

파이드로스 그러게 왜 자꾸 이리저리 피하세요?

소크라테스 자네가 그런 맹세를 하는 데야, 더는 도리가 없지. 어떻게 내가 그 같은 만찬을 멀리할 수 있겠나?

파이드로스 그럼 이야기하시죠.

소크라테스 자 그러면 내가 어떤 식으로 할지 알겠나?

파이드로스 무엇에 관해서죠?[80]

소크라테스 나는 얼굴을 가리고 말할 걸세.[81] 가능한 한 빨리 이

e

237a

야기를 줄달음쳐 마치고, 자네를 쳐다봐서 부끄러움[82]에 완전히 어쩔 줄 모르는 일이 없도록 말이지.

파이드로스 　다른 것들일랑은 하시고 싶은 대로 하시고, 이야기 나 해 주시죠.

소크라테스 　어서 이끌어 주소서,[83] 낭랑한 목소리의 무사 여신 들[84]이여, 그 별칭을 얻은 것이 고운 노래 때문이든 시가를 즐기 는 종족 리귀리아 사람들[85] 때문이든,[86] 옛이야기를 "저와 함께 맡아 주소서."[87] 여기 있는 지극히 훌륭한 이가 이전에도 자기에 게는 지혜로워 보인 자신의 벗이 지금 더욱더 그렇게 보이라고 나한테 어쩔 수 없이 하게 하는 옛이야기[88]를.

　옛날에 소년이라기보다는 청년 티가 나는[89] 아주 아름다운 사 람이 있었지. 그에게는 그를 사랑하는 사람들이 아주 많았어. 그 런데 그중 어느 한 사람이 교활하게 말을 잘해서, 누구 못지않게 그 소년을 사랑하면서도 그 소년으로 하여금 자기가 그 소년을 사랑하지 않는다고 믿게 만들었더랬지. 그러던 어느 날 그는 그 소년에게 요구하며 설득하기를, 사랑을 하는 사람에 앞서 사랑 을 하지 않는 사람에게 기쁨을 주어야 한다며 이렇게 이야기를 꺼냈지.

　얘야, 어떤 점에서나 스스로 궁리해서 결정을 잘 내리게 될 사 람들에게는 한 가지 출발점이 있단다. 어떤 궁리이든 그것이 무엇에 관한 궁리인지를 알아야 하며, 그렇지 않으면 전적으로 빗나갈 수밖에 없다는 것이지. 그런데 대다수의 사람들은 자기가 각 사안의 본질[90]을 알지 못하고 있다는 것에 주의를 기울이지 못하지. 그래서 그들은 그것을 알고 있다고 생각하여 고찰의 출발점에서 상호합의를 안 보고 고찰을 진행했다가 합당한 대가를 치르지. 자기 자신과도, 서로 간에도 합의에 이르지 못한단 말이야. 그러니 다른 사람들에게 우리가 가하는 비난을 나와 너는 받지 않도록 하고, 그럴 게 아니라 너와 나에게 제기된 이야기는 사랑을 하는 사람과 우애를 맺어야 하는가 아니면 차라리 사랑을 하지 않는 사람과 우애를 맺어야 하는가라는 것이니, 사랑에 대하여 그것이 어떤 것이고 어떤 힘을 가지고 있는지, 그 규 d
정을 합의하에 정하고, 이것을 바라보고 여기에 비추어서 그것이 이익을 주는지 해를 주는지 고찰해 보자고. 그래서 말인데 한편으로 볼 때 사랑이 욕구의 한 종류라는 점은 누구에게나 분명해. 그런가 하면 사랑을 하지 않는 사람도 아름다운 것들을 욕구한다는 점을 우리는 알고 있지. 그럼 우리는 대체 무엇을 가지고 사랑을 하는 사람과 그렇지 않은 사람을 분간하느냐고? 이어서 우리가 깨달아야 할 것은 우리 각자에게는 권력을 갖고 이끄는 두 개의 어떤 형태가 있어서, 우리는 어디든 그것들이 이끄는 쪽으로 그것들을 따라가는데, 한쪽은 타고나는 것으로 즐거움에 대한 욕구고, 다른 한쪽은 나중에 획득되는 것인 의견으로서 이것은 가장 좋은 것을 꾀한다는 거지. 그런데 이 둘은 우리 안에서 어떤 때는 뜻을 같이 하지만, 어떤 때는 반목하지. 그리고 어

e 떤 때는 한쪽이, 다른 때는 다른 한쪽이 지배하지. 그렇기 때문에 가장 좋은 것을 향해 의견이 이성적으로 이끌고 지배하는 경우에는, 그 지배에 절제[91]라는 이름이 붙지.

238a 반면에 욕구가 비이성적으로 즐거움 쪽으로 잡아끌고 우리 안에서 권력을 갖게 되면, 그 권력에는 방종이라는 이름이 붙게 되었지. 그렇기는 하지만 방종은 이름이 여럿이고,—왜냐하면 갈래도 많고 형태도 많기[92] 때문에—이 형태들 중에서 마침 두드러지게 되는 것의 명칭이 그것을 가진 사람에게 붙게끔 되는데, 이는 아름답지도 얻을 만한 명칭도 못 되지. 먹을 것과 관련해서 욕구가 가장 좋은 것에 대한 이성과 다른 욕구들을 지배하게 되

b 면 그것은 식탐이라 불리며, 그것을 가진 사람에게도 똑같은 이 이름이 붙게 될 거야. 그런가 하면 음주와 관련해서 욕구가 참주가 되고 그것을 얻은 사람을 그리로 이끌게 되면, 그가 어떤 호칭을 얻을지는 분명하지. 또한 이것들의 자매지간인 경우들과 자매지간인 욕구들의 이름들과 관련해서는, 보나마나 그것이 세력을 잡는 그때그때마다 그에 제격인 이름으로 불리지. 어떤 욕구를 염두에 두고 앞의 말들을 했는지는 이제 거의 분명해졌지만, 그래도 이야기하는 것이 이야기하지 않는 것보다 아무래도 더 명확할 거야. 옳은 것 쪽으로 매진하는 의견을 비이성적으로

제압한 욕구는 아름다움의 즐거움 쪽으로 이끌리고, 나아가 제   c
자신과 친족이 되는 욕구들에게서 육체에 대한 아름다움으로 향
하는 힘을 왕성하게 얻고 주도권 싸움에서 이겼기에, 바로 이 기
세로부터 명칭을 취하여 에로스라는 이름이 붙었지.[93]

  그런데 말일세, 친애하는 파이드로스, 나 자신에게 그렇게 여
겨지듯이 자네에게도 내가 뭔가 신적인 기운을 입었다고 여겨지
나?

파이드로스   정말요, 소크라테스 선생님, 평소와는 달리 유창한
어떤 말솜씨가 선생님을 사로잡았네요.

소크라테스   자, 그럼 잠자코 내 말을 듣게. 장소가 워낙 신적인   d
것 같으니 이야기가 진행되면서 종종 내가 님프에 사로잡히더라
도 놀라지는 말란 말이야. 나는 이제 더는 디튀람보스 조*로 읊

---

*   디튀람보스 조의 이야기는 237a 7행의 '어서 이끌어 주소서'에서부터 시작되
었다고 볼 수 있다. 디튀람보스는 디오뉘소스의 이름이자 그를 찬양하는 노
래 형식이고, 아리스토텔레스가 아테네 비극의 원조라고 꼽았던 것이다. 플
라톤은 『국가』에서 시인이 혼자서 이야기하는(diēgēsis) 가장 분명한 형태가
디튀람보스라고 했다. 디튀람보스는 아르킬로코스가 언급한 것이 가장 최초
로 알려졌고 시모니데스, 바퀼리데스, 핀다로스가 이 형태로 시를 지었다. 한
명의 가수와 코러스 사이의 대화로서, 바퀼리데스의 디튀람보스는 아이스퀼
로스가 두 번째 배우를 등장시키기 이전까지는 비극과 유사한 것으로 생각되
었고, 기원전 4세기경에는 이미 장르로서 기울기 시작했으나 디튀람보스 식
의 경합은 로마까지 이어졌다. 당시 디튀람보스는 가식적이고 치장이 많은

조리는 것과 거리를 두고 있지 못하니 말이지.

파이드로스 딱 맞는 말씀이십니다.

소크라테스 그렇긴 하지만 이건 자네 탓일세. 아무튼 나머지를 들어 보게. 엄습해 오고 있는 것이 방향을 바꿀지도 모르니까. 그렇지만 그것들은 신의 소관이고 우리로서는 이야기상의 소년 에게로 다시 가야 하네.

좋아, 더없이 용기 있는 이여. 스스로 궁리해서 결정을 내려 야 할 바로 그것이 무엇인지를 말하고 규정하는 일은 했고, 다른 e 한편으로는 그것을 바라보면서, 사랑을 하는 사람과 그렇지 않 은 사람으로부터 어떤 이익과 해가 기쁨을 주는 사람에게 생기 는 것이 그럴듯한 귀결일지, 그 나머지 것들을 이야기해 보자고. 자, 욕구에 의해 다스림을 받고 즐거움에 종살이하는 자들로서 는 사랑받는 이를 가능한 한 자신에게 즐겁게 만들어 둘 수밖에 없을 거야. 그런데 병든 자의 입장에서는 맞서지 않는 것이 완전 239a 히 즐거운 반면, 더 강하거나 대등한 것은 적이지. 그래서 사랑 을 하는 사람은 자신의 소년애인이 더 강한 것도 대등한 것도 자

장르로 인식되었다고 하나, 여기서 디튀람보스는 신적인 영감의 산물로 표현 되고 있다. 이 말은 241d에서 더 이상 디튀람보스 조로 말하지 않고, 서사시 조로 말한다는 것과 대비된다.

발적으로는 견디지 못하고, 언제나 더 못하고 열등하게 만들어 버리지. 그런데 지혜로운 자보다는 무지한 자가, 용기 있는 자보 다는 비겁한 자가, 연설에 능한 자보다는 말을 못하는 자가, 기민 한 자보다는 우둔한 자가 더 못하지. 생각의 측면에서 그만큼의 나쁜 것들과 심지어 그 이상의 나쁜 것들이 사랑받는 이에게 본 래 있거나 나중에 생길 때, 사랑을 하는 사람들은 그것들을[94] 즐 기는 한편 그렇지 않은 것들은 그렇게 되도록 만들며, 그렇지 않 으면 당장의 즐거움을 잃을 수밖에 없지. 그러니 그는 질투가 심 할 수밖에 없으며, 다른 많은 만남뿐만 아니라 특히 어른이 될   b 수 있는 기회가 되는 이로운 만남들을 막음으로써 큰 해악의 원 인이 되는 한편, 가장 사리 분별 있게 될 수 있는 기회가 되는 만 남들을 막음으로써 가장 큰 해악의 원인이 될 수밖에 없어. 그 만남이 바로 신적인 것인 지혜사랑[95]인데, 사랑을 하는 이는 자 신이 멸시받을까 봐 두려움에 싸여 그것으로부터 소년애인을 멀 찌감치 떨어져 있도록 막을 수밖에 없지. 또한 모든 점에서 무지 하여 매사에 사랑을 하는 사람만 바라보는 상태가 되도록 하는 그 밖의 방안들을 강구할 수밖에 없지. 그러나 그런 사람이 사랑 을 하는 사람한테는 가장 즐겁겠지만 그 사람 자신에게는 가장 해로울 거야. 그러니 생각의 측면에서 보자면 사랑을 가진 사람 은 어느 모로 보나 이익이 되는 후견인이자 동반자일 수 없지.

다른 한편 좋은 것에 앞서 즐거움을 좇을 수밖에 없는 사람이   c

그 누군가의 지배자가 된다면 그가 육체의 상태와 돌봄과 관련하여 그 육체를 어떤 상태로 어떻게 돌볼지를 그다음으로 보아야지. 그가 단단하지 않고 여린 어떤 사람을 좇아, 맑은 햇볕에서가 아니라 짙은 그늘 아래에서 길러지고, 남자다운 수고와 구슬땀에 익숙하지 않고 안락하고 사내답지 못한 삶의 방식에 익숙하고, 자기 자신의 고유한 것들은 결여한 채 남의 치장과 장식으로 꾸미고,[96] 그 밖에 앞의 것들과 일치하는 다른 것들에 전념하는 사람을 좇는다는 점은 분명하니, 이 이야기를 더 이상 계속할 게 아니라 한 가지 요점을 정리하고 다른 사항으로 넘어갈 필요가 있어. 전쟁이나 다른 중요한 위기 때에는 그런 육체를 적들은 만만하게 보는 반면, 친구들은 그리고 사랑을 하는 이들마저도 걱정스러워한다는 것이지.

자, 그럼 그 점은 분명한 것으로 두고 이어지는 것, 즉 사랑을 하는 사람과 사귀고 그의 후견을 받는 것이 우리에게 가진 것과 관련해서 어떤 이익이나 해를 줄지를 말해야지. 정말이지 다음과 같은 점만큼은 누구에게라도 마찬가지지만, 특히 사랑을 하는 이에게는 명확하지. 그는 사랑받는 이가 가장 소중히 여기고 위하는 마음을 갖는 재산이며 가장 신적인 재산을 여의기를 무엇보다도 기원하리라는 것 말이야. 왜냐하면 그는 사랑받는 이의 아버지, 어머니, 친척들과 친구들이 그와 더없이 즐겁게 사귀는 데 방해자이자 비난자가 된다고 생각해서 사랑받는 이가 그

d

e

240a

들을 잃게 되기를 기대하기 때문이지. 그뿐만 아니라 황금이나 다른 어떤 소유 형태의 재산을 가진 사람 역시 마찬가지로 손에 넣기도 쉽지 않고 손에 넣었어도 다루기 역시 쉽지 않다고 생각할 거야. 이러한 사실들로 볼 때 사랑을 하는 사람은 재산을 가진 소년애인들이 재산을 갖는 것을 못마땅해 하는 반면, 그것들을 잃게 되면 기뻐하는 것은 완전히 어쩔 수 없는 일이지. 더더군다나 그는 자신의 꿀단지에서 가능한 한 오랫동안 그 열매를 따먹기를 갈망하여, 사랑받는 이가 가능한 한 오랫동안 결혼도 안 하고 자식도 없고 집도 없게 되기를 기원할 거야.

물론 다른 나쁜 것들*도 있긴 하지만, 어떤 신령[97]이 그것들 대 b 부분에다 당장의 즐거움을 섞었으니, 예를 들면 무서운 짐승이자 큰 해악인 아첨꾼에다가도 자연은 시적 흥취가 없지는 않은 어떤 즐거움을 보태 섞었으며, 누구는 기생(妓生)[98]을 해롭다고 해서 비난하고, 그 외의 그런 종자들과 행위들의 상당수 역시 비난하겠지만, 하루를 더없이 즐겁게 보낼 거리는 될 수 있지. 반면에 사랑을 하는 이는 소년애인에게 해롭다는 점에 더해서 하루를 같이 지내기에도 모든 것 가운데 가장 불쾌한 것이거든. 정 c 말이지 동갑내기가 동갑내기를 즐겁게 한다는 옛말도 있긴 하지만—내 생각에 나이의 대등함은 그 닮음으로 인해 대등한 즐거

---

* 사랑하는 사람이 사랑받는 사람에게 끼치는 나쁜 것들 말고 다른 나쁜 것들.

움으로 이어져 우애를 낳으니까―그런데도 이들과의 만남 역시
도 질릴 수가 있어. 사정이 이런 데다가 어쩔 수 없는 것만큼은
어떤 경우에든 어느 누구에게든 부담스럽다고들 하지. 서로 닮
은 점이 없다는 것에 더해 사랑을 하는 이와 소년애인은 무엇보
다도 바로 이런 관계를 맺지. 나이 먹은 자가 나이 어린 자와 함
께하면 그는 낮이건 밤이건 자진해서는 떨어지는 법이 없고, 어
쩔 수 없음과 격정에 의해 끌려다니지만, 그 격정은 보고, 듣고,
만지는 등 사랑받는 이에 대한 온갖 감각을 느끼는 그에게는 늘
즐거움을 주어서 그를 이끌기에, 즐거이 그는 사랑받는 이에게
밀착하여 섬기지. 그런 반면에 사랑받는 이에게 그가 어떤 종류
의 위안거리 또는 어떤 즐거움을 주어야 자신과 동등한 시간 동
안 함께하는 사람이 극단적인 불쾌함에 처하지 않게끔 할 수 있
겠어? 한창때가 아닌 나이 든 얼굴을 보는 한편, 이것에 뒤따르
는 다른 것들을 이야기로라도 듣기에 유쾌하지 않은데, 더군다
나 어쩔 수 없이 압박을 받아 실제로 늘 상대할 수밖에 없는 사
람에게, 또한 어느 때 누구를 대하더라도 감시하는 보호를 받는
사람에게, 뜬금없고 과장된 칭찬을 듣고, 마찬가지로 비난 역시
그가 술이 안 취했을 때는 견딜 수 없는 비난들을, 술에 취해서
진저리나도록 대놓고 함부로 말할 때는 견딜 수 없는 것에 더해
서 수치스럽기까지 한 비난들을 듣는 사람에게 말이지.

심지어 그는 사랑을 할 때는 해롭고도 불쾌한가 하면, 사랑을

그만두고 난 후에는 훗날*과 관련해서 신의가 없지. 그날에 대
해 그가 많은 맹세와 애원을 동원해 많은 것을 약속하여 소년애   241a
인이 당시로선 견디기 힘들었던 만남을 좋은 것들에 대한 기대
를 통해 견뎌 내도록 하는 데 간신히 성공했으면서도 말이지. 약
속을 이행해야 하는 바로 그때에, 그는 자신 속의 통치자와 지도
자를 달리하여, 사랑과 광기 대신에 분별과 제정신으로 바꾸어
소년애인이 모르는 사이에 딴 사람이 되어 있는 터지. 그리고 한
쪽 편은 자기가 같은 사람과 이야기하는 줄로 알고 그가 한 행동
과 이야기들을 환기시키며[99] 그에게 그때 것들에 대한 기쁨을 갚
으라고 요구하지. 다른 편은 부끄러움 때문에 뻔뻔하게 자신이
다른 사람이 되었노라고 말하지도 못하고, 그렇다고 무분별한
이전 통치의 굳은 맹세들이나 약속들을 인정할 수도 없으니, 그   b
는 이미 분별을 챙겼고 제정신을 차린 터라 이전과 똑같은 짓들
을 해서 이전의 자신과 닮기도 하고 똑같기도 한 사람이 다시 되
지 않기 위해서지. 그래서 그는 이것들로부터 도망치는 자가 되
며, 이전에 사랑을 했던 이가 어쩔 수 없이 빚쟁이가 된 터라, 도
편이 다른 면으로 바뀌어 떨어지자 역할을 바꿔 바삐 도망치지.**

---

* 당시의 관습상 18세 이후에는 동성애 관계가 지속되지 않고, 주로 사회적 후
  견인 관계로 변한다. 훗날에 기약하는 것은 바로 후견인이 돼 준다는 약속인
  듯하다.

** 이 놀이는 검은색 쪽과 흰색 쪽으로 편을 갈라 도자기 조각을 공중에 던져 해

다른 편은 분통이 터져 저주를 하면서 쫓을 수밖에 없으니, 그가
애당초 전혀 몰랐던 것은 그래서 사랑을 하는 사람이며 어쩔 수
없이 무분별한 사람 말고 차라리 사랑을 하지 않고 분별 있는 사
c 람에게 기쁨을 주어야 했다는 것이지. 그렇게 하지 않으면, 신의
없고, 까탈스럽고, 질투가 심하고, 불쾌하며, 재산에 해로운가
하면, 육체의 상태에 해로운 사람일 뿐만 아니라, 인간들 사이에
서든 신들 사이에서든 진실로 그 이상 소중한 것이 현재도 없고
앞으로도 없을 혼의 함양과 관련해서는 더더욱 해로운 자에게
자신을 내줄 수밖에 없다는 것도 그렇고. 그러니 애야, 이것들을
잘 생각해야 할 뿐만 아니라, 사랑을 하는 이의 우애란 것은 위
하는 마음과 함께 생기질 않고, 음식처럼 포식의 기쁨을 위해 생
d 긴다는 것을, 즉 사랑을 하는 이들은 늑대들이 새끼 양을 반기듯
이[100] 소년을 좋아한다는 걸 알아야 해.

  이게 그걸세,[101] 파이드로스. 내가 더 이상의 것을 말하는 것을
들을 수 없을 테고, 이제 이야기는 끝을 본 것으로 해 주게.
파이드로스 그렇지만 저는 선생님이 이야기를 중간까지 하신 거

  당 색깔이 나온 편이 달아나고 반대편이 쫓아가는 놀이였다고 한다. 이전에
  사랑을 하는 자가 사랑을 얻기 위해 사랑받는 자를 쫓아다니던 것에서 입장
  이 바뀌는 것을 비유한다.

고, 사랑을 하지 않는 사람에 대해서 같은 길이로, 이번에는 그
가 지닌 모든 좋은 점을 이야기하면서, 차라리 그에게 기쁨을 주
어야 한다고 말씀해 주시리라 생각한 걸요. 아니 그런데 왜 이제
와서, 소크라테스 선생님, 중단하시는 겁니까?

소크라테스 속 편한 친구, 내가 이미 서사시를 읊조리고 있지 더   e
이상 디튀람보스 운율을 읊조리지 않고 있다는 걸 감지하지 못
했나? 비록 이런 점들*을 비난하고 있지만 말이지.** 그런데 아닌
쪽 사람***을 내가 칭찬하기 시작하면, 내가 어떻게 되리라고 생각
하나? 자네가 의도적으로 나를 던져 넣은 님프들에게 틀림없이
내가 사로잡힐 것이라는 걸 자넨 알지 않는가? 그러니까 한마디
로 하면 내 이야기는, 우리가 한쪽 편의 사람에 대해 비방하는
것 전부와 상반되는 좋은 점들이 다른 쪽 사람에게 곁들어 있다
는 소리일세. 왜 또 긴 이야기가 필요한가? 양쪽과 관련해서 충

---

*   사랑을 하는 사람의 나쁜 점들.

** 그리스의 서사시는 인간의 영광을 노래한다. 그런 점에서 '사랑을 하는 자'를
    비난하는 소크라테스의 첫 번째 연설은 서사시 운율로 노래하기에는 적절하
    지 못하다고 볼 수 있다. 그럼에도 불구하고 소크라테스는 처음에 디튀람보
    스 운율에 빠졌다가 이제는 서사시 운율에 빠졌다고 말함으로써 시적 영감
    에 흠뻑 빠진 양 말하고 있다. 뒤이어서는 님프에 사로잡힐지도 모르겠다고
    말함으로써, 소크라테스는 디튀람보스 → 서사시 → 서정시의 시적 영감으
    로 차례로 옮아가고 있다. 님프와 서정시의 관계에 대해서는 230b의 내용과
    230b 2행의 주석을 참고할 것.

*** 사랑을 하지 않는 자.

분히 말했는데 말이지. 바로 그렇게 해서 내 옛이야기는 겪어 마

242a 땅할 것을 겪을 것이고. 그리고 나는 자네한테서 뭔 더 큰 일을
강제받기 전에 이 강을 건너 떠나겠네.

파이드로스   아직요, 소크라테스 선생님. 불볕더위가 가시기 전
에는 안 됩니다. 이른바 '멈춰선' 한낮이 이미 거의 다 된 게 안
보이세요? 그러지 마시고 기다리는 사이에 이미 언급된 것들에
대해 대화를 나누다가, 선선해지면 그때 떠나도록 하시죠.

소크라테스   파이드로스, 이야기와 관련해서 자넨 정말 신적이고

b 정녕 놀라운 사람일세. 내 생각엔 자신이 이야기를 하든 다른 사
람들한테 그렇게 하도록 어떤 방식으론가 강제하든 간에, 자네
생전에 벌어진 이야기들을 보건대 어느 누구도 자네보다 더 많
은 이야기를 생기게 하지는 못했거든.[102] 난 테베 사람인 심미아
스[103]는 논외로 치지만, 다른 사람들은 자네가 월등히 압도하네.
그리고 내가 보기에 자넨 지금 다시 어떤 이야기가 이루어지게
하는 장본인이 된 듯하네.

파이드로스   전쟁을 전하는 말씀은 아니군요.* 하지만 도대체 무
슨 말씀이시죠? 이야기는 또 어떤 이야기를 말씀하시는 거구요?

---

* 역설적으로 좋은 소식이라는 뜻을 갖는 표현이다. 파이드로스가 논의된 것들
에 대해서 대화를 나누자고 했는데, 소크라테스가 새로운 이야기를 하게 생
겼다고 하니 좋아서 하는 말로 보인다.

소크라테스 여보게, 내가 막 강을 건너가려는데, 으레 내게 등
장하는 신묘한 존재[104]의 징후가 나타났고,—그때마다* 그건 내   c
가 하려던 것을 막는다네.—내가 신적인 존재에게 어떤 잘못을
저질렀다 하여[105] 속죄하기 전에는 떠나지 못하게 하는 어떤 소
릴 바로 그때 들은 것만 같네. 그러게 내가 예언가[106]라니깐. 아
주 용한 예언가는 못 돼서 겨우 읽고 쓰는 사람들처럼 나 자신에
한해서만 충분한 예언가이지만 말이지. 그래서 나는 이미 내 잘
못을 분명하게 이해하고 있네. 벗이여, 알다시피 혼 또한 예언에
능한 것이거든. 왜냐하면 아까 전에도 이야기를 하는 동안 나는
뭔가 찜찜했고, 이뷔코스**의 말마따나 "신들 앞에서 죄를 지어   d
인간들 쪽의 영예를 사는 것은 아닐까?"봐 낯부끄러워하고 있었
거든. 그런데 이제 나는 내 잘못을 감지했네.

파이드로스 그런데 대체 뭘 두고 이야기하시는 거죠?

소크라테스 무서운, 파이드로스, 무서운 이야기를 자네 자신이
옮기기도 했고 나더러 말하도록 강제하기도 했어.

파이드로스 대체 어째서죠?

소크라테스 그건 어리석기도 하고 사실상 불경하기도 하네. 이

---

* 신묘한 존재의 징후가 나타날 때마다.

** 레기움 출신의 서정시인. 사모스의 참주 폴뤼크라테스 시절의 인물로 추정된
다. 인용된 시구는 그의 토막글 24.

보다 더 무서운 이야기가 있을 수 있겠나?

파이드로스 전혀 없죠. 선생님께서 맞는 말씀을 하시는 거라면 요.

소크라테스 어떤가? 자넨 에로스가 아프로디테의 자식이자 신이 기도 하다고 믿지 않는가?

파이드로스 그렇다고 이야기되기는 하지요.

소크라테스 아무튼 그것은 뤼시아스에 의한 것도 자네 이야기에 e 의한 것도 전혀 아니었네. 자네에게 홀린[107] 내 입을 통해 이야기 된 자네 이야기 말이야. 사실이 그렇듯 에로스가 신이거나 신적 인 존재라면 그분은 전혀 나쁘지 않을 텐데, 그분에 대한 좀 전 의 두 이야기는 마치 그런 양 이야기했네. 그래서 이 점에서 양 쪽 이야기는 에로스에게 잘못하기도 했고, 더 나아가 건실하거 나 참된 것은 전혀 말하지 않으면서도 어떤 보잘것없는 위인들 243a 을 속여서 그들 사이에서 명성을 얻기라도 하면, 마치 뭐라도 되 는 양 무게를 잡는다는 점에서 양쪽의 어리석음은 아주 도시스 럽네. 여보게, 그래서 나는 정화의식을 치러야 할 필요가 있네. 신화 이야기와 관련해서 잘못을 저지르는 사람들을 위해서는 오 래된 정화의식이 있는데, 호메로스*는 그걸 알지 못했지만 스테

---

* 기원전 8세기경에 이오니아 지방에서 활동한 것으로 알려진 시인. 『일리아스』 와 『오뒤세이아』의 작가.

시코로스*는 알았다네. 헬레네에 대한 험담 탓에 두 눈을 잃자 그는 호메로스처럼 그 이유를 감지하지 못한 것이 아니라, 무사 여신들의 진실한 추종자였기 때문에 그 이유를 감지했네. 그는 그 즉시 이렇게 썼네.

이 이야기는 참되지 않네.
그대는 갑판이 잘 덮인 배에 타지도 않았고
트로이아의 성채에 당도하지도 않았네.[108]   b

그리고 이른바 '다시 부르는 노래'를 전부 짓자 즉각 그는 시력을 되찾았네. 그래서 나는 적어도 이 문제에 관한 한 그들보다 현명하게 굴겠네. 에로스에 대한 험담 탓에 뭔 일을 당하기 전에 그에게 다시 부르는 노래로 갚아 줄 참이란 말이지. 그때처럼** 부끄러움으로 머리를 가리지 않고 맨 머리인 채 그대로 말일세.

파이드로스   선생님이 제게 하실 수 있었던 말 중에 이보다 더 기쁜 말은 없습니다.

소크라테스   훌륭한 파이드로스, 그건 그 두 이야기가 얼마나 염   c
치없이 이야기되었는지를 자네가 속으로 깨닫고 있기 때문일세.

---

*   기원전 6세기 초반에 활동한 히메라 출신의 서정시인.

**   237a 4~5행.

나의 이 이야기와 책자로 읽은 그 이야기가 말이지. 사실 성품이 고결하고 온화한 한편, 비슷한 성품의 다른 이를 현재 사랑하고 있거나 과거에 사랑했을 수도 있는 어떤 사람이 우리한테서, 사랑을 하는 이들은 사소한 일들로 크나큰 적의를 품으며 소년애인에게 질투심을 품고 해롭게 군다는 말을 듣는다면, 아마도 뱃사람들 사이에서 길러졌을 것이고 자유인다운 사랑이라고는 전혀 본 적이 없는 사람들한테서 이야기를 듣는 것으로 그가 간주하리라고 자네가 생각하지 않을 도리가 있겠으며, 우리가 에로스를 헐뜯는 점들에 대해 그가 우리와 동의하는 것은 어림없는 일이라고 생각하지 않을 수 있겠는가?

파이드로스   제우스에게 맹세코 아마 그럴 것입니다. 소크라테스 선생님.

소크라테스   나로서는 그런 분에게만큼은 부끄럽고, 에로스 자체를 두려워하기도 해서, 말하자면 그가 들은 찝찌름한 소리를 청량한 이야기로, 꼭 씻어 내고 싶은 마음이 있네. 나는 뤼시아스에게도 사랑을 하지 않는 사람보다는 사랑을 하는 사람에게 같은 값으로* 기쁨을 주어야 한다는 이야기를 될 수 있는 대로 빨리 쓰라고 충고하네.

파이드로스   그렇게 되리라고 알고 계셔도 됩니다. 선생님이 사

---

* '사랑받은 것과 같은 값으로'라는 뜻이다.

랑을 하는 자에 대한 칭찬을 하시면, 같은 주제에 대해서 이야기   e
를 새로 쓰라는 압력을 저한테서 받게 될 것이 너무도 당연하니
까요.

소크라테스   자네가 자네인 한, 나는 그 점을 믿네.

파이드로스   그럼, 과감히 말씀해 주시죠.

소크라테스   내가 상대로 이야기한 나의 소년은 도대체 어디에
있는가? 이것도 들어야 할 테고, 듣지 못하고서 사랑을 하지 않
는 자에게 앞질러 기쁨을 주는 일도 없어야 할 텐데 말이야.

파이드로스   선생님께서 원하실 때면, 언제든 이 사람은 선생님
곁에 아주 가까이 있을 것입니다.

소크라테스   자 그럼, 아름다운 소년이여, 이렇게 알아 두렴. 이   244a
전의 것은 뮈리누스 구(區) 사람인 퓌토클레스의 아들 파이드로
스[109]의 이야기였지만 이제 내가 이야기하려는 것은 히메라 사람
인 에우페모스의 아들 스테시코로스[110]의 이야기라는 것을 말이
야. 사랑을 하는 사람이 곁에 있을지라도 그보다는 사랑을 하지
않는 사람에게 우리가 기쁨을 주어야 하는 바로 그 이유는 한편
은 광기가 들었지만 다른 편은 제정신이기 때문이라는 "이야기
는 참되지 않다."[111]고 말해야 해. 광기가 나쁘다는 게 무조건 사
실이라면야, 그 이야기가 훌륭히 이야기된 것이 될 테지만, 사
실은 좋은 것들 중에서도 가장 대단한 것들은 광기를 통해서, 단
그것이 신적인 선물로 주어질 때, 우리에게 생기기 때문이지. 정

b 말이지 델포이의 여예언자[112]든 도도네의 여사제들[113]이든, 광기
가 들어서는 사적인 일에서나 공적인 일에서나 그리스에 정말
많은 좋은 일들을 했지만 제정신을 차리고서는 거의, 아니 전혀
아무런 일도 하지 못했거든.[114] 그리고 신들린 예언술을 써서 많
은 이에게 미래의 일에 대해 정말 많은 것들을 미리 이야기해 주
어 옳게 이끈 시빌라[115]나 다른 사람들에 대해서 우리가 이야기
한다면, 누구에게나 빤한 것을 지루하게 이야기하는 게 되지. 그
렇지만 이런 건 증거로 제시할 만하지. 옛사람들 중에서 이름을
붙인 사람들[116] 역시 광기를 부끄러운 것이거나 비난거리라 생각

c 하지 않았다는 점 말이야. 그렇게 생각했다면 미래의 일을 분간
하는 가장 아름다운 기술에 바로 그 이름을 엮어서 마니케*라 부
르지 않았을 테니 말이지. 그들은 신적인 섭리에 의해 생길 때는
광기가 아름답다는 생각에서 그렇게 믿고 이름을 붙였는데, 요
즘 사람들이 멋도 모르고 타우(t)를 끼워 넣어서, 만티케라 불렀
지. 또한 그들은 제정신인 사람들의 탐구를, 그러니까 새를 비롯
한 그 밖의 징조들을 통해 미래의 일에 대한 탐구를 행하는 사람
들의 탐구를, 그것이 생각을 통하여 인간의 의견에 분별과 식견

---

* 어원을 밝히는 대목이라 어쩔 수 없이 원어 발음을 그대로 썼다. 뒤의 설
   명에 나오듯이 이름을 붙인 사람은 '광기(마니아)'에 중점을 두고 '마니케
   (manikē, 예언술)'라는 이름을 만들었으나 후에 음이 첨가되어 오늘날 '만티
   케(mantikē, 예언술)'라는 이름으로 변질되었다는 것이다.

을 제공하는 것이라서, 오이오노이스티케*(점술)라고 이름 붙였
단 말이지. 그걸 요즘에는 젊은이들이 오메가(ō)로 무게를 잡아   d
오이오니스티케(점술)라 부르지. 그렇게 보면 점술보다는 예언술
이 이름이면 이름, 효능이면 효능에서 모두 더 완전하고 더 존중
할 만한 그만큼, 옛사람들은 제정신보다는 광기가, 그러니까 인
간들 사이에서 생기는 것보다는 신에게서 온 것이 더 아름답다
고 증언하고 있는 것이지.

  더 나아가 가장 큰 질병과 고난, 즉 어느 가문에서 어느 땐가
의 조상의 악업에서 비롯된 질병과 고난의 경우,[117] 광기가 생
겨나 예언자가 되어 필요한 사람들에게 그 구제책을 찾아 주었   e
지.[118] 신들에 대한 기도와 경배에 귀의함으로써 말이지.[119] 바로
이렇게 해서 광기는 정화의식[120]과 입교의식[121]을 만나 광기가 옳
게 들었으며 옳게 사로잡힌 자에게 현재의 악들의 해소책을 찾
아 줌으로써, 당시나 그 이후의 시간에나 자신에게 가담하는 자[122]   245a
를 위태롭지 않게 만들었지.

  세 번째 것으로 무사 여신들에 의한 사로잡힘인 광기는 여리
고 때 묻지 않은 혼을 취하여 서정시를 향해, 그리고 그 밖의 시

---

* 생각(dianoia)과 의견(oiēsis)에서 'oi'를, 분별(nous)에서 'no'를, 식견
  (historia)에서 'ist'를 따서 'oi-o-no-ist-ikē'라는 말을 만들었다는 소리다.
  이런 다소 억지스러우나 기발한 어원 분석은 플라톤의 『크라튈로스』에서 많
  이 찾아볼 수 있다.

들을 향해 그것이 들뜨게 하고 박코스적 열광에 빠지게 하여, 옛 사람들의 숱한 위업들을 찬미함으로써 후세들을 교육하지. 하지만 무사 여신들의 광기 없이도 기술로써 어엿한 시인이 될 수 있으리라고 믿고서 시의 문에 다다르는 자는, 그 자신 목적을 이루지 못할뿐더러 그의 시, 즉 제정신인 자의 시는 광기가 든 사람들의 시에 의해 무색해지지.[123]

b   이 정도와 그 이상의 것들을 나는 신으로부터 생기는 광기에 의한 아름다운 일들로 너에게 이야기해 줄 수 있어. 그러니 바로 그 점만큼은 염려하지 말고, 흔들리는 사람보다 제정신인 사람을 친구 삼아야 한다고 우리를 겁주는 어떤 이야기가 우리를 얼 빠지게 하지도 말게 하렴. 그리고 그에 더해서 그 이야기가, 사랑은 사랑을 하는 사람과 사랑을 받는 사람에게 이익이 되라고 신들로부터 보내진 것이 아니라는 점을 밝힌 연후에야 승리의 상을 탈 수 있게 하렴. 우리는 우리대로 그 반대되는 이야기, 즉

c   최대의 행운으로서 그와 같은 광기가 신에게서 주어진다는 점을 입증해야지. 그런데 그 입증은 무섭도록 영리한 사람들에게는 믿지 못할 것이겠지만 지혜로운 사람들에게는 믿을 만한 것일 거야. 그럼 우선 신적인 혼과 인간적인 혼의 본성과 관련해서 그 상태와 하는 일을 알아보고, 진실을 깨달아야 해. 그 입증의 시작은 이래.[124]

모든 혼은 죽지 않는다.[125] 그 이유는 이렇다. 계속해서 움직이는 것은 죽지 않는다. 그런데 다른 것을 움직이고 다른 것에 의해 움직여지는 것은 그 운동의 정지를 갖기 때문에 삶을 멈춘다. 자신을 움직이는 것만이 자신을 떠나지 않기 때문에 움직이기를 결코 멈추지 않을 뿐만 아니라, 움직이는 다른 모든 것들에게도 이것이 운동의 원천이자 기원이 된다. 그런데 기원은 생기는 것 d 이 아니다. 생기는 모든 것은 기원으로부터 생겨날 수밖에 없지만, 기원은 어느 것에서도 생길 수 없기 때문이다. 왜냐하면 기원이 어떤 것에서 생긴다면, 그 기원은 기원으로부터 생기지 않았을 것이기 때문이다.[126] 그것은 생기는 것이 아니기 때문에, 그것이 소멸하지 않는 것 또한 필연이다. 만약에 기원이 파멸한다고 한다면, 기원은 도무지 어떤 것에서 생기지도 않을 것이고 기원에서 다른 것이 생기지도 않을 것이기 때문이다. 기원으로부터 모든 것이 생겨야 한다면 말이다. 자신이 자신을 움직이는 것이 운동의 기원이 되는 것은 바로 그렇게 해서다. 그런데 그것은 소멸할 수도 생겨날 수도 없으며, 그렇지 않다면 천계 전체와 생 e 성하는 것 전체는[127] 공멸해서 정지하는가 하면, 움직여지는 것이 거기서 생겨 나오게 될 것[128]을 다시는 결코 가질 수 없을 것이다. 자신에 의해 움직여지는 것은 죽지 않는다는 것이 밝혀졌으므로, 바로 이런 것이 혼의 본질과 정의(定義)[129]라 말해서 부끄러울 게 없다. 왜냐하면 움직임이 바깥에서 주어지는 모든 물체

는 혼이 없는 것이지만, 자신 안에서 자신으로부터 움직임이 주
어지는 것은—혼의 본성이 그런 것이기에—혼이 있는 것이기
때문이다. 만약에 혼 말고는 다른 어떤 것도 자신이 자신을 움직
이지 않는다는 것이 있는 그대로의 사실이라면, 필연적으로 혼
246a 은 생기지도 않고 죽지도 않을 것이다.

이렇게 해서 혼의 불사에 대해서는 충분히 이야기했고, 혼의
형태에 대해서는 다음과 같이 이야기해야지. 그것이 어떤 성질
의 것인지에 대해서는 어느 모로 보나 전적으로 신적이면서 긴
서술이 있어야 되겠지만, 그것이 무엇과 닮았는지는[130] 인간적이
고 상대적으로 간단한 서술이면 되지. 그러니 그런 방식으로 이
야기해 보자고. 혼이 본래 한 멍에에 매인 날개 달린 말들과 마
부[131]가 합체된 능력을 닮았다고 해 보자고. 그런데 신들의 말들
과 마부들은 모두가 그 자체로도 훌륭하며 태생도 훌륭한 반면,
b 다른 쪽들의 경우엔 섞여 있지. 그러니까 첫째로 우리 쪽의 다스
리는 자[132]는 한 쌍의 말을 몰며, 둘째로 말들 중 한쪽은 아름답
고 훌륭하며 태생도 그런 반면, 다른 쪽은 그 반대고 태생도 반
대지. 그러니 우리 경우에 전차 몰기는 어쩔 수 없이 어렵고 애
먹이는 것일 수밖에 없지. 자, 그럼 어떻게 해서 살아 있는 것이
사멸한다고도 불리고 불사한다고도 불리게 되었는지를 말해 봐
야지. 모든 혼은 혼이 없는 것 전부를 돌보고 천계 전체를 순례
하지. 그때그때 다른 모습을 하고서 말이지. 그리하여 혼이 완전

하고[133] 날개가 나 있으면, 드높은 하늘을 가르며 우주 전체를 관 c
장하지만, 깃털이 빠진 혼은 쓸려 다니다가 단단한 뭔가를 붙잡
아 거기에 정착하여 흙으로 된 몸을 취하고, 몸은 혼의 능력 덕
에 자신이 자신을 움직이는 것처럼 여겨져, 혼과 몸이 달라붙은
전체가 살아 있는 것이라 불리며, 사멸하는 것이란 명칭을 얻었
지. 반면에 불사한다는 것은[134] 논증이 된 그 어떤 이야기에도 토
대를 둔 것이 아니고, 우리가 신을 보지도 못했고 충분히 깨닫지
도 않았으면서, 한편으로는 혼을 갖고 다른 한편으로는 육체를 d
갖고 있으면서 본래 이것들을 영원히 합체시킨 불사하는 것이자
살아 있는 것이라고 신을 형상화하지. 그렇지만 그런 것들이야
그 사실이 어떻든 신의 마음에 들어야 하고, 또 신의 마음에 드
는 방식으로 이야기되어야 하겠지. 반면에 깃털들이 혼에서 떨
어져 나가게 하는, 깃털들의 상실의 원인은 우리가 파악해 보자
고. 그건 다음과 같은 어떤 것이야.

본래 날개의 힘은 무거운 것을 공중으로 올려 신들의 종족이
사는 곳으로 이끌어 올리는 것으로, 어떻게 보면 육체와 관련되
는 것들 중에서는 신적인 것에, 즉 아름답고 지혜롭고 훌륭하며, e
그 밖의 모든 그러한 신적인 것에 가장 크게 관여하지. 바로 이
것들에 의해서 혼의 깃털이 가장 많이 양육되고 자라며, 그것들
과 반대되는 추하거나[135] 나쁜 것 등에 의해서는 쇠퇴하고 소멸
하지. 천계의 위대한 지도자인 제우스는 날개 달린 전차를 몰고

서 맨 먼저 길을 나서서, 모든 것을 정돈하고 돌보지. 한편 신들

247a 과 신령들[136]의 진(陣)이 11개의 조직으로 정렬해서 그를 뒤따르지.[137] 헤스티아는 신들의 거처에 홀로 남기 때문이지.[138] 12라는 수에 편제된 나머지 신들 중 장군직을 맡은 신들은 각자 편제된 대열에서 이끌어 가지.[139] 그리하여 지극히 복된 많은 광경[140]과 경로가 천계의 안쪽에 있어, 행복한 신들의 종족이 여기를 오가며 제각기 제 일에 힘쓰니,[141] 그럴 때마다 그럴 마음도 있고 그럴 능력도 있는 자는 그 뒤를 따르지. 시기심은 신들의 가무단 밖에 서 있기 때문이지.[142] 그렇기는 하지만 잔치와 만찬을 위해

b 갈 때면,[143] 천계를 떠받치는 맨 꼭대기 궁륭[144]으로 가파르게 나아가는데, 거기서 신들이 타는 것들은 고분고분해서 균형을 잡고 쉽게 나아가지만, 다른 자들이 타는 것들은 겨우겨우 나아가지. 나쁜 본성에 참여하는 말은 몸이 무거워 땅으로 처지면서 마부들 중 말을 제대로 기르지 못한 마부를 힘겹게 하거든. 바로 거기서 극도의 고난과 다툼이 혼 앞에 놓이지. 사실 우리가 불사자라 부르는 혼들[145]은 꼭대기에 이를 때면, 밖으로 나아가 천계의 등마루에 서게 되는 한편, 회전운동은 서 있는 그들을 돌리

c 고, 그들은 천계 밖의 것들[146]을 관조하지.

하지만 천계 바깥 자리를 이제껏 이 세상의 어떤 시인도 노래한 적이 없었고, 언젠가 그에 걸맞게 노래할 날도 없을 거야. 하지만 그곳은 이렇지.―최소한 참된 것만큼은 우리가 과감히 말

해야 하고 우리가 진리를 주제로 삼아서 말할진대, 특히 그러해
야 하니까—색깔도 형체도 없으며 만져지지도 않는, 있는 것답
게 있는 실재가, 즉 혼의 키잡이인 지성에만 관조되고, 참된 앎
의 부류가 관계하는 실재가 이 자리를 차지하고 있지. 그리하여   d
순수한 지성과 앎에 의해 양육되는 신의 생각, 그리고 자신에게
적합한 양식(糧食)을 섭취하는 데 관심을 두고 있는 모든 혼의 생
각은 때가 돌아오면 회전운동이 빙 둘러 제자리로 돌아올 때까
지 시간 간격을 두고 실재를 보고 반기며, 참된 것을 관조하여
양식을 얻고 즐거워하지. 그 궤도에서 그것은 정의 자체를 목격
하고, 절제를 목격하며, 앎을 목격하지. 그런데 그 앎은 생성이
곁들여지지 않은 앎이요, 오늘날 우리가 있는 것들이라 부르는
것들 중 어떤 다른 것과 관련될 때마다 달라지는 앎이 아니라,
있는 것답게 있는 실재인 것에 관계하는 앎이지. 있는 것답게 있   e
는 다른 것들에 대해서도 같은 식으로 관조하고 잔치를 즐기고
서, 그것[147]은 다시 천계의 안으로 들어가 집으로 돌아갔지. 그것
이 돌아오면, 마부는 구유에 말들을 세우고, 신찬(神饌)을 먹이로
주고 더해서 신주(神酒)를 주어 마시게 했지.

   이것이 신들의 삶이야. 한편 다른 혼들의 경우, 가장 훌륭하게   248a
신을 따르고 닮은 혼은 바깥 자리로 마부의 머리를 들어 올리고
회전운동을 신과 함께 돌지만, 말들로 인해 소란을 겪어 실재들
을 어렵사리 목격하는 한편, 어떤 혼은 오르락내리락하며, 말들

에 휘둘려서 어떤 것들은 보았고 어떤 것들은 보지 못했지. 그런
한편 또 다른 혼들은 모두 윗세상에 집념하여 따르지만 능력이
없어서 표면 아래에서 함께 도는데, 서로를 밟고 깔아뭉개 가며,
서로 앞서 있으려 하지. 그리하여 극도의 소란과 힘겨루기와 진
땀 나는 일이 벌어지는데, 바로 이 와중에 마부의 무능함 때문에
많은 혼들이 불구가 되는가 하면, 또 많은 혼들이 날개를 많이
다치지. 하지만 그 모든 혼은 많은 고난을 겪고도 실재의 관조에
입교하지 못한 채 떠나고, 떠나서는 의견을 양식으로 삼지. 그런
데 진리의 평원이 어디에 있는지 보고자 하는 대단한 열의의 이
유는 혼의 최상의 부분에 제격인 여물이 거기 있는 목초지에서
나며, 혼을 들어 올리는 날개의 본성이 그것으로 양육되기 때문
이지.

　또한 아드라스테이아[148]의 법칙*은 다음과 같지. 신의 수행자
가 되어 참된 것들 중 어떤 것을 목격한 혼은, 또 다른 주기 전까
지 비탄에 빠지지 않을 것이며, 그 혼이 때마다 그렇게 할 수 있
다면 언제까지나 해를 입지 않으리라는 것이지. 반면에 따라갈
능력이 없어서 보질 못하고, 어떤 불운으로 말미암아** 망각과 무
능으로 가득 차 무거워지는가 하면, 무거워져 깃털이 빠지고 땅

---

* 벗어날 수 없는 여신의 법칙이니, 운명의 법칙이라고 보면 되겠다.
** 천계 바깥에서 실재를 목격하지 못하는 일을 말한다.

에 떨어질 때면, 그때 이 혼은 첫 출생부터 야생의 존재에 심기　　d
는 게 아니라, 가장 많이 본 혼은 장차 지혜를 사랑하거나 아름
다움을 사랑하거나, 혹은 시가나 사랑을 따르게 될[149] 사람의 싹
에 심기며, 두 번째는 법치를 하는 왕이거나 전쟁을 잘하는 지휘
관 같은 왕의 싹에, 세 번째는 정치에 맞거나 한 집안의 경영에
맞는 사람, 또는 사업에 맞는 사람의 싹에, 네 번째는 운동을 사
랑하는 체육가[150]거나 육체의 치료에 관여할 사람의 싹에 심길 것
이고, 다섯 번째는 예언가의 삶이거나 입교의식을 따르는[151] 어　　e
떤 삶을 가지리라는 것이 그 법칙이지. 여섯 번째 혼에게는 시를
따르는 삶[152]이거나 모방에 관련된 사람들의 그 밖의 다른 삶이
어울릴 것이고, 일곱 번째 혼에게는 만들거나 농사를 짓는 삶이,
여덟 번째 혼에게는 소피스트거나 민중 선동가의 삶이, 아홉 번
째 혼에게는 참주의 삶이 어울릴 것이라는 거고.

　이 모든 일의 와중에 올바르게 삶을 영위하는 사람은 더 나은
몫을 받고, 올바르지 못하게 영위하는 사람은 더 못한 몫을 받
아.* 각각의 혼은 자신들이 왔던 동일한 곳에 1만 년 안에 다다르
지 못하지만—그만 한 시간 이전에는 날개가 돋지 않거든—진　　249a
실한 마음으로 지혜사랑을 하거나 지혜사랑을 동반하여 소년애

---

* 우리말로 살리기가 어려워 살리지 못했으나, 이 다음 문장부터 249b 1행까지
　의 문장이 바로 이 '더 나은 몫'과 '더 못한 몫'에 대한 설명이다.

를 하는 사람의 혼은 예외야. 이들이 연이어 세 번 이 삶을 선택

한다면, 이들은 그렇게 해서 세 번째 천 년 주기에 날개가 돋아

3,000년 만에 떠나 버리지. 하지만 다른 혼들은 첫 번째 삶을 끝

마쳤을 때, 판결을 받아, 판결 결과에 따라서 어떤 혼들은 땅 밑

에 있는 교정소[153]로 가 대가를 치르고, 다른 혼들은 디케*에 의해

b 천계의 어떤 영역으로 들어 올려져, 그들이 사람의 모습으로 살

았던 삶의 방식에 걸맞게 지내게 되지. 그런데 천 년째에 양자는

두 번째 삶의 추첨과 선택[154]을 할 때에 이르러, 각자가 원하는

삶을 선택하지. 거기서 인간의 혼이 짐승의 삶에 이르기도 하고,

한때 인간이었던 짐승에서 다시 인간에 이르기도 하지. 진리를

본 적이 없는 혼은 이 형태**에 이르지 못한다는 말이야.[155] 왜냐

하면 인간은 부류에 따라 이야기되는 것을, 즉 여러 지각에서부

c 터 추론에 의해 그러모아져 하나로 이행하는 것을 이해해야 하

기 때문이지.[156] 그게 언젠가 우리의 혼이 신과 함께 나아가며 현

재 우리가 '있다'고 부르는 것들을 내려다보면서, 있는 것답게 있

---

* 정의의 여신이다. 바로 앞에 '대가'로 번역한 말이나 261b에서 '재판'으로 번
역한 말, 그리고 266a, 275e, 278e에서 '정당하게'라고 번역한 말은 모두 이
디케의 일반명사와 그 유관어이다. 이 말들의 연관관계를 보면 그리스인에
게 '정의' 내지 '정당'과 '대가', '재판'은 서로 연결되는 의미였다는 것을 알 수
있다.

** 인간의 형태.

는 것에로 머리를 내밀고 보았던 것들의 상기 과정이야. 바로 그
렇기 때문에 지혜를 사랑하는 자의 생각만이 날개를 다는 것이
정당한 거야. 왜냐하면 신이 그것에 가까이 있음으로 해서 신이
신적일 수 있는 것들*에 자신이 할 수 있는 한 기억을 통해서 가
장 가까이 있는 자가 지혜를 사랑하는 자이기 때문이지. 그러니
사람이 그런 것들을 위한 기억거리[157]를 옳게 사용하면, 그 사람
은 매번 완전한 입교의식을 완결 짓기에, 그만이 진실로 완결되
지.[158] 하지만 그는 인간적인 관심사 밖에 서고 신적인 것 가까이   d
에 있게 되기에, 대다수의 사람에게서 돌았다고 욕을 먹지만, 그
가 신들린 것을 대다수의 사람이 모를 뿐이지.

　자, 이리하여 여기에 네 번째 광기와 관련하여 도달한 이야기
가 다 있지.—누군가가 이곳에 있는 아름다움을 보며 참된 것을
상기하고, 날개가 돋고 날아오르려는 열의를 갖고 날개를 퍼덕
이지만,[159] 그럴 수 없자 새처럼 위를 쳐다보고 아래에 있는 것들
에 무관심할 때마다, 그가 광적인 상태가 되는 원인으로 꼽히는
광기 말이지.—이 광기가 신들림 중에서 그 자체로도 훌륭하고,   e
훌륭한 것들에서 태어나기도 했으며, 이것을 가진 사람에게도
이것을 공유하는 사람에게도 이것이 가장 훌륭한 것이 된다는
것에, 그리고 이 광기에 참여하여 아름다운 것들을 사랑하는 자

---

* 　이데아를 말한다.

는 사랑을 하는 이라 불린다는 것에 도달했다는 말이지. 말했던 대로,[160] 본래 모든 인간의 혼은 실재들을 관조한 터이지만—그렇지 않았으면 이 삶에 이르지 못했을 거야.—이것들*로부터 저것들**을 상기하기가 어느 혼에게나 쉬운 일은 아니고, 그때 저기에 있던 것들을 얼핏 보았던 혼들에게나, 이곳으로 떨어져 불행하게도 어떤 사귐들에 의해 옳지 못한 쪽으로 발길을 돌려 그때 보았던 신성한 것들을 망각하기에 이른 혼들에게나 그것은 쉬운 일이 아니란 말이야. 그러니 기억을 충분히 갖춘 소수의 혼들만이 남을밖에. 그런데 이들은 저기의 것들과 닮은꼴의 어떤 것들을 볼 때면, 넋이 나가서 더 이상 정신을 차리지 못하게 되면서도, 그것을 충분히 알아보지[161] 못하는 탓에 정작 그 상태가 무엇인지에 대해서 무지하지. 그러니까 혼들에게 소중한 것들인 정의, 절제 등등의 광채는 여기에 있는 그것들의 닮은꼴들에는 전혀 있지 않고, 흐릿한 기관(器官)을 통해서 간신히, 그것도 소수의 사람이 그것들의 모상에 접근해서, 모상의 대상의 부류를 관조하지. 반면에 그때에는 아름다움을 환하게 볼 수 있었지. 우리가 제우스를 뒤따르고,*** 다른 사람들이 다른 신들을 뒤따르며 행

* 현실세계의 징표들.

** 천구 밖의 실재들.

*** 252e를 보면 제우스를 뒤따르는 혼들은 철학자로 태어난다. 즉 여기서 '우리'

복한 가무단과 함께 지극히 복된 모습과 광경을 보았을 뿐만 아

니라, 입교의식 중에서 가장 지극히 복되다고 말해 마땅한 입교

의식을 완결하곤 할 때 말이지. 그 의식에 경배를 드리곤 했던   c

시절에,[162] 우리 자신은 온전했으며 다음 시기에서 기다리던 악

들을 아직 겪지 않은 한편, 우리가 지금 굴(石花)*처럼 묶여 있으

면서 끌고 다니는 몸이라 부르는 것에 묻혀 있지 않고[163] 순수한

상태에서 순수한 빛줄기 속에서 온전하고 단순하며 흔들리지 않

고[164] 행복한 비의의 사물들[165]에 입문하였고[166] 그것들을 견자(見

者)로서 보았지.[167]

그럼, 기억으로 인해 기쁨을 누리는 일은 이만 마치기로 하

지.[168] 그 기억 덕분에 그때 것들에 대한 갈망이 일어나 지금 좀

길어지긴 했지만. 그건 그렇고 아름다움에 대해서 내가 말한 대

로 그것은 저것들과 함께 있을 때도 빛났지만, 우리가 이곳으로   d

와서도 우리는 그것을 우리의 가장 선명한 감각을 통해 가장 선

명하게 반짝이는 것으로 포착하지. 몸을 통한 감각 중에서 시각

이 가장 날카롭게 우리에게 오기 때문이지.[169] 하지만 지혜[170]는

시각에 의해 보이지 않아. 만약 지혜가 자신에 대한 그런 식의

영상(映像)[171]을 시각으로 들어오게 했다면 무서운 사랑을 불러일

는 '철학자'를 말한다.

* 동굴이 아니라 식용의 굴(oyster)을 말한다.

으켰을 테지만 말이야. 사랑받는 다른 것들* 역시 그랬을 테고. 하지만 지금으로서는 아름다움만이 이 몫을 받아서 가장 명확하

e 고 가장 사랑스럽지. 그리하여 입교한 지 오래되었거나[172] 타락한 자[173]는 아름다움 자체의 이름을 딴 이곳의 것을 관조하면서도, 이곳에서 저곳으로 아름다움 자체를 향하여 빠르게 옮겨 가지 못하며, 그 결과 그것을 바라보면서도 경외하지 못하고, 즐거움에 굴복하여 네발짐승처럼 올라타려 들며 새끼를 치려 하고,

251a 방종과 사귀면서도 두려워하지 않고 본성에 어긋나게 즐거움을 추구하면서도 부끄러워하지도 않지. 반면에 갓 입교한 자는, 즉 그때 것들을 많이 관조한 자는, 아름다움을 아주 잘 모방한 신과도 같은 얼굴이나 몸의 어떤 형태를 볼 때면, 처음에는 오한이 나고[174] 그때의 두려움 중 어떤 것[175]이 그를 엄습하지만, 그 후에는 바라보며 신처럼 경외하며, 그가 과도한 광기에 대한 평판을 두려워하지 않는다면 신상(神像)과 신에게 하듯 소년애인에게 제물을 바칠 거야. 한편 보고 있는 그를, 오한 다음의 변화가 그렇

b 듯 땀과 이상스런 열기[176]가 사로잡지. 날개의 성장에 물을 대는 아름다움의 유출물[177]을 눈을 통해 받아들여 그가 달아올랐기 때문이고, 그가 달아오르자 오래전에 딱지로 덮여 깃털이 돋지 못하게 막던, 움 주변의 것들이 녹아내렸고, 양분이 계속 밀려들자

---

* 지혜 이외에 '절제'나 '용기' 같은 덕들을 말한다.

혼 전체의 거죽 아래에 있는 뿌리로부터 날개의 깃촉이 부풀고
자라기 시작했지.—오래전에는 혼 전체가 깃털을 달고 있었거
든.—그래서 그 사이에 혼 전체는 끓어오르고 용솟음치며, 이(齒   c
牙)가 막 자랄 때 이와 관련해서 이가 나는 아이들에게 생기는 상
태, 즉 잇몸 주변의 간지러움과 통증과 똑같은 상태를 날개가 자
라기 시작한 사람의 혼이 겪었지. 날개가 자라면서 혼은 끓어오
르고, 통증을 느끼고, 간지럽지.

이리하여 한편으로 혼이 소년의 아름다움을 바라보고, 거기
서 흘러드는 입자들[178]을—이 때문에[179] 바로 이것은 열망이라 불
리지—혼이 받아들여 물을 공급받고 달아오를 때면, 혼은 아픔
이 누그러들고 환희에 차는 것이지. 반면에 혼이 떨어져 있게 되   d
고* 말라붙을[180] 때면, 깃털이 나오는 통로의 입구들도 같이 말라
붙고 닫혀서 깃털의 싹을 닫아거는 한편, 깃털의 싹은 열망과 함
께 안에서 닫아걸려, 마치 맥박처럼 펄떡거리면서, 각각이 자신
의 통로를 찔러 대는 나머지, 혼 전체가 온통 들쑤셔져서 환장하
고[181] 아파하는가 하면, 새삼 아름다운 자를 기억하고는 환희에
차는 것이지. 양쪽 상태가 뒤섞인 까닭에 혼은 그 상태의 이상함
에 괴로워하고, 어쩔 줄 몰라 미쳐 버리고, 광적인 상태에서 밤   e
에는 잠들지 못하고 낮에는 자신이 있는 자리에 그냥 머물러 있

* 소년이나 소년의 아름다움에서 떨어져 있게 된다는 소리다.

지 못하고, 아름다움을 지닌 이를 볼 수 있으리라 생각하는 곳이면 어디든 그리운 마음에서 달려가지. 보고 나서 혼은 열망으로 흠뻑 젖어[182] 그때 막았던 것들을 풀어 버리고, 숨통이 트이면서 들쑤심과 진통이 멈추며, 당분간 가장 달콤한 이 즐거움을 새삼 누리지. 혼은 자발적으로 가능한 한 거기로부터 떨어져 있으려 하지 않고, 그 어떤 것도 아름다운 자보다 더 중시하지 않으며, 어머니와 형제와 벗들 모두를 잊고, 재산을 소홀히 해서 탕진해도 아무것도 아닌 것으로 여기고, 그전에 자랑스러워했던 규범들과 몸가짐 전부를 다 하찮게 여기고서는 자신이 갈망하는 자에게 가장 가깝게 있도록 허락되는 곳이기만 하면 어디에서든 노예가 되어 잠들 작정이지. 이는 아름다움을 지닌 자를 혼이 경외한다는 이유에 더해서 그가 가장 위중한 고난의 유일한 치료자라는 것을 혼이 발견했기 때문이지. 그런데, 나의 이야기 상대인 아름다운 소년이여, 이 상태를 사람들이 사랑이라 이름 부르긴 하지만, 신들이 이를 뭐라고 부르는지를 들으면 너는 너의 젊음 탓에 듣고서 웃기 쉬울 거야. 내 생각에 호메로스의 후예들[183] 중 어떤 사람들은 숨겨진 시구들[184] 중에서 에로스에 관한 두 개의 시구를 이야기하는데, 그것들 중 하나는 아주 거칠어 운율이 썩 잘 맞지는 않아.[185] 그것들은 다음과 같이 노래하지.

그를 정말이지 사멸하는 자들은 날개 달린

      에로스(에로스 포테노스)라 부르지만,

불사자들은 프테로스(날개 달린 신)라 부르네.

      날개를 기르는 필연으로 인해.[186]

  이들의 말은 믿어도 그만이고 안 믿어도 그만이야. 그렇더라도   c
사랑을 하는 사람들의 이유와 상태만큼은 이게 바로 그거라네.[187]

  이리하여 사랑에 사로잡힌 사람이 제우스의 추종자라면 날개
에서 이름을 따온 분의 무게를 훨씬 든든하게 감당할 수 있는 것
이지. 반면에 아레스를 섬기고 그와 함께 순례했던 자들은, 자
신들이 에로스의 포로가 됐는데 사랑받는 이에 의해 뭔가 부당
한 일을 당했다는 생각이 들 때면, 살기등등해서 자신들과 소년
애인들 둘 다를 제물로 바칠 태세지. 그리고 이런 식으로 각자는   d
타락하지 않은 상태에서 이곳의 첫 번째 생을 살고 있는 한,[188]
각자는 자신이 가무단원으로 속했던 각 신의 방식에 따라 그 신
을 공경하고 한껏 모방하며 살고, 사랑받는 이와 그 밖의 사람들
을 이 방식대로 대하고 사귀지. 이리하여 각자는 아름다운 사람
들 중에서 각자의 방식에 맞게 사랑[189]을 선택할 뿐 아니라, 바로
그 사람이 자신에게 신이라도 되는 양, 공경하고 경배하려는 생
각에서 그를 이를테면 신상처럼 조성하고 꾸미지. 그리하여 제   e
우스 쪽 사람들은 자신들에게 사랑받는 이는 그 혼이 일종의 제
우스와 같기를 갈구하지. 그래서 그들은 그 본성이 지혜를 사랑

하고 지도력이 있는지 살피며, 그를 발견해 사랑을 하게 되는 경우에는, 그가 그러한 사람이 될 수 있는 일이라면 무슨 일이든 다 하지. 그리하여 이전에 그들이 그 과업*에 발을 들여놓은 적이 없다면, 그때는 일단 착수해서 그들이 뭔가를 할 수 있는 곳에서라면 어디서라도 배울 뿐만 아니라 그들 자신이 추적하기도

253a 하여, 그들은 자신들의 힘으로 발자취를 좇아서 자신들의 신의 본성을 발견하는 길에 수월하게 이를 수 있으니, 이는 그들이 그 신을 바라보도록 단단히 강제되어 있기 때문이며, 또한 그들은 기억에 의해 신에 접하고 신이 들려서는, 사람이 신에 참여할 수 있는 한에서 그 신으로부터 기풍과 과업을 받지. 그리고 바로 이 것들[190]이 사랑받는 이의 덕분이라고 생각해서 더욱더 그를 반기고, 만약에 그들이 제우스로부터 이것들**을 길어 올린다면 박코스 여신도들이 그러듯이, 그들은 사랑받는 이의 혼에 이것들을

b 부어 사랑받는 이가 가능한 한 자신들의 신과 가장 닮게 만들지. 그런가 하면 헤라를 뒤따르던 사람들은 왕다운 자를 찾아 발견해서는 동일한 모든 일을 그에 대해서 할 거야. 다른 한편 아폴론과 각각의 신 쪽 사람들은 그런 식으로 각자의 신의 방식을 따

---

* 사랑하는 자를 철학에 걸맞도록 형성하는 일.

** 앞서서 사랑받는 이를 제우스의 모습으로 만들기 위해 사랑하는 사람이 하게 되어서 이룬 것들을 말한다.

라서 본성이 그러한 자신들의 소년을 찾으며, 소년을 갖게 되면 그들 자신이 모방할 뿐만 아니라 소년애인도 설득하고 교육하여 각자의 능력이 자라는 한에서 그 신의 과업과 형상으로 이끌며, 소년애인과 관련해서 시기심도 갖지 않고 자유인에게 걸맞지 않 은 악의도 품지 않고서 자신들과 자신들이 공경하는 신과 모든 c 방면에서 전적으로 닮은 상태로 가능한 한 최대한으로 이끌려고 애써서는 그렇게 만들지. 그리하여 그들이 열렬히 바라는 것을 내가 이야기하는 방식으로 해내는 경우에, 사랑을 통해 광기가 든 친구에게서 우애를 얻는 자에게는 참으로 사랑을 하는 이의 열의와 입교의식이 그토록 아름답고 행복에 이바지하는 것이 되 지. 그가 포로가 된다면 말이야. 한편 포로가 되는 자들이 포로 가 되는 방식은 이렇지.

이 옛이야기의 초입에서 우리가 각각의 혼을 셋으로 나눠, 말 의 형태를 한 두 부류와 마부의 형태를 한 세 번째 부류로 나누 었듯이, 지금도 여전히 그것을 유지해 보자고. 그 말들 중 하나 d 는 좋고, 다른 하나는 그렇지 못하다고 우리는 말하지. 그런데 좋은 쪽의 훌륭함이 무엇이고 나쁜 쪽의 나쁨이 무엇인지를 우 리가 상세히 말하지는 않았었는데, 이제 그것을 말해야겠어. 그 둘 중 더 아름다운 쪽[191]에 있는 말은 모습이 반듯하고 미끈하며, 목이 꼿꼿하고, 코가 매부리코[192]고, 흰빛이 나고,[193] 눈이 검고, 절제와 수치심을 갖춘 명예를 사랑하는 자로서[194] 참된 평판의 벗

e 이요, 채찍질하지 않아도 명령과 이야기만으로 몰 수 있지. 반면에 다른 한쪽은 꾸부정하고, 사지가 되는 대로 육중하게 붙어 있고,[195] 목은 굵고 짧으며, 코는 납작코고, 살갗이 검고, 눈은 잿빛이고 충혈되어 있으며, 방종과 허세의 벗이며, 귀 주변에 털이 덥수룩하고 귀가 먹었으며,[196] 채찍과 몰이막대로야 간신히 따르네. 이리하여 사랑을 일깨우는 눈빛을 마부가 보고 혼 전체를 지

254a 각을 통해 달구면, 간지러움과 갈망의 몰이막대질로 채워져, 말들 중 마부에 순종하는 쪽은 언제나처럼 이때에도 수치심의 강제를 받아, 사랑받는 이에게 달려들지 않도록 자제하지. 반면에 다른 쪽은 마부의 채찍과 몰이막대에도 아랑곳하지 않고, 날뛰며 제 고집대로 가고, 같이 멍에로 묶인 다른 말과 마부에게 갖은 짓거리를 다 해서 강제로 소년애인에게 가도록 할 뿐만 아니라 아프로디테의 기쁨*을 기억하도록 하지. 양쪽**은 처음에는 버

b 티고, 자신들이 무섭고 불법적인 것으로 강제로 끌려간다는 생각에 분노하지. 하지만 나쁜 상황이 끝없이 계속되자, 결국에 양쪽은 체념하여 받은 명령을 수행하는 데 동의하고 앞으로 이끌

---

* 흔히 아프로디테를 '사랑의 여신'이라고 하지만, 플라톤은 『향연』 180d 이하에서 파우사니아스의 입을 통해서 아프로디테를 '천상의 아프로디테'와 '범속의 아프로디테'로 구별한다. 거기서 '범속의 아프로디테'는 성적인 쾌락을 말하는데, 여기서도 같은 뜻으로 쓰였다.

** 마부와 훌륭한 말.

려 나아갔지.

그리고 그들은 소년애인 가까이 있게 되어 번쩍이는 그의 얼굴을 보았지. 그런데 마부가 보고 있자니까, 기억은 아름다움의 본성으로 이끌렸고, 그리고 기억은 다시금 아름다움의 본성이 절제와 더불어 성스러운 좌대에 서 있는 것을 보았네. 그걸 보고서 기억은[197] 두렵고 경외하는 마음에서 뒤로 젖히니, 그와 동시에 고삐들을 뒤로 당길 수밖에 없었으나 너무 세게 당겨서, 말 두 마리가 다 주저앉았지. 한쪽 말은 거스르지 않기 때문에 자발적으로 했고, 방종한 쪽은 영 내키지 않고서 한 것이지만 말이지. 그런데 양편*이 좀 떨어지자, 한쪽은 수치심과 놀라움으로 인해 온통 땀으로 혼을 적신 반면, 다른 쪽은 재갈과 넘어짐으로 인한 아픔이 멎자, 가까스로 숨을 고르고 나서는 화를 내며, 비겁하게도 사내답지 못하게 대열과 합의를 팽개쳤다고 마부 및 같은 멍에를 맨 말한테 갖은 험한 말을 하여 비난했지. 그리고 다시 그 말은 나아가기를 원치 않는 그들한테 나아갈 것을 강제했으나, 그들이 다음번으로 미루자고 간청하자 마지못해 동의했지. 하지만 합의된 시간이 되자, 그 말은 기억하지 못하는 척하는 둘의 기억을 떠올리게 하고, 강제하고, 히힝거리고,** 잡아끌

c

d

---

* 소년애인과 혼.

** 달리 표현할 길이 없어 의성어를 사용했다. 이 표현은 외설적인 사람의 행동

면서 같은 이야기를 근거로* 소년애인에게 다시 강제로 다가서

e
게 했고, 그들이 가까이 다가가자, 그 말은 자세를 낮추고 꼬리
를 뻣뻣이 세우고, 재갈을 씹으며 뻔뻔하게 잡아끌고 나갔지. 반
면에 마부는 같은 상태를** 전보다 훨씬 더 심하게 겪고서는, 출
발선에서 몸을 젖히듯이, 방종한 말의 이빨에 있는 재갈을 훨
씬 더 심하게 뒤로 잡아당겨서, 욕설 사나운 혀와 턱을 피로 물
들였고 다리와 엉덩이를 땅에 붙이게 해서 그에게 고통을 주었
어. 한편 같은 일을 자주 겪고서 못된 쪽 말이 방종한 짓을 그만
두게 되면, 그 말은 몸을 낮추고 비로소 마부의 의도에 따르며,
아름다운 소년을 볼 때에도, 공포로 인해 기가 죽지. 그리하여
결국 그때야 비로소 사랑을 하는 이의 혼은 수치심을 갖고[198] 두

255a
려워하며 소년애인을 따르게 되지. 그리하여 소년애인은 사랑하
는 사람인 척하는 자가 아니라 진짜로 사랑을 겪은 자에게서 신
에게 하는 것과 같은 극진한 보살핌을 받기에, 또한 보살펴 주
는 자와 소년애인 자신이 본성상 친구이기에, 비록 이전에 학교
친구들이거나 다른 어떤 이들에게서 사랑을 하는 사람과 가깝게
지내는 것은 부끄러운 짓이라는 말을 듣고 잘못 인도되는 경우

을 소리로 표현하는 것이기도 하다.

* 254b에서 '아프로디테의 기쁨을 기억하도록 한다'는 이야기를 말한다.

** 254b 5행 이하를 말한다.

가 있었을지라도, 그리고 그 때문에 사랑을 하는 사람을 밀어내
는 경우가 있었을지라도, 이윽고 때가 되면, 나이와 필요가 그를   b
사귀는 쪽으로 인도하지. 나쁜 이는 나쁜 이와 친구가 되지 않
고, 훌륭한 이가 훌륭한 이와 친구가 되는 법이니까. 한편 사랑
받는 이가 사랑을 하는 사람을 허락하여 그의 이야기를 듣기도
하고 그와 사귀기도 하다 보면, 자기를 위하는 그의 마음을 바로
눈앞에서 보고서는 다른 친구들뿐만 아니라 친척들이 베푸는 우
애의 몫까지 다 합쳐도 신들린 친구가 베푸는 것에 비하면 아무
것도 아니라는 사실을 깨닫고 넋이 나가지. 사랑하는 이가 꾸준
히 이렇게 하며 체육관[199]이나 다른 사교모임에 붙어 다니며 가깝
게 지낼 때면, 그때 비로소 제우스가 가뉘메데스를 사랑하면서   c
[200] 열망이라 이름 붙였던[201] 저 흐름, 그 원천의 흐름[202]이 사랑하
는 사람 쪽으로 엄청나게 움직이니, 그 흐름은 그에게로 흘러드
는가 하면, 다른 한편으로는 가득 차서 밖으로 흘러넘치지. 그리
고 바람이거나 어떤 메아리가 매끈하고 딱딱한 것들에 맞고 튕
겨 나와서 달려 나왔던 곳으로 움직이듯이, 아름다움의 흐름은
눈을 통해서 다시 아름다운 자에게로 가서, 혼으로 가기에 안성
맞춤인 곳에 이르러서는 술렁이게 하여,[203] 깃털 통로들에 물을   d
대고 깃털을 자라게 하고 이번에는 사랑받는 이의 혼을 사랑으
로 채웠지.

그리하여 소년애인은 사랑을 하긴 하지만, 자신이 무엇을 사

랑하는지에 대해서는 혼란스럽지. 또한 그는 자신이 겪은 것
이 무엇인지도 모르고 설명할 수도 없고, 다른 사람에게서 눈병
을 옮은 사람처럼 그 원인을 말할 수 없고,[204] 거울에서처럼 사랑
을 하는 사람에게서 제 자신을 보면서도 알아채지 못하지. 그리
고 저 사람이 곁에 있을 때는 저 사람과 똑같이 아픔이 멈추지
만, 곁에 없을 때는 역시 똑같이 그리워하고 그리움을 받지. 사
e 랑받는 이가 사랑의 영상인 마중사랑[205]을 지니기 때문이야. 하
지만 그는 그것이 사랑이 아닌 우애라 부르고, 또 그렇게 생각
하지. 한편 그는 비록 더 약하기는 하나 저 사람에 가까운 정도
로 보고, 만지고, 입 맞추고, 같이 눕기를 갈망하지. 그리고 실
제로 그는, 흔히 그러기 쉽겠다고 하는 것처럼, 얼른 그다음으로
그 일들을 하지. 그리하여, 동침 시에 사랑을 하는 이의 방탕한
말은 마부에게 할 말이 있어서, 힘든 수고의 대가로 약간의 즐거
256a 움을 요구하지. 하지만 소년애인의 방종한 말은 할 말은 전혀 없
고, 흥분은 되지만 어쩔 줄 몰라 하며, 사랑을 하는 이를 끔찍이
자기를 위하는 마음을 가진 사람으로서 반겨 그를 끌어안고 입
맞추며, 그들이 함께 누워 있을 때도, 뜻을 이루고자 하는 요구
를 그에게서 받으면, 사랑을 하는 이에게 자신이 줄 수 있는 기
쁨을 주는 것을 거절하지 않을 마음의 준비가 되어 있지. 반면에
그 말과 함께 멍에로 묶인 말의 경우에는 마부와 더불어 수치심
과 이성을 갖고 뻗대지. 그리하여 잘 짜인 삶의 방식과 지혜사

랑[206] 쪽으로 더 나은 생각들이 이끎으로써 승리를 거두면, 한마음으로[207] 복되게 이승의 삶을 보낼 것이니, 이는 이들이 자신들을 제어하고 절도가 있어, 혼의 나쁨이 깃드는 쪽은 종살이를 시키는 한편, 훌륭함이 깃드는 쪽은 자유인으로 살게 하기 때문이지. 한편 죽고 나면 그것들*은 날개를 달고 가벼워져서는 진정으로 올림픽경기다운 경기**의 세 판 중 첫 번째 판을 따낸 상태***가 되는데, 인간의 절제도 신적인 광기도 인간에게 그보다 더 대단한 좋은 것을 제공할 수 없지.[208] 반면에 더 속되고 지혜를 사랑하지 않으며 명예를 좋아하는[209] 삶의 방식을 취한다면, 아마도 두 사람의 방탕한 쪽 두 짐말들[210]은 혼들이 취했거나 다른 어떤 부주의한 상태에 있었을 때 방심하고 있는 틈을 타서 하나로 합쳐서, 대다수의 사람들이 복되다 여기는 그 선택을 택하고, 해내지. 그리고 그 둘이 하고 난 이후로는 그 선택을 영위하는 단계가 되지만, 그런 경우가 흔하지는 않지. 그들이 생각 전체가 결정한 것을 행하는 것이 아니기 때문이야. 그리하여 저 둘****보다는

b

c

---

* 혼의 부분들.

** 철학을 향한 노력과 분투를 말한다.

*** 249a 3~4행 참고. 철학을 선택한 혼은 세 번의 같은 삶을 살고 본래의 혼의 상태로 돌아갈 수 있다. 올림픽경기에서 레슬링은 세 판 중 두 판을 먼저 딴 쪽이 승리하는 규칙이 있다.

**** 사랑을 하는 쪽과 사랑받는 쪽의 훌륭한 말들.

d 약하지만, 이 둘 역시 사랑을 통해서나 그 외부의 경우에서나* 서
로의 친구가 되어 지내는데, 이는 그들이 서로 크나큰 신의를 주
고받았다고 생각하며, 그 신의를 깨고 어느 땐가 적이 되는 것은
도리가 아니라고 생각하기 때문이지. 죽어서 그들이 날개를 다
는 것은 아니지만 날개를 달기를 갈구하던 상태에서 육체를 벗
어나고, 그렇게 해서 그들은 사랑의 광기에 따른 작지 않은 우승
상을 타. 이제 천계 아래의 여행에 접어든 자들은 암흑세계와 지
하 여행에 들어서는 게 아니라 광명의 삶을 보내며 서로 행복하
게 여행하고, 때가 되면 사랑의 가호로 같은 날개가 나는 법이
e 거든.

애야, 이 정도로 대단하고 신적인 이것들이 사랑을 하는 사람
의 우애의 선물로서 너에게 주어질 것이야. 반면에 사랑을 하지
않는 자에게서 오는 친숙함은 사멸하는 절제와 섞여 사멸할 뿐
만 아니라 빈약하기까지 한 것들을 베풀고, 대다수에 의해 훌
257a 륭함이라 칭송받는 노예근성[211]을 친구의 혼 속에 낳고, 그 혼이
9,000년 동안 땅 주위와 지하를 어리석게 맴돌게 할 것이야.

경애하는 에로스여, 이것이 우리의 힘이 자라는 대로 가능한
한 가장 아름답고 훌륭하게 불러 당신께 헌정하고 빚을 갚는, 고
쳐 부르는 노래입니다. 이 노래는 다른 무엇보다도 어느 정도 시

---

* 사랑하는 것의 밖, 즉 사랑이 지나간 후를 말한다.

적인 어휘로 이야기하도록 파이드로스가 강제로 시킨 것입니
다.[212] 부디 이전 것들은 이것들을 봐서 용서하시고, 자애와 자비
를 베푸시어, 당신이 제게 주신 사랑의 기술[213]을 분노로 인해 거
둬 가시거나 상하게 하지 마시고, 아름다운 자들 곁에서 지금보
다 더욱더 소중한 사람이 되도록 해 주소서. 만약 이전 이야기에   b
서 파이드로스와 제가 당신께 이야기로 뭔가 거슬리는 말을 했
다면, 그 이야기의 아버지인 뤼시아스를 탓하시어 그와 같은 이
야기를 멈추게 하시고, 그의 형제인 폴레마르코스가 발길을 돌
렸듯이* 지혜사랑으로 발길을 돌리게 하셔서, 그를 사랑하는 여
기 있는 자가 더 이상 지금처럼 두 의견 사이에서 어물거리지 않
고, 오로지 지혜를 사랑하는 이야기와 더불어 사랑을 향한 삶을
꾸릴 수 있도록 하소서.

파이드로스 소크라테스 선생님, 정말 우리에게 그게 더 나은 것
이라면, 저는 선생님과 함께 그렇게 되기를 기원합니다. 그런데   c
그전 이야기보다 어찌나 아름답게 해내셨던지, 저는 벌써부터
선생님의 이야기에 감탄하고 있었답니다. 그래서 저는 뤼시아스
님이 제게 시시해 보이지는 않을까 걱정스럽습니다. 행여 그분
이 선생님의 이야기와 견주려고 다른 이야기를 늘어놓으려 들기

---

* 뤼시아스의 형인 폴레마르코스가 철학에 관심이 많고 소크라테스와 가깝게
  지냈다는 이야기는 『국가』 327b 이하와 331d에 있다.

라도 한다면 말이죠. 놀라우신 분이여, 게다가 최근에 어떤 정치가는 그에게 험담을 하면서 바로 그 점을 들어 비난하고 갖은 험담들 속에서 내내 그를 연설문 작성가[214]라 불렀으니 말이죠. 그러니 우리가 보기로는 아마 명예를 소중히 하는 마음에서 그는 글쓰기를 삼갈 것입니다.

소크라테스 젊은 친구, 거 참 우스꽝스런 믿음을 이야기하는군. 그리고 자네가 그를 그런 식으로 소심한 사람으로 생각한다면,

d 자네의 벗을 잘못 봐도 한참 잘못 본 것일세. 그런데 또한 자네는 그를 비난한 사람이 자신이 말한 말들을 비난하는 의미로 말했다고 생각하는 모양이군.

파이드로스 그렇게 보였으니까요, 소크라테스 선생님. 그리고 아마 나와 같이 선생님 자신도 나라에서 가장 대단한 일을 할 만한 능력이 있고 가장 격조 있는 사람들이 후세의 평판을 두려워해서 이야기들을 글로 쓰거나 자신들의 저술을 남기는 것을 부끄러워한다는 사실을 알고 계실 겁니다. 소피스트로 불릴까봐[215] 말이죠.

e 소크라테스 파이드로스, 자네는 즐거운 굽이*를 깜빡했고, 굽이

---

* 이 말은 앞의 형용사인 '즐거운(glykys)'과 그 뒤의 명사인 '굽이(ankōn)'가 각기 양의적이라, '즐거운/달콤한'과 '굽이/팔꿈치'가 짝을 이뤄 네 개의 번역이 가능하다. 어떤 쌍으로든 이 말은 그리스인들이 속담처럼 쓰는 말로, 원래 의도했던 것과는 다른 것을 말하는 경우를 이른다. 그 유래에 대해서는 여러 설

에 더해서 자네는 정치가들 중에서도 가장 자부심이 강한 사람들은 연설문 작성[216]과 저술 남기기를 유독 애호하고, 그래서 그들이 어떤 연설문[217]을 지었을 때에 그들은 찬동하는[218] 사람들을 몹시 반겨서 매번 자신들에게 찬동하는 사람들을 전부 맨 앞에 부기(附記)할 정도라는 것을 깜빡했네.

파이드로스 그게 무슨 말씀이시죠? 이해가 안 돼서 말이죠.

소크라테스 자네는 정치인의 저술에는 처음에 찬동자가 적혀 있 258a
다는 사실을 이해하지 못하는군.

파이드로스 무슨 말씀이시죠?

소크라테스 그는 아마 "그것은 평의회가 의결하였다."거나 "민회[219]가 의결하였다."거나 둘 다가 그랬다고 말하며, 또 "그가 이러이러하다고 발의했다."라고 말할 것이네. 작가가 바로 제 자신을 아주 격조 있게 말하고 칭송하면서 말일세. 그다음에야 그는 해야 할 말을 해 나간다네. 때로는 아주 긴 저술을 해서 자신의 지혜를 찬동자들에게 과시해 가면서 말이지. 혹시 자네에게는

이 있는데, 그 설 중 하나가 이 대화편의 이 '즐거운 굽이'라는 말 바로 뒤에 오는 것이다. 버넷은 이것을 플라톤의 원본에 있던 말로 받아들였지만, 이 번역에서는 필사자들의 주석으로 보고 뺐다. 그것은 "나일 강의 긴 굽이에서 그 것은 이름 지어졌다."란 말이다. 이 속담의 용법에 비추어 해석해 보면, 나일 강의 선원들이 나일 강의 험한 물굽이를 두고 바로 말하지 않고 역설적으로 말한 것으로 풀이할 수 있다. 이곳의 문맥에서는 정치가들이 원래 글을 써서 남기는 것을 좋아하면서도 정반대로 말한다는 뜻으로 쓰였다.

그런 것이 저술된 이야기 말고 다른 어떤 것으로 보이는가?

b 파이드로스 그렇게 보이지는 않습니다.

소크라테스 그리하여, 만약 그의 이 이야기가 자리를 지키면, 시인은 기뻐하며 극장을 뜰 것이네.* 반면에 그것이 지워지고[220] 연설문 작성의 기회와 글 쓸 자격을 잃게 되면, 그 자신과 그의 벗[221]들은 슬퍼한다네.

파이드로스 대단들 하죠.

소크라테스 확실한 것은 그들이 그 일을 경시해서가 아니라 찬탄해서라는 것이지.

파이드로스 물론 그렇죠.

소크라테스 어떤가? 누군가가 역량 있는 연설가나 왕이 되어서
c 뤼쿠르고스나 솔론, 또는 다레이오스[222]의 힘을 갖고 나라에서 불멸의 연설문 작성자가 된다면, 살아생전에 자신이 스스로 신과 같은 자라 생각하는 것은 물론, 후세에 태어난 자들 역시 그의 저술을 보면서 그에 대해서 이와 동일한 생각을 하지 않겠는가?

파이드로스 대단들 하죠.

---

* '시인(poiētēs)'은 '작가'라는 뜻도 가지며 '극장(theatron)'은 '민회가 열리는 장소'라는 뜻도 갖는다. 플라톤은 민주주의에서 법령이 승인되는 과정을 역시 아테네 민주정하에서 판아테나이 축제 때 벌어진 비극 경연 대회에서 우승자를 겨루는 과정에 빗대고 있다. 정치가의 법률과 비극시인의 비극 작품 모두 전문가가 아닌 대중들의 비위에 맞는 말을 해서 승인받고 우승자가 되는 것을 조롱하는 표현이다.

소크라테스 그러니 그런 사람들 중에서—그게 누가 되었든, 또 뤼시아스에게 어느 정도 불만을 갖고 있다 한들—그가 글을 쓴 다는 바로 그 점을 들어 비난하는 사람이 있으리라고 자네는 생각하나?

파이드로스 선생님이 말씀하신 것을 봐서는 아무래도 없기 쉽겠네요. 그건 자신의 욕심 역시 비난하는 격이 될 것 같으니 말이죠.

소크라테스 그렇다면 이야기를 글로 쓰는 것 자체야 부끄러운   d
일이 아니라는 게 누구에게나 분명하네.

파이드로스 왜 아니겠어요.

소크라테스 하지만 내 생각에 그야말로 부끄러운 것은 아름답게 이야기하거나 쓰지 못하고 부끄럽고 나쁘게 쓰는 것이야.

파이드로스 그야 분명하지요.

소크라테스 그렇다면 훌륭하게 쓰는 것과 그렇지 않게 쓰는 방식은 뭘까? 파이드로스, 우리는 이 방식들과 관련해서 뤼시아스 및 언젠가 무엇인가를 써 본 적이 있거나 쓸 다른 사람들을 좀 검토해 볼 필요가 있을까? 공적인 저술이든 사적인 저술이든, 운율을 맞춰서 시인으로서 쓰든 운율에 맞지 않게 어설픈 자[223]로서 쓰든 말일세.

파이드로스 필요가 있냐고 물으시는 거예요? 막말로 그런 즐거   e
움을 위해서가 아니라면 누군들 뭐 하러 살겠어요? 육체와 관련한 거의 모든 즐거움이 그렇듯이 먼저 고통을 받아야 하고, 그렇지 않으면 즐거움조차 느낄 수 없는 그런 것들을 위해서 사는 것은 아마 아닐 테니까요. 그 때문에 마땅하게도 그것이 노예의 즐거움이라 불린 것이죠.

소크라테스　일단 그럴 여유 시간은 있는 듯하군. 그리고 그와 동시에 숨 막히는 더위 속에서 으레 그러듯 매미들이 우리 머리 위
259a 에서 노래하고 서로 대화하면서 우리를 굽어보기도 하는 것 같군. 그리하여 그들이 한낮의 대다수 사람들처럼 우리 둘 역시 대화를 하는 게 아니라 졸면서 생각의 게으름으로 자기들의 주문(呪文)에 우리 자신이 걸려 있는 것을 보게 된다면, 우리를 어린 양처럼 자기들의 작은 쉼터에 와서 한낮에 낮잠을 자는 노예들이라 생각해서 비웃는 것이 당연한 일이지. 하지만 우리가 대화를 나누어 가며 주문에 걸리지 않은 채로 세이렌들의 곁을 항해
b 해 지나가듯* 그들 곁을 지나가는 것을 그들이 본다면, 그들은

---

* 세이렌들은 반은 여자이고 반은 새인 바다의 마녀들이다. 『오뒤세이아』 12권 39행 이하를 보면 근처를 지나가는 배들의 선원들에게 노래를 불러 홀려서는 자신들의 섬에 가까이 오게 해서 암초에 부딪쳐 난파하게 되는 선원들을 잡아먹었다고 하는 이들의 이야기가 전한다. 이들을 고향으로 가는 뱃길에서 만난 오뒤세우스는 그녀들의 노래를 듣고 싶은 호기심에 자신의 부하들에게는 귀를 밀랍으로 봉해 노랫소리를 못 듣게 하고 자신은 돛대에 묶인 채로 그녀들의 노래를 들으며 지나갔다고 한다. 그녀들의 노래에 반해 배를 그녀들의 섬에 가까이 대라고 한 자신의 명령을 부하들이 듣지 못한 덕분이었다.

우리에게 감탄하여 그들이 인간들에게 줄 수 있도록 신들에게서 허락받은 영예의 상을 줄지도 모르네.

파이드로스 그런데 그들이 상으로 갖고 있는 게 무엇인가요? 들어 본 적이 없는 것 같아서요.

소크라테스 그래도 시가를 사랑하는 사람이 그런 것들을 들어 본 적이 없대서야 걸맞지 않지. 한때 이들은 무사 여신들이 태어나기 전 시대의 사람이었다고 전해지네. 무사 여신들이 태어나고 노래가 나타나자, 그 당시 사람들 중 어떤 사람들은 그 즐거움에 넋이 나가서 식음을 전폐하고 노래하다가 자신이 죽는 것을 몰랐다네. 그러고 나서 그들에게서 매미의 종족이 생겨났는데, 그들은 일단 태어나면 양분이 필요하지 않고, 먹지도 마시지도 않고 곧바로 죽을 때까지 노래를 부르다가, 그다음에는 무사 여신들 곁에 가서 이승 사람들 중 누가 그녀들 중 누구를 공경하는지를 알리라는 영예의 상을 받았다네. 그리하여 가무의 영역에서 테릅시코라[224]를 존경했던 사람들은 테릅시코라에게 알려 더욱더 사랑받게 만들고, 사랑의 분야에서 그리하였던 사람은 에라토[225]에게, 그리고 다른 신들에게도 이런 식으로, 각자의 존경의 모습에 따라 한다네. 그런데 그들이 가장 연장자인 칼리오페[226]와 그다음인 우라니아[227] 여신에게 알리는 사람들은 지혜사랑의 분야에서 평생을 보낼 뿐만 아니라 그 여신들의 시가술을 공경하는 사람들이라네. 이 여신들이야말로 무사 여신들 중에서도 특히 천계뿐만 아니라 신과 인간에 관한 이야기에 관계하며 가장 아름다운 소리를 낸다네. 그러니 여러 가지 이유로 우리는 뭔가 의미 있는 것을 이야기해야 하고 한낮에 잠을 자서는 안 되네.

파이드로스 그래요. 이야기해야지요.

e   소크라테스 그러므로 방금 우리가 살펴보자고 제안한 바로 그 것, 어떻게 하는 것이 이야기를 잘하고 글을 잘 쓰는 건지, 또 어떻게 하는 것이 그렇지 못한 것인지를 살펴보아야 하네.

파이드로스 분명합니다.

소크라테스 연설이 잘 이루어지고 아름답게 이루어지려면 이야기하는 사람은 말하려는 것에 대한 진실을 알아야 하고 그의 생각이 그 연설에 들어가 있어야 하지 않겠나?

파이드로스 그것에 관해서는 이렇게 들었습니다, 친애하는 소크 260a   라테스 선생님. 장차 연설가가 될 사람들에게 필요한 것은 정말로 정의로운 것들이 아니라 정작 판결을 내릴 대중들에게 정의로운 것들로 보이는 것들, 즉 정말로 훌륭하거나 아름다운 것들이 아니라 그렇게 보이는 것들을 배우는 것이라고 말이죠. 이것들로부터 설득하는 일이 이루어지는 것이지, 진실로부터 이루어지는 것은 아니니까요.

소크라테스 지혜로운 사람들이 하는 말은 무슨 말이든 '내팽개쳐서는 절대 안 되는 말이고',[228] 그들이 무슨 의미 있는 말을 하는 것은 아닌지 살펴보아야 한다네. 특히나 방금 이야기된 것을 무시하면 안 되네.

파이드로스 옳으신 말씀입니다.

소크라테스 그러면 다음과 같은 방식으로 그것을 살펴보세나.

파이드로스 어떻게요?

소크라테스 만일 내가 자네더러 말을 구해서 적들을 막아 내라 b
고 설득한다면 어떻겠는가? 우리 둘 다 말에 대해서는 모르지만, 나는 자네에 대해 파이드로스는 말이 가축 중에서 가장 큰 귀를 가진 것이라고 생각한다는 정도만 알고 있을 뿐이라면 말일세.

파이드로스 소크라테스 선생님, 그거 우습긴 우습겠는 걸요.

소크라테스 아직은 아닐세. 하지만 내가 당나귀에 대한 칭찬의 이야기를 엮어서는, 그것을 말이라 부르면서 집에서나 군대를 위해서나 그 가축을 갖춰 놓는 것이 모든 면에서 가치가 있다고 말하면서, 타고서 싸우기에 유리할뿐더러 장비를 나를 수 있고 다른 많은 점에서도 유용하다고 진지하게 설득하는 경우에야말 c
로 그렇지.

파이드로스 그렇다면 더없이 우습겠군요.

소크라테스 무섭도록 영리하고 적대적인 것이기보다는 우스운 친구인 편이 더 낫겠지?[229]

파이드로스 그런 듯합니다.

소크라테스   그러면 연설에 능한 사람이 좋은 것과 나쁜 것을 모르고서 자신과 마찬가지 상태인 나라를 붙잡고, 형편없는 당나귀[230]에 대해서 말이라고 칭찬을 하는 것이 아니라 나쁜 것에 대하여 좋은 것이라고 설득하는 경우에, 그가 대중의 의견을 익히고서는 좋은 것들 대신에 나쁜 것들을 행하라고 설득해 냈다면, 연설술은 그 이후에 자신이 씨를 뿌렸던 것들로부터 어떤 종류

d   의 결실을 거두리라고 자네는 생각하는가?

파이드로스   아주 허접한 결실을 거두겠지요.

소크라테스   그러면 여보게, 우리가 이야기의 기술을 정도 이상으로 너무 막되게 비난한 건가? 아마 그 기술은 이렇게 말할지도 모르지. "놀라운 분들, 도대체 무슨 바보 같은 소리를 하고 있는 겁니까? 나는 참된 것을 전혀 모르는 사람더러 이야기하는 법을 배우라고 강제하는 게 아니라—내 충고라는 게 뭐라도 된다면 말이지만—참된 것을 획득하고 나서 나를 취하라고 한단 말입니다. 그래서 나는 이렇게 큰소리치는 겁니다. 있는 것들[231]을 아는 사람이라고 해도 나 없이는 기술에 의해 설득하는 일이란 그에게 전혀 있을 수 없다고 말이죠."

e   파이드로스   그렇게 말하는 게 정당한 말을 하는 게 되지 않을까요?

소크라테스   적어도 이야기의 기술을 공격하는 이야기들이 그것이 기술이라는 것을 증언해 준다면, 인정하겠네. 왜냐하면 흡사

나는 그것이 거짓말이고, 기술이 아니라 기술 없는 숙달[232]이라는 소리를, 다가와서 항변하는 어떤 이야기들한테서 듣고 있는 것처럼 여겨지거든. "진리를 붙잡지 않고는 이야기하는 법에 대한 진정한 기술이란 있지도 않고 이후로도 생기는 일이 없을 것이다."라고 스파르타 사람들이 말한단 말이지.

파이드로스 그 이야기들이 필요합니다, 소크라테스 선생님. 부 261a디 그것들을 여기에 출두시켜서 그것들이 무슨 이야기를 어떻게 하는지 검토하시죠.

소크라테스 고귀한 가축들이여,* 부디 나서셔서 아름다운 아이를 낳는[233] 파이드로스에게 지혜를 충분히 사랑하지 않는다면 어떤 것에 대해서도 결코 충분히 이야기할 수 없다는 것을 설득하소서. 그리고 파이드로스가 답하게 하소서.

파이드로스 물어들 보시죠.

소크라테스 전체적으로 보면 연설술은 이야기들을 통해서 혼을 이끄는 기술의 한 가지이지 않겠는가? 법정을 비롯한 다른 공적인 회합에서뿐만 아니라 사적인 경우에서도 말이지. 사안이 작은 것들이든 큰 것들이든 동일한 기술이 적용되고―말이야 바른 b

---

* 앞의 '이야기(logos)'를 이르는 말이다. '가축(thremma)'은 '길러진 것'이라는 뜻이 기본인데, 바로 뒤에 이어지는 '아름다운 아이를 낳는'이라는 말과 연결 짓기 위한 표현으로 보인다.

말이지—사소한 것들에 관련될 때보다 중요한 것들에 관련될 때
이 기술이 더 존중받는 것은 전혀 아닐세. 아니면 자네는 그것들
에 관해 어떻게 들었는가?

파이드로스 제우스에 맹세코, 제가 들은 것은 절대로 그런 것이
아니라, 무엇보다도 한편으로는 재판과 관련해서 아무튼 기술에
의해 이야기와 글이 이루어진다는 것이었고, 다른 한편으로는
민회 연설[234]과 관련해서도 그렇게 이루어진다는 것이었습니다.
그 이상은 들은 것이 없습니다.

소크라테스 아니 정말 자네는 네스토르와 오뒤세우스가 둘이서
일리오스에서[235] 여유 시간을 들여 같이 작성했던 이야기에 관한
그들의 기술[236]만 들어 보고, 팔라메데스의 기술*에 관해서는 못
들어 봤는가?

c 파이드로스 제우스에 맹세해도 좋습니다만, 고르기아스를 일종
의 네스토르로 꾸미시거나 또는 트라쉬마코스와 테오도로스를
오뒤세우스로[237] 꾸미시는 게 아니라면, 네스토르의 기술들조차

---

* 호메로스의 『일리아스』나 『오뒤세이아』에는 등장하지 않으나, 팔라메데스 역
시 트로이전쟁을 둘러싼 여러 신화들 속에서 트로이전쟁의 영웅 중 하나로
등장하는 인물이다. 플라톤이 짐짓 그가 사적인 사안에 대한 연설 기술에 관
해 책을 쓴 것처럼 말하는 이유는 그가 트로이전쟁에 참가하지 않으려고 술
수를 부리던 오뒤세우스의 술책을 간파하여 그를 전쟁에 참여시켰다는 전설
이 있기 때문일 것이다. 말하자면 플라톤은 그를 일대일 논쟁에서 상대의 주
장을 반박하는 능력이 뛰어난 인물로 파악한 것이다.

저는 들어 본 적이 없습니다.

소크라테스 그렇겠지. 아무려나, 그들은 내버려 두세. 대신 자네가 말해 보게. 법정에서 소송 당사자들은 무엇을 하는가? 그들은 아무튼 반론을 제기하지 않는가? 아니면 뭐라고 말해야 할까?

파이드로스 아니요, 바로 그겁니다.

소크라테스 정의로운 것과 정의롭지 못한 것에 관해서지?

파이드로스 예.

소크라테스 그러면 반론을 기술에 의해 하는 사람은 동일한 것   d
을 동일한 사람들에게 어떤 때는 정의로운 것으로 보이게 했다가, 원하는 경우에는 부정의한 것으로 보이게 만들 수 있지 않나?

파이드로스 그렇습니다.

소크라테스 민회 연설에서도 그는 동일한 사안들을 나라가 어떤 때는 훌륭한 것으로, 어떤 때는 반대의 것으로 여기게 만들 수 있는가?

파이드로스 그렇습니다.

소크라테스 그래서 말인데 엘레아의 팔라메데스*가 기술에 의해

---

* 논란은 없지 않지만 자연철학자 파르메니데스 제자인 엘레아 사람 제논이라고 보는 것이 정설이다. 디오게네스 라에르티오스는 전해지지 않는 아리스토텔레스의 저작인 『소피스트』에서 아리스토텔레스가 제논을 변증술의 창시자라고 말했다고 전한다(『유명한 철학자들의 생애와 사상』 8권 57). 여기서 변증술은 플라톤 고유의 변증술이라기보다는 '대화 상대자의 주장을 논박하는 기술'이라는 일반적인 의미로 보아야 할 것이다.

이야기를 함으로써, 듣는 사람들에게 동일한 것들이 닮기도 하고 닮지 않은 것으로, 하나이기도 하고 여럿이기도 한 것으로, 그런가 하면 서 있기도 하고 운동하기도 하는 것으로 보이게 한다는 사실*을 우리가 알고 있지 않나?

파이드로스 잘 알고 있죠.

소크라테스 그러니 반론술은 법정과 민회 연설에만 국한되지 않네. 오히려 그것은 이야기로 이루어지는 모든 것에 관련되는 단일한 어떤 기술인—그게 기술이라면—것 같아 보이네. 그것으로써 누구든지 가능한 모든 것을 가능한 모든 것과 닮아 보이게 할 수 있고, 다른 사람이 닮아 보이게 하고 그걸 숨기는 경우에는 그것을 밝혀낼 수 있을 기술 말일세.

파이드로스 무슨 뜻으로 그런 말씀을 하시는 겁니까?

소크라테스 내 생각에는 이런 식으로 추적하면 그게 모습을 나타낼 것 같네. 속임수는 차이가 많이 나는 경우에 더 잘 이루어지나, 적은 경우에 더 잘 이루어지나?

파이드로스 더 적은 경우죠.

소크라테스 더욱이 자네는 성큼성큼보다는 야금야금 옮겨가서

---

* 이 논변에 대한 자세한 설명은 플라톤의 『파르메니데스』 127e~128a에서 찾아볼 수 있다. 제논의 논증 방식은 기본적으로 상대방의 전제를 참으로 놓고 논의를 전개했을 때, 모순이 도출된다는 것을 보여 줌으로써 상대의 주장을 논박하는 '귀류법(reductio ad absurdum)' 형태를 취한다.

은밀하게 반대의 것으로 잘 가겠지?

파이드로스 물론입니다.

소크라테스 그러니 남은 속이려고 하나 자신은 속지 않으려는 사람은 있는 것들의 닮음과 닮지 않음을 예리하게 꿰뚫어 보아야 하네.

파이드로스 그럴 수밖에 없죠.

소크라테스 그러면 정말 그가 각각의 것에 대한 진리를 알지 못하고서 자신이 알지 못하는 것이 다른 것들과 닮은 점을, 그것이 크든 작든, 다른 것들 속에서 식별해 낼 수 있을까?

파이드로스 불가능하지요.

b

소크라테스 그렇다면 있는 것들에 어긋나게 판단하고 속는 사람들에게는 이 상태가 모종의 닮음을 통해서 흘러들었다는 것은 분명하네.

파이드로스 그렇습니다. 그렇게 해서 그런 일이 일어나는 것이죠.

소크라테스 그러면 어떻게 하면 닮음을 통해서 야금야금 진로를 바꿔서 있는 것에서 반대의 것으로 매번 꾀어 들이거나 스스로 그것을 피할 수 있는 기술을 가진 사람일 수 있겠는가? 있는 것들 각각이 무엇인지를 모르는 사람이 말이지.

파이드로스 결코 없습니다.

소크라테스 그러니, 벗이여, 진리는 모르고 의견들을 사냥해 온 사람은 뭔가 우스꽝스럽고 기술이 없는 것을 이야기에 대한 기

c

술로서 내놓을 듯하네.

파이드로스 그럴 것 같습니다.

소크라테스 그러면 자네는 우리가 기술이 없다고 말한 것과 기술이 있다고 말한 것들 중 일부를, 자네가 옮기고 있는 뤼시아스의 이야기와 우리가 말한 이야기 가운데서 좀 봤으면 하는가?

파이드로스 그거야말로 어쩌면 그 어떤 것보다도 가장 원하는 것이겠네요. 방금 우리가 충분한 실례를 들지 않고 밋밋하게[238] 이야기했으니까요.

소크라테스 그렇지 않아도 우연찮게 우리의 두 이야기는 참된

d 것을 아는 사람이 어떻게 해서 이야기들 속에서 장난을 쳐서 듣는 사람들을 잘못 이끌 수 있는지를 보여 주는 어떤 실례를 담아서 이야기되었네. 그리고 파이드로스, 나는 그걸 이 지역의 신들 탓으로 돌리네. 아마 우리 머리 위에서 노래하고 있는 무사 여신들의 예언자들 역시 우리에게 그 영예의 선물을 불어넣어 주셨을 거고. 아무래도 나는 이야기를 할 줄 아는 무슨 기술을 갖고 있질 않으니까 말이지.

파이드로스 그건 이야기하시는 그대로라고 치고, 말씀하시는 것이나 분명히 밝혀 주시죠.

소크라테스 자 그럼, 내게 뤼시아스 이야기의 첫머리를 읽어 주게.

e 파이드로스 "내 사정에 대해서 너는 알고 있고, 또 너는 이렇게

108

되면 우리에게 얼마나 이득이 된다고 내가 믿는지 들었어. 그런데 난 너를 사랑하는 사람이 아니라고 해서 내가 요구하는 것들을 얻을 자격이 없다고는 생각하지 않아. 저들은 그때 후회하는 마음이 드는데…."[239]

소크라테스 그만. 그러면 이 사람이 무엇을 빗맞히고 있고 기술 없이 하는지를 말해야 하겠군. 그렇지?

파이드로스 예.

소크라테스 그러면 이런 식의 것들* 중 일부에 대해서는 우리가 한마음이지만, 다른 일부에 대해서는 내분이 있다는 것은 누구에게나 분명하지 않나?

파이드로스 말씀하시는 바를 이해한다고는 생각합니다만, 좀 더 명확하게 말씀해 주십시오.

소크라테스 누군가가 '철'이나 '은'이라는 단어를 말한다면, 우리 모두는 같은 것을 생각하지 않겠나?

파이드로스 물론입니다.

소크라테스 '정의롭다'나 '좋다'에 대하여는 어떤가? 각자가 제 갈 길을 가고, 우리는 서로 논쟁할뿐더러 심지어 자기 자신과도 논쟁하지 않나?

파이드로스 물론입니다.

---

* 뤼시아스의 이야기거나 그런 종류의 연설문.

b   소크라테스 그러니 우리는 어떤 것들에서는 의견의 일치를 보지
     만, 어떤 것들에서는 그렇지 못하네.

     파이드로스 그렇습니다.

     소크라테스 그러면 둘 중 어떤 쪽에서 우리가 더 잘 속으며, 둘
     중 어떤 쪽에서 연설술이 더 큰 힘을 발휘하겠는가?

     파이드로스 우리가 헤매는 쪽에서가 분명합니다.

     소크라테스 그러면 연설술의 길을 따라가려는 사람은 우선 이것
     들*을 길에 따라[240] 나누고, 대중들이 헤맬 수밖에 없는 부류와 그
     렇지 않은 부류 각각의 특성이 무엇인지를 파악하고 있는 상태
     여야 하네.

c   파이드로스 어찌 되었든 소크라테스 선생님, 그걸 파악하는 사
     람은 아름다운 부류의 것을 이해한 것일 겁니다.

     소크라테스 그다음에는 그가 각각의 것에 가까이 갔을 때, 그가
     말하려고 하는 주제와 관련해서 그것이 둘 중 어느 부류에 속
     하는지를 깜빡하지 말고 날카롭게 감지해야 한다는 게 내 생각
     일세.

     파이드로스 물론입니다.

     소크라테스 그러면 어떤가? 우리는 사랑이 논쟁이 되는 쪽에 속
     한다고 말해야 하겠는가, 아니면 그렇지 않은 쪽에 속한다고 말

---

*   의견의 일치를 보는 것들과 그렇지 못한 것들.

해야 하겠는가?

파이드로스 모르긴 몰라도 논쟁이 되는 쪽이 분명합니다. 그렇지 않으면 그것에 관하여 방금 선생님이 말씀하셨던 바를 말할 여지가 선생님께 있다고, 즉 그것이 사랑받는 이와 사랑을 하는 사람에게 해가 된다고 말해 놓고, 또다시 그것이 좋은 것들 중에서 가장 중요한 것이라고 말할 여지가 선생님께 있으리라고 생각하실 수 있겠어요?

소크라테스 아주 훌륭한 말일세. 하지만 이것도 말해 주게나. ─알 d
다시피 내가 신들린 탓에 잘 기억나지 않아서 말이지─우리가 논의를 시작하면서 사랑을 규정했던가?[241]

파이드로스 맹세컨대 엄청 강렬하게 했지요.

소크라테스 오호라, 자네는 아켈로오스의 자식인 님프들[242]과 헤르메스의 자식인 판[243]이 케팔로스의 자식인 뤼시아스보다 이야기에 대해서 어찌나 더 기술이 있다고 이야기하고 있는 것인지! 그게 아니면 내 말은 말도 안 되는 거고, 뤼시아스 역시 사랑에 관한 이야기를 시작하면서 우리로 하여금 에로스를 그 자신이 의도했던 단일한 어떤 있는 것으로 상정할 수밖에 없게끔 만들었고, 이윽고 이후의 모든 이야기를 그것과 관련지어 이야기를 e
끝까지 이끌었던 건가? 그 이야기의 첫머리를 다시 읽어 주겠는가?

파이드로스 선생님이 좋으시다면야. 하지만 찾으시는 게 거기에는 없는데요.

소크라테스 이야기하게. 내가 저 사람에게서 직접 들을 수 있게 말이지.

파이드로스 "내 사정에 대해서 너는 알고 있고, 또 너는 이렇게 되면 우리에게 얼마나 이득이 된다고 내가 믿는지 들었어. 그런데 난 너를 사랑하는 사람이 아니라고 해서 내가 요구하는 것들을 얻을 자격이 없다고는 생각하지 않아. 저들은 욕구가 가시고 나면 잘해 주었던 것들을 후회하는 마음이 들지."[244]

소크라테스 이 사람이야말로 정말이지 우리가 찾고 있는 것과는 너무 거리가 먼 일을 하는 것 같군. 처음부터는커녕 아예 끝에서부터 시작해서 드러누운 상태로 거꾸로 이야기를 거슬러 헤엄쳐 건너려 시도하여, 사랑을 하는 이가 이미 이야기를 마친 상태에서[245] 소년애인을 상대로 함 직한 말들에서 시작하고 있네. 아니면 내가 허튼소리를 한 건가? 파이드로스, 친애하는 이여.[246]

파이드로스 그래요, 소크라테스 선생님, 그가 그 이야기의 주제로 삼은 것은 정말 결말[247]입니다.

소크라테스 다른 점들은 어떤가? 이야기의 부분들이 닥치는 대로 던져졌다고 보이지는 않는가? 아니면 두 번째로 말한 것은 모종의 필요로 말미암아 두 번째로 놓였어야 했던 것으로 보이는가, 아니면 말하게 된 다른 어떤 부분들이 그렇게 보이는가? 아무것도 모르는 사람으로서 내가 보기에는 저급하게는 아니지만

글을 쓰는 사람에게 떠오르는 대로[248] 말한 것 같단 말이지. 자네
는 이것들 서로를 그 사람이 이런 식으로 연이어 배치하게 된 논
변 작성상의 어떤 필요를 알겠는가?

파이드로스 인심이 후하시네요. 제가 그분의 것들을 그렇게 예
리하게 투시하기에 충분한 능력이 있다고 봐 주시다니. c

소크라테스 하지만 이 점은 자네가 주장하리라 생각하는데. 모
든 이야기는 동물처럼 일종의 제 자신의 몸체를 갖추고 조직적
으로 엮여 있어야 해서, 머리가 없어서도 다리가 없어서도 안 되
고, 중간들과 끝들[249]을 갖추고 있어야 하며, 서로와 전체에 맞게
작성되어 있어야 한다는 점 말일세.

파이드로스 어찌 아니겠습니까?

소크라테스 이제는 자네 벗의 이야기가 그런지 안 그런지 살펴
보게. 그러면 자네는 어떤 사람들이 프뤼기아의 미다스[250]의 무
덤에 쓰여 있다고 말하는 비문과 그 이야기가 전혀 다른 점이 없
다는 것을 발견할 걸세.

파이드로스 그게 어떤 것입니까? 그리고 그게 어찌 되었다는 말 d
씀이십니까?

소크라테스 그것은 이렇다네.

청동 처녀인 나는, 미다스의 무덤 곁에 놓여 있다오.
물이 흐르고 나무가 크게 자라는 한,

애통해 마지들 않는 그의 무덤 여기에 머물며,

지나는 이들에게 여기 미다스가 묻혔노라 나는 일러 주리니.[251]

e   자네는 아마 그 비문 중 어떤 것이 맨 먼저 이야기되든 맨 나중에 이야기되든 아무 상관없다[252]는 것을 이해하리라고 나는 생각하네.

파이드로스   선생님은 우리의 이야기를 조롱하시는 거군요, 소크라테스 선생님.

소크라테스   그건 그럼 자네가 언짢아하지 않도록 놔두세. 비록 모방하려 드는 일만 전혀 없다면, 누군가가 그걸 보면서 이로움을 얻을 수 있는 정말 허다한 실례들을 그것이 갖고 있는 것으로 내게 보이지만 말일세. 대신 다른 이야기들로 들어가 보세. 그 이야기들에는 이야기에 대해 살펴보고 싶어 하는 사람들이라면 살펴보는 것이 제격인 뭔가가 있었다는 생각이 들어서 말이야.

265a   파이드로스   대체 무슨 말씀을 하시는 겁니까?

소크라테스   아마 두 이야기*는 대립됐을 걸세. 하나는 사랑을 하는 이에게 기쁨을 주어야 한다고, 다른 하나는 사랑을 하지 않는 자에게 기쁨을 주어야 한다고 이야기했으니 말일세.

*   소크라테스가 한 두 가지 이야기를 말한다.

파이드로스 그것도 아주 남자답게 그랬죠.

소크라테스 나는 자네가 사실대로 말할 줄 알았는데. 광적으로 그랬다고 말이지. 사실은 내가 찾고 있던 것이 바로 그걸세. 사랑이 일종의 광기라고 우리가 말했으니까. 그렇지?

파이드로스 예.

소크라테스 한편 광기에는 두 부류가 있으니, 하나는 인간적인 질병에 의해서 생기는 것이고, 다른 하나는 익숙한 규범들의 신적인 이탈에 의해서 생기는 것이지.

파이드로스 물론입니다.　　　　　　　　　　　　　　　　　　b

소크라테스 한편 우리는 신적인 이탈을 네 신에 따른 네 부류로 나누어서 아폴론의 영감은 예언술, 디오뉘소스의 영감은 비의술(秘儀術), 다시 무사 여신들의 영감은 시작술(詩作術), 아프로디테와 에로스의 영감은 네 번째 부류로 놓고서, 사랑에 관한 광기를 최고의 광기라고 주장했네.[253] 그리고 어떻게 해서 그랬는지는 내가 모르겠지만, 우리는 사랑의 상태를 모상을 통해 재현하면서, 아마 어떤 진실을 접하기도 했겠고 다른 데로 새기도 했을 테지만, 그렇다고 전혀 못 믿을 이야기를 빚어낸 것은 아니고, 옛이야기 조의 한 가지 찬가를, 적절하면서도 말을 삼가며, 자네　　c 와 나의 주인인 아름다운 소년들의 보호자 에로스를 위하여 불렀다네, 파이드로스.

파이드로스 그것도 내가 듣기에 아주 불쾌하지 않게 말이죠.

소크라테스 그럼 그로부터 다음과 같은 것을 잡아내 보세. 어떻게 비난하는 것에서 칭송하는 것으로 이야기가 바뀌어 갈 수 있었는지 말일세.

파이드로스 그래서 그게 어떻게 되었다는 말씀이시죠?

소크라테스 내가 보기에 다른 사항들은 정말로 장난삼아 놀아진 것으로 보이긴 하네. 하지만 다음의 어떤 두 부류는 우연히 이

d 야기되긴 했지만, 누군가가 기술에 의해 그 둘의 힘을 파악할 수 있다면, 즐거움이 없지 않을 것 같네.

파이드로스 대체 어떤 것들이죠?

소크라테스 그때그때 가르치고자 하는 주제들 각각을 규정하여 분명하게 만들기 위해, 여러 곳에 흩뿌려진 것들을 함께 봄으로써 단일한 종류로 이끄는 것일세. 방금 전 사랑에 관한 것들, 즉 그것이 무엇인지[254]가 규정된 것처럼, 잘 이야기되었든 잘 이야기되지 못했든 간에, 그것으로 인해[255] 적어도 명확한 것과 자기 자신과 일치하는 것을 그 이야기가 말할 수는 있었네.[256]

파이드로스 그건 그렇고 또 다른 한 부류는 무엇을 두고 하시는 말씀이십니까, 소크라테스 선생님?

e 소크라테스 그 부류란 이번에는 부류[257]에 따라 본래의 뼈마디에 맞게 가를 수 있는 것이고, 어느 부분이라도 서툰 푸주한이 하듯 상하게 손을 쓰지 않는 것이지. 이를테면 좀 전에 두 개의 이야기가 생각의 실성(失性)[258]을 공통적으로 하나인 어떤 부류라고

파악한 한편, 한 몸에서 본래 이름이 같은 한 짝*이 생겨서 그것   266a
들이 왼쪽, 오른쪽이라 불리듯이, 정신이상의 부분도 우리에게
있는 본래 하나인 부류라고 그 두 이야기는 생각하고서, 한쪽 이
야기는 왼쪽으로 부분을 쪼개 내고, 다시금 그것을 쪼개서 쪼개
진 것들에서 왼쪽의 사랑이라 불리는 어떤 것을 발견해 냄으로
써 정당하게 비난하기 전까지는 놓아주지 않았네. 다른 한 이야
기는 광기의 오른쪽에 있는 부분들로 우리를 끌고 가서, 저것과
이름은 같지만, 이 경우에는 신적인 어떤 사랑을 발견하여 내놓   b
고는 그것을 우리에게 있는 가장 좋은 것들의 원인이라고 칭송
했다네.[259]

파이드로스 참으로 맞는 말씀들을 하셨습니다.

소크라테스 파이드로스, 나 자신이야말로 이런 나눔과 모음을
사랑하는 사람이라네. 이야기하고 사리 분별을 할 수 있기 위해
서 말이지. 또 만약 내가 생각하기에 본성상 하나가 되기도 하
고 여럿이 되기도 하는 것들을 볼 수 있는 다른 누군가가 있다
면, 나는 '신의 뒤를 따르는 양 그의 발자취를 따라'[260] 그의 뒤를
좇겠네. 더 나아가―내가 그걸 할 수 있는 사람들을 옳게 부르는
건지 아닌지는 신이 아시겠지만―나는 지금껏 그들을 변증술에   c
능한 사람들이라고 부르고 있네. 그런데 지금 자네와 뤼시아스

---

* 우리 몸의 손과 발과 같은 짝으로 된 것들을 말한다.

에게서 배운 사람들은 무엇이라 불러야 할지 말해 주게. 아니 혹시 이게 그건가? 트라쉬마코스를 비롯한 다른 사람들이 사용해 본인들이 이야기하는 데 지혜로울 수 있었고, 왕에게라도 하듯 그들에게 선물을 가져다주고 싶어 하는 사람이면 다른 어떤 사람도 그렇게 만들어 준다는 이야기의 기술 말이야.

파이드로스 그 사람들이 왕과 같기는 하지만 선생님이 묻고 계신 것들에 정통한 사람들은 아니지요. 그건 그렇고 제가 보기에는 변증술에 능하다고 부르면, 저 부류는 옳게 부르는 것 같습니다만, 연설술에 능한 부류는 여태 우리를 피해 달아나고 있는 것 같습니다.

d 소크라테스 무슨 말인가? 혹시 그것들*을 결여하면서도 기술에 의해 파악될 법한 어떤 아름다운 것이 있을 수 있는가? 그렇다면 자네와 나는 그걸 절대로 경시해서는 안 되며, 남겨진 연설술의 부분이 실제로 어떤 것인지를 이야기해야 하네.

파이드로스 그거야 아마 숱하게 많을 겁니다, 소크라테스 님. 이야기의 기술에 관하여 쓰인 책자들에 말이죠.

소크라테스 잘 환기시켜 주었네. 그건 우선 이야기의 처음에는 서곡[261]이 이야기되어야 한다는 것으로 나는 알고 있네. 이게 자네가 말하는—그렇지?—그 기술의 절묘한 점들이지?

---

* 모음과 나눔의 기술.

파이드로스   예.   e

소크라테스   두 번째로는 일종의 서술[262]과 그에 대한 증언이고,
세 번째로 증거, 네 번째로 그럴듯한 논증[263]일세. 가장 훌륭한
이야기의 다이달로스*인 뷔잔티온 사람은 확인과 추가 확인[264]까
지 말한다고 알고 있네.

파이드로스   유능한 테오도로스를 말씀하시는 건가요?

소크라테스   물론일세. 논고와 변론[265]에서 행해야 할 논박과 추   267a
가 논박[266]까지도 말한다고 알고 있네. 그런데 우리는 더없이 훌
륭한 파로스의 에우에노스[267]는 소개 안 하나?[268] 그가 처음으로
암시와 간접 칭찬을 발견했네. 어떤 사람들은 그가 기억하기 좋
게 운을 맞춰서 간접 비난을 하기도 한다고 말하지. 그 사람은
지혜롭거든. 테이시아스[269]와 고르기아스는 쉽게 내버려 두어야
할까? 그들은 그럴듯한 것들을 참된 것들보다 한결 값어치 있는
것들로 보았고, 또한 이야기의 힘으로 작은 것을 큰 것으로, 큰
것을 작은 것으로 보이게 만들고, 생경한 것들을 옛것으로, 그   b
반대되는 것들을 생경하게 보이게 만들며, 어떤 것에 관해서든
간명하게 이야기하는 것과 끝없이 길게 이야기하는 것, 둘 다를
발견했네. 그런데 언젠가 이것들을 내게서 듣고서 프로디코스[270]

---

* 다이달로스는 그리스의 전설적인 명공(名工)이다. '이야기의 다이달로스'는
  261c에 나왔던 테오도로스를 말한다.

는 웃으며 이야기의 기술에 필요한 것들은 자신만이 발견했노라고 말했네. 긴 것도 짧은 것도 아닌 적당한 길이의 말이 필요하다는 것이었네.

파이드로스 프로디코스여, 더없이 지혜로운 것들을 발견하셨군요.

소크라테스 그런데 히피아스[271]에 대해서 이야기해야 하지 않을까? 나는 엘리스 출신의 외지인도 프로디코스와 같은 의견에 표를 던지리라 생각하는데.

파이드로스 물론입니다.

소크라테스 그런가 하면 폴로스[272]의 이야기들의 전당(殿堂)[273]은 c 우리가 어떻게 말할까? 예컨대 반복어법,[274] 격언어법,[275] 비유어법[276] 말일세. 또 리큄니오스[277]가 저 사람에게 우아한 어법 구사를 위해 선사한 리큄노스류의 어휘들의 전당은 우리가 어떻게 말할까?

파이드로스 아니 그런데 소크라테스 님, 프로타고라스[278]의 것들은 그런 종류가 아니었나요?

소크라테스 그래, 올바른 어법[279]이라거나, 여보게, 그 밖에 다른 많고 아름다운 것들이 있지. 그건 그렇고 내가 보기에 기운찬 칼케돈 사람[280]은 노년과 궁핍에 대한 연민을 끌어내는 이야기들을 기술에 의해 지배했던 것 같고, 그런가 하면 그 자신이 말했듯이 d 그 사람은 많은 사람들을 동시에 분노하게 했다가, 그들이 분노하면 다시 또 주문을 외어 홀리는 데도 무섭도록 능수능란했네. 그는 어떤 소재를 가지고서라도 비방하고 비방에서 벗어나게 하는 데서 막강하지. 그건 그렇고 누구는 요약정리라 이름 붙이고 다른 사람들은 다른 이름을 붙이는 이야기의 끝에 대해서는 모두가 다 같이 동의하고 있는 듯하네.

파이드로스 이야기된 것들에 관하여 끝에 가서 듣는 사람들에게 개괄적으로 하나하나 환기시켜 주는 것을 말씀하시나요?

소크라테스 내가 말하는 건 그건데, 또 뭐 자네가 이야기 기술에 관하여 말할 것이 달리 있으면….

파이드로스 있긴 한데, 사소하고 말할 가치가 없는 것들이에요.

소크라테스 그럼 사소한 것들은 놔두고, 저것들*은 무엇이고 어 268a느 때 기술의 힘을 갖는지를 빛을 비추어서 좀 더 살펴보세.

파이드로스 소크라테스 선생님, 갖고 있을 뿐만 아니라 대중들의 회합에서는 아주 강력한 힘을 갖지요.

소크라테스 그래, 가지고 있지. 하지만, 신묘한 친구, 나에게 보이듯이 자네에게도 그것들의 날실이 틈이 벌어져 있는** 것으로 보이는지 자네도 보게.

---

* 앞에서 말한 연설가들과 소피스트들의 연설 기법들.

** 옷감을 짤 때 촘촘하게 짜지 못해 엉성하게 짜인 상태를 말하니, 앞의 연설 기법들이 허술하다는 소리다.

파이드로스 그냥 보여 주세요.

소크라테스 그럼 내게 말해 보게. 만일 누군가가 자네의 벗인 에뤽시마코스나 그의 아버지인 아쿠메노스에게 다가가서 "나는 어떤 것들을 몸에 처방할 줄 알아서 내가 원한다면 열을 내게도 하고, 차게도 하고, 또 토하는 게 좋겠다는 생각이 들면 그렇게 만들기도 하고, 그런가 하면 밑으로 배설하는 것이 좋겠다 싶으면 그렇게도 만들고, 또 그 밖에 온갖 다른 식으로도 만들 수 있습니다. 그리고 나는 그것들을 알고 있으니 의사 자격이 있고 그것들에 관한 앎을 내가 전수해 줄 다른 사람도 누구든 그렇게 만들수 있다고 주장합니다."라고 말한다면, 자네는 그들이 듣고서 무슨 말을 하리라고 생각하는가?

파이드로스 그 밖에 어떤 사람들에게, 그리고 이들 각자에게 언제 그리고 언제까지 그렇게 해야 하는지까지 알고 있는지를 묻지 않겠습니까?

소크라테스 그럼 그가 "전혀요. 하지만 내게서 그것들을 배운 사람은 당신이 물으시는 것들을 스스로 할 수 있다고[281] 나는 주장합니다."라고 말한다면 어떨까?

파이드로스 제 생각에는, 그 사람이 광기가 들어 어딘가 책자에서 들었거나 어쩌다 약 나부랭이를 얻어서 그 기술의 전문가가 아니면서도 자신이 의사가 되었다고 생각하는 거라고 그분들은 말할 겁니다.[282]

소크라테스 그런데 이번에는 어떤 이가 소포클레스[283]와 에우리
피데스[284]에게 다가와서, 자신이 작은 주제에 대해서 아주 긴 연
설[285]을, 큰 주제에 대해서 아주 짧은 연설을 만들 줄 알며, 또한
자신이 원한다면 동정심을 살 만한 연설들을 만들 줄 아는가 하
면, 그 반대로 두려움을 주거나 위협을 하거나 또는 그런 종류의
다른 연설을 만들 줄 안다고 말한다면, 그리고 자신은 그것들을   d
가르치면서 자신이 비극의 작법을 전수하는 것이라 생각한다고
말한다면 어떻겠는가?

파이드로스 이분들 역시, 소크라테스 선생님, 비극이 그것들*을
서로 걸맞게 하고 전체와 조직적으로 엮는, 그것들의 구성 말고
다른 어떤 것이라고 생각하는 사람이 있다면, 그를 비웃으리라
고 생각합니다.

소크라테스 하지만 내 생각엔 적어도 막되게 비난하지는 않을
거네. 마치 음악 전문가[286]가 어떻게 해야 현에서 가장 높은 소리
와 가장 낮은 소리를 낼 수 있는지를 알기 때문에 화성(和聲)에
대해 전문가[287]라고 생각하는 사람을 만나서 하듯이, 험하지 않   e
게 말할 거란 말이지. "불쌍한 놈, 너 정신 나갔구나."라고 하지
않고, 음악을 잘 알기에 한결 부드럽게 이렇게 말할 거란 말이
지. "대단한 분이여, 화성에 대해 전문가이고자 하는 사람은 그

---

* 앞에서 언급된 비극의 기법들.

것들 역시 필수적으로 알아야 합니다. 하지만 선생님과 같은 정도의 사람이 화성에 대하여 전혀 정통하지 못할 수는 있습니다. 선생님은 화성 이전에 필수적인 배움들을 알고 있는 것이지 화성에 관한 것들을 알고 있는 것은 아니니 말이죠."

파이드로스 그럼요, 지극히 옳은 말씀이십니다.

269a 소크라테스 그러면 소포클레스 역시 자신들*에게 과시하는 자에게 그가 과시하는 것은 비극 이전의 배움들이지 비극에 관한 배움들이 아니라고 말할 테고, 아쿠메노스 역시 그건 의학 이전의 배움들이지 의학에 관한 배움들이 아니라고 말하겠군.

파이드로스 전적으로 그렇습니다.

소크라테스 그런데 감미로운 목소리의 아드라스토스[288]나 또는 페리클레스[289]가 우리가 방금 자세히 이야기한 더없이 아름다운 기술의 산물들, 즉 짧게 말하기와 그럴듯한 논증을 비롯해서 쭉 훑어가면서 빛을 비춰 가며 살펴보아야 한다고 말한 다른 것들

b 을 듣는다면 어쩌리라고 우리는 생각해야 할까? 연설술이라며 그것에 대한 글을 쓰고 가르치는 이들에게 나와 자네가 하듯이 무식한 어떤 말을 막되게 하여 모질게 하리라고 생각해야 하는 걸까, 아니면 그들이 우리보다 지혜로운 만큼 다음과 같은 말을 하여 우리까지 꾸짖으리라고 생각해야 하는 걸까? "파이드로스

---

* 소포클레스와 에우리피데스.

와 소크라테스여, 어떤 사람들이 변증술을 할 줄 몰라서 연설술이 도대체 무엇인지를 규정할 수가 없게 되었다면, 모질게 할 게 아니라 이해해야 하네. 이 상태로 인해 그들은 그 기술 이전에 필수적인 배움들을 갖고서는 연설술을 발견했다고 생각하고, 게다가 바로 이것들을 다른 사람들에게 가르치고서는 자신들에 의해서 연설술이 완벽하게 가르쳐졌다고 생각하는 한편, 다만 그것들 각각을 설득력 있게 이야기하고 전체를 조직하는 것은 일도 아니라고 생각해서 그들의 제자들 본인들이 스스로 자기들의 이야기들에 그것들을 마련해 넣어야 한다고 본다네."

파이드로스 하기야, 소크라테스 선생님, 그런 뭔가가 이 양반들이 연설술이라고 가르치고 글로 쓰는 기술의 상태일 수 있을 것 같기는 하고, 제가 보기에 선생님은 참된 말씀을 하시는 것으로 보입니다. 그건 그렇지만 정말로 연설에 능하고 설득력이 있는 사람의 기술은 어떻게, 어디로부터 마련할 수 있습니까?

소크라테스 파이드로스, 완벽한 경합자[290]가 될 능력을 갖는 것은 다른 경우들과 사정이 마찬가지일 공산이 크네. 아마 필연적이기까지 할 게야. 만약 자네가 천성이 연설에 능할 수 있다면, 앎과 연습을 곁들임으로써 자네는 이름난 연설가가 되겠지만, 이것들 중 그 무엇이든 결여한다면, 그 점에서 자네는 완벽하지 못하게[291] 될 거라는 말이지. 하지만 내가 보기에 연설가의 기술에 관한 한, 뤼시아스와 트라쉬마코스가 가고 있는 방향으로는 길이 보이지 않네.

파이드로스 아니면 어디서죠?

e 소크라테스 뛰어난 친구, 페리클레스가 연설술에 관하여 누구보다도 가장 완벽하다고 말해도 무리는 없을 걸세.

파이드로스 그래서요?

270a 소크라테스 중요한 기술이라면 어떤 기술이든 수다와 자연에 관한 고담준론[292]을 추가로 요구한다네. 그 기술의 그 고매한 지성과 만사에 완벽함[293]은 이쯤 어디에서 들어오는 듯하거든. 페리클레스 역시 훌륭한 천성에 더하여 얻은 것 말이지. 내 생각에 바로 그러한 사람*인 아낙사고라스[294]를 그가 만나 고담준론으로 충만해졌고 아낙사고라스가 많은 이야기를 한 바로 그 지성과 반지성[295]의 본성에 다다라, 거기로부터 페리클레스는 이야기의 기술에 적합한 것을 그 기술 속으로 끌어들인 것이지.

파이드로스 그건 무슨 뜻으로 하시는 말씀이시죠?

b 소크라테스 모르긴 몰라도 의술의 방식은 연설술의 방식과도 같을 걸세.

파이드로스 어떤 방식이죠?

소크라테스 양쪽 모두에는 본성을 나누는 과정이 필수불가결하니, 한편에서는 육체의 본성을 다른 편에서는 혼의 본성을 나

---

* 고매한 정신과 만사에 완벽함을 갖춘 사람.

뭐야 하네. 만약 자네가 숙달과 경험으로써가 아니라 기술로써 한편에는 약과 식이요법을 처방하여 건강과 활력을 만들어 주고, 다른 편에는 이야기와 규범에 맞는 활동[296]을 처방해서 자네가 전하길 원하는 모든 설득*과 훌륭함을 전해 줄 참이라면 말일세.

파이드로스 소크라테스 선생님, 그러는 것이 합당하기는 하니까요.

소크라테스 그러면 자네는 전체[297]의 본성과 무관하게 혼의 본성을 명실상부하게 이해할 수 있으리라 생각하는가? c

파이드로스 만약 아스클레피오스의 후예들** 중 히포크라테스[298]의 말을 어느 정도 믿을 필요가 있다면, 마찬가지로 우리는 이 방법 없이는 육체에 대해서도 이해할 수 없지요.[299]

소크라테스 그래, 벗이여, 그의 말이 훌륭하지. 하지만 히포크라테스와는 별도로 우리는 이야기를 잘 검토해서 그것이 그 사람과 어울리는지를 살펴보아야 하네.

파이드로스 예.

---

* 연설하는 자가 다른 사람을 '설득'해서 전달하고자 하는 것은 자신의 '신념'일 텐데, 그리스어로는 이 모두가 다 'peithō'이다. 문맥상으로는 '신념'으로 바꾸는 것이 맞겠지만, 번역의 일관성을 위해 유지했다.

** 아스클레피오스는 전설적인 의사로서 아폴론의 아들이었다고 한다. 그래서 '아스클레피오스의 후예들'은 의사들을 가리키는 말이다.

소크라테스   그럼 본성과 관련된 것을 히포크라테스와 참된 이야기[300] 둘이서 대체 무어라 말하는지 보게. 어떤 것의 본성에 대해
d 서든 이렇게 생각해야 하지 않겠는가? 첫 번째로는 우리 자신이 그것의 전문가이기를 바라면서 다른 사람 역시 전문가로 만들어 줄 힘이 있기를 바라는 것이 단순한지 다양한 모습을 갖는지, 그 다음으로는 그것이 단순할 경우에는 그것의 힘을, 즉 그것이 무엇에 대하여 작용하며, 또는 무엇에 의해서 작용을 겪는지,[301] 그리고 그러기 위해 그것이 갖고 있는 타고난 것이 무엇인지를 살펴보아야 하고, 하나 이상의 모습을 가진다면, 그것들을 헤아려서는, 하나였을 경우처럼 그것을 하나하나의 경우에 그것이 타고나길 무엇으로 무슨 작용을 하거나 무엇으로 무슨 작용을 겪게끔 되어 있는지를 살펴보아야 하지 않겠는가?

파이드로스   그럴 것 같습니다, 소크라테스 선생님.

e 소크라테스   이러니만큼 이것들이 없는 방법이란 장님의 행로와 같지. 하지만 무언가를 기술에 의해 추구하는 사람만큼은 장님이거나 귀머거리에 빗대면 안 되고, 만약 기술에 의해 누군가에게 설명[302]을 해 주는 사람이 있다면, 그 사람은[303] 그 누군가가 그 설명을 처방할[304] 대상이 가진 본성의 본질을 예리하게 밝혀내리라는 것은 분명하네. 그런데 아마 그건 혼일 걸세.

파이드로스   물론입니다.

271a 소크라테스   그리하여 그의 수고는 온통 그것에 집중되어 있지.

그는 거기에 설득을 만들려 하기 때문일세. 그렇지?

파이드로스   예.

소크라테스   그러니 트라쉬마코스를 비롯해 진지하게 연설술을 가르쳐 줄 만한[305] 사람은 그가 누구든 첫 번째로는 정확성을 다해 글을 쓰고 혼을 보게 만들 것이 분명하네. 그것이 본래 하나이며 닮았는지, 아니면 몸의 형태처럼 다양한 모습을 갖는지 말일세. 우리가 본성을 밝힌다고 말하는 것은 그거니까 말이지.

파이드로스   전적으로 그렇습니다.

소크라테스   두 번째로는 혼이 타고나길 무엇으로 무슨 작용을 하거나, 또는 무엇으로 무엇에 의해 무슨 작용을 겪게끔 되어 있는지를 밝힐 걸세.

파이드로스   물론입니다.

소크라테스   그럼 세 번째로 그는 연설들과 혼의 부류 및 혼들이 작용을 겪은 상태를 분류하고 나서는 그 모든 원인을 훑어보고, 각 부류를 각 부류에 맞추고 어떤 혼은 무슨 종류의 혼이기에 무슨 종류의 이야기에 의해 무슨 원인으로 필연적으로 설득되고, 어떤 혼은 설득되지 않는지를 가르칠 걸세.

b

파이드로스   그렇게 되면 더없이 훌륭할 듯합니다.

소크라테스   아니 사실은 여보게, 이와 다른 식으로 시범 삼아 내보여지거나 실제로 이야기되거나[306] 해서는, 다른 무엇에 대해서든 이것*에 대해서든 그것은 도대체 기술에 의해서 이야기되거나

c 글로 쓰이는 것이 결코 아닐 것일세. 하지만 지금 현재 이야기들의 기술들에 관하여 쓰고 있고, 자네가 들었던** 사람들은 못 하는 짓이 없고, 혼에 관하여 더없이 아름답게 알고 있으면서도 자신들을 숨기고 있네. 그러니 다음과 같은 방식으로 그들이 이야기하고 글을 쓰기 전까지는 자신들이 기술에 의해 쓰고 있다고 하는 그들의 말에 설득되지 마세나.

파이드로스 그게 무슨 방식이죠?

소크라테스 바로 그 말을 하기가 수월하지 않군. 하지만 가능한 한에서 최대한 기술 있는 상태이려면 어떻게 써야 하는지를 내가 말할 용의는 있네.

파이드로스 그럼 말씀하시죠.

d 소크라테스 "이야기의 힘은 혼을 이끄는 것이기에 연설술에 능하게 될 사람은 혼의 부류가 얼마나 되는지를 아는 것이 필수불가결하다. 그래서 그것은 그 수가 이만저만하고 형태는 이러저러하며, 그로 인해 어떤 사람들은 이러이러한 사람이 되고, 어떤

---

* 지금 논의하고 있는 연설술이라는 주제.

** 고대 그리스에서 책은 귀한 것으로 개인이 소장해서 눈으로 읽기보다는 노예나 어떤 사람이 큰 소리로 읽으면 다른 사람들은 그것을 듣는 것이 책을 읽는 일반적인 형태였다(플라톤의 『테아이테토스』 143c, 『파이돈』 97b에 이런 광경이 묘사되어 있다). 그래서 여기서 '들었다'는 말은 그 사람에 대해서 누군가에게서 들었다는 말이 아니라 그 사람이 한 이야기를 써 놓은 책을 누가 읽어 주는 것을 들었다거나 누가 그의 이야기를 말로 전해 주었다는 뜻이다.

사람들은 저러저러한 사람이 된다. 그래서 이것들이 이렇게 나
뉘고 나면, 이번에는 이야기들의 형태는 그 수가 이만저만하고,
그 각각은 이러이러하다. 그리하여 이러이러한 사람들은 여차여
차한 이유로 이러이러한 이야기에 의해서 이러이러한 것들에로
잘 설득되고, 이러이러한 사람들은 여차여차한 이유들로 설득이
잘 되지 않는다. 그래서 이것들을 충분히 깨닫고 나서는, 그다
음으로 그것들이 실생활 속에서 실제로 벌어지는 행태를 관조하
며, 감각에 의해 날카롭게 뒤쫓을 수 있어야 하며, 그렇지 못할   e
경우 그가 이전에 함께하며 이야기들에 관하여 들은 것들 이상
의 것이 그에게 있지 않을 것이다. 어떤 사람이 어떤 것들에 의
해 설득되는지를 충분히 말할 수 있고, 곁에 있는 사람을 알아보
고 그때 그 이야기들이 말하던 것이 지금 실제로 그의 곁에 있는   272a
이 사람이고 이 본성이며 이 이야기들을 이것들의 설득을 위해
이런 식으로 처방해야 한다는 것을 자신에게 보여 줄 수 있을 때
라야 그 기술은 훌륭하고 완벽하게 수행된 것이고, 그 이전에는
그렇지 않을 것이다. 물론 그는 이것들 모두를 이미 지니고 있고
언제 이야기를 하고 삼가야 할지 그 시기를 더불어 파악하는 한
편 짧게 이야기하기와 동정에 호소하는 논법, 과장법[307]을 비롯
해 그가 배우는 이야기들의 부류 각각의 하기 좋은 시기와 나쁜
시기를 식별할 수 있어야 한다. 하지만 누군가가 그것들 중 무엇   b
이든 결여하고서 이야기하거나 가르치거나 글로 쓰면서 자신이

기술에 의해서 말하고 있다고 주장한다면, 그에게 설득되지 않는 사람이 지배하는 것이다." "파이드로스와 소크라테스, 그래 어떤가요?" 아마 그 산문작가*는 말하겠지. "이렇게 보이나요, 아니면[308] 이야기들에 대한 기술이 달리 어떻게 이야기될 때 받아들여야 할까요?"

파이드로스 달리는 아마 불가능할 것입니다, 소크라테스 선생님. 작은 일은 아닌 거 같아 보이기는 하지만요.

소크라테스 맞는 말일세. 그 때문에 당연히 우리는 모든 이야기들을 이리저리 돌려 보며 그것에 이르는 더 쉽고 짧은 어떤 길이 어딘가에 나타나 있지는 않은지 살펴보아야 하네. 헛되이 험난하고 먼 길을 떠나는 수고를 하지 않으려면, 우리는 어딘가에 훨씬 쉽고 순조롭게 그것에 이르는 길이 있는지 어떤지를 살펴서 알아보아야 하네. 그런데 혹시 자네가 뤼시아스나 다른 누구에게서 들어서, 어떤 식으로든 도움이 될 만한 것을 알고 있다면, 기억을 떠올려서 이야기를 시도해 보게.

파이드로스 시도야 해 볼 수 있겠지만, 지금은 그런 식으로 할 수 없습니다.

---

* 소크라테스가 지금 전한 연설술에 대한 이론서의 가상 저자를 말한다. 235c의 주석(미주 69)에서도 밝혔듯이 산문작가는 운문을 쓰는 시인과 대비되는 말로, 연설술에 대한 매뉴얼이라는 것이 산문으로 이루어지는 것이기에 사용된 말이다.

소크라테스 그러면 내가 그것들에 관계하는 어떤 이들에게서 들은 이야기를 하나 하면 어떻겠는가?

파이드로스 좋습니다.

소크라테스 아무튼 파이드로스, 늑대의 입장도 이야기하는 것*이 공정하다는 말이 전해지긴 하니까 말이지.

파이드로스 예, 선생님은 그렇게 해 주세요.

d

소크라테스 그래서 말인데 그들은 그것들을 그렇게 무게 잡아 말할 필요가 전혀 없고, 원리적으로 끌고 올라가 길게 돌려 말할 필요도 없다고 말하네. 대략 우리가 이 이야기의 처음에도 말했던 바와 같이 연설술에 충분히 능하게 될 사람은 정의롭거나 훌륭한 행위들과 관련한 진리, 또는 본성적으로나 양육에 의해 그렇게 된 사람들과 관련된 진리에 전혀 참여할 필요가 없다는 말이지. 법정에서는 누구도 이것들의 진리에 전혀 관심이 없고, 설득력 여부에 관심이 있기 때문이라는 것이지. 이게 그럴듯함이고 기술에 의해 말하게 될 사람이 주목해야 할 것이라고 하지. 왜냐하면 실제로 벌어진 일이 그럴듯하지 않다면, 실제로 벌어

e

---

* 이솝 우화에 나오는 이야기라고 하지만 현재 우리에게 있는 이솝 우화에는 없고 플루타르코스의 『7현인의 향연』 156에 전하는 이야기다. 늑대가 자기 천막에서 양고기를 먹고 있는 양치기를 보고는 "내가 그랬으면 난리를 쳤을 텐데."라고 말했다는 것인데, 아무리 악한의 이야기라도 들어 보아야 한다는 '악마의 대변인(devil's advocate)'과 같은 뜻의 말이다.

진 그 일이 아니라 그럴듯한 일을 논고와 변론에서 말해야 하는 때도 있으며, 어떤 경우에라도 이야기를 하는 사람은 이른바 그럴듯함을 추구해야 하고 진실 여부에는 숱하게 작별을 고해야

273a 하기 때문이라는 것이지. 이야기 전체를 통해 이것이 생길 때 전체 기술이 마련되기 때문이라는 것이고.

파이드로스 그거야말로, 소크라테스 선생님, 이야기들에 관해 기술이 있다고 자처하는 이들이 말하는 것을 꿰뚫어 말씀하신 겁니다. 그런 것을 이전에 우리가 간략하게 접했다는 기억이 이제야 떠올랐고, 그러고 보니 이야기들에 관련된 사람들에게는 그것이 대단히 중요해 보이겠기에 드리는 말씀입니다.

소크라테스 그렇지만 테이시아스 님의 책은 자네가 자세하게 곱씹어 읽은 적이 있잖아. 그러니 이런 것도 테이시아스 님더러 우

b 리에게 말씀하시게 하게나. 그분이 이야기하는 그럴듯함이란 대중에게 그렇게 여겨지는 것일 뿐 아닌가 하는 것 말이지.

파이드로스 그거 말고 뭐겠어요?

소크라테스 지혜롭고도 기술적인 그것을 발견하고서는, "만약 힘은 없지만 용감한 어떤 사람이 힘은 세지만 겁이 많은 사람을 때리고, 겉옷이나 다른 어떤 것을 탈취하여 재판에 끌려 나왔다면, 둘 중 어느 누구도 참된 것을 말해서는 안 되고, 겁이 많은 사람 쪽에서는 용감한 사람한테서만 맞은 것이 아니라고 말해야 하고, 상대편 쪽에서는 둘만이 있었다고 함으로써 그 주장을 논

박하는 한편, '어떻게 여기 있는 이런 내가 여기 있는 저런 자를   c
때릴 수 있었겠는가?'라는 저 유명한 주장*을 써먹어야 한다. 상
대편은 자신의 약점을 말하지 않겠고, 다른 거짓말을 시도해서
아마 어떤 식으로 소송 맞상대에게 반박의 빌미를 제공할 것이
다. 그리고 다른 문제들과 관련해서도 바로 이와 같은 것들이 기
술에 의해서 이야기가 이루어지는 것이다."라고 썼을 것이네. 그
렇지 않은가, 파이드로스?

파이드로스   물론입니다.

소크라테스   오오, 참으로 무섭도록 영리하게 숨겨진 기술[309]을,
테이시아스거나 누구라도 상관없는 다른 누군가이거나 어디서
이름을 따서 불리든 반길 사람이** 그것을 발견한 것 같네. 한데,
벗이여, 이분에게 우리가 이야기를 해야 할까, 말아야 할까?

파이드로스   어떤 이야기요?   d

소크라테스   이걸세. "테이시아스 님, 얼마 전에,[310] 그러니까 선

---

*   아리스토텔레스는 『수사학』 2권 1402a 18행 이하에서 이 주장을 코락스의 것
    이라고 말한다.

** 테이시아스의 스승 코락스를 언급하는 듯하다. 일설에는 코락스가 까마귀라
    는 뜻이어서 테이시아스는 코락스가 낳은 나쁜 알이라 불리기도 했다고 한
    다. 코락스는 다른 이름도 있는데, 이 이름으로 불리기를 원했다고도 한다.
    의식을 지낼 때 신의 이름을 정확하게 부르는 게 핵심 사항이었다는 점을 감
    안할 때, '누구라도 상관없는'은 모욕적인 표현이라 볼 수 있다. 『에우튀데모
    스』 288d에도 모욕의 의도로 이와 같은 표현이 사용된다.

생님이 나타나시기 전까지만 해도 우리는 '이 그럴듯함은 진리와
의 닮음을 통해서 대다수의 사람들 사이에 생긴다.'라고 이야기
하고 있던 참이었습니다. 닮음이란 것들을 두고는 진리를 아는
사람이 어디서든지 가장 훌륭하게 발견할 줄 아는 것이라고 좀
전에[311] 자세히 이야기했고요. 그러니만큼 만약 선생님이 이야기
의 기술과 관련하여 무언가 다른 것을 이야기하신다면, 물론 저
희는 듣겠습니다만 그러지 않으시면, 방금 전에 우리가 자세히
e 이야기했던 것, 즉 누구든지 듣는 사람들의 본성들을 일일이 헤
아릴 뿐만 아니라, 있는 것들을 부류에 따라 일일이 나누고 그
하나하나를 한 형태에 포괄할 수 없다면, 도저히 그는 이야기와
관련해 인간의 힘이 미치는 한에서 최대한 기술 있는 사람일 수
는 없다는 주장에 우리는 설득될까 합니다. 그것들은 많은 공력
없이는 도저히 얻을 수 없을 것입니다. 하지만 그 공력은 제정신
인 사람이라면 사람들을 상대로 이야기하고 행하기 위해서 들여
야 할 것이 아니라 신들에게 기쁨이 되는 것을 이야기할 수 있는
한편, 할 수 있는 한 모든 것에서 신들이 기뻐하시게끔 우리가
행할 수 있기 위해서 들여야 할 것입니다. 아시다시피, 테이시아
스 님, 그래서 우리보다 지혜로운 분들이 말씀하시길 지각 있는
274a 자는, 부수적인 일의 경우가 아니라면, 동료 노예들이 아니라 그
자체로 훌륭하며 태생 역시 훌륭한 주인들을 기쁘게 하는 것을
익혀야 한다고 말씀하시니까요. 그러니만큼 돌아가는 길이 길더

라도, 놀라지는 마십시오. 중요한 것들*을 위해서 돌아가야 하니까요. 당신이 생각하시는 대로가 아니라 말이죠.[312] 물론 이야기가 말하듯이, 그것들** 역시, 누군가가 이걸*** 감수한다면, 이것으로부터 가장 아름답게 이루어질 것입니다.[313]

파이드로스 제가 보기에 지극히 아름답게 이야기된 듯싶습니다, 소크라테스 선생님. 누군가가 실제로 할 수 있기라도 한다면 말이지만요.

소크라테스 하지만 알다시피 아름다운 것을 시도하는 사람에게는 그 결과로 그가 겪을 것을 겪는 것 역시 아름다운 법. b

파이드로스 그야 물론입니다.

소크라테스 그럼 이야기 기술과 기술 아닌 것에 관한 것은 충분한 것으로 하세.

파이드로스 물론입니다.

소크라테스 하지만 글쓰기에 관련된 적절성과 비적절성의 문제, 즉 그것이 어떻게 되어야 훌륭한 상태고, 어떻게 되어야 적절하지 못한 상태일지에 대한 것이 남아 있네.[314] 그렇지?

파이드로스 예.

---

*   진리 또는 신이라고 볼 수 있다.

**   테이시아스가 생각하는 연설술의 설득력과 성공.

***   돌아가는 길을.

소크라테스 그래, 자네는 이야기에 관련해서 어떻게 해야 신께 최대한 기쁘게 행하거나 이야기하는 것인지 아는가?

파이드로스 전혀요. 선생님은요?

c 소크라테스 이전 분들에게서 들은 이야기는 내가 이야기할 수 있는데, 참된 것은 그분들이 홀로 알고 계시지. 그런데 그걸 우리가 스스로 발견할 수 있다면, 더 이상 인간 고유의 견해 중 그 무엇엔들 우리가 관심을 가지겠는가?

파이드로스 우스운 질문을 하시는군요. 그러지 마시고 들었다고 하신 것을 이야기하시죠.

소크라테스 그러니까 내가 들은 바로는[315] 이집트의 나우크라티스[316] 근방에 그곳의 고대 신들 중에 그 신의 신성한 새를 그들이 이비스[317]라 부르는 한 신이 있었다고 하네. 그 신령* 자신의 이름은 테우트[318]라고 들었네. 바로 이 신령이 최초로 수와 계산을 발

d 견하고 기하학과 천문학을 발견했으며, 더 나아가 장기 및 주사위 놀이, 더군다나 글자까지 발견했다고 하네. 그런 한편으로 그 당시 위쪽 지역[319]의 대도시 주변을 아우르는 전체 이집트[320]의 왕은 타무스였는데, ―그리스 사람들은 그 도시를 이집트의 테바이[321]라 부르고 그곳의 신**은 암몬이라 부르지―그에게 테우트가

---

* 여기서 '신령'은 '신'과 같은 뜻으로 보인다. 240a의 주석(미주 97) 참고.

** 포스트게이트(Postgate)가 제안하고 프리스(de Vries)도 찬성하는 수정 판본

가서 자신의 기술들을 보이고는, 다른 이집트 사람들에게 전해
주어야 한다고 말했네. 한편 타무스는 그 기술 하나하나가 어떤
이로움이 있는지 물었고, 테우트가 세세히 설명을 해 나가는 사
이사이에, 타무스는 아름답거나 아름답지 못하게 이야기한다고   e
여겨지는 것들에 대해서 어떤 것은 비난하고, 어떤 것은 칭송했
네. 기술들 각각과 관련해서 양쪽 측면*에서 타무스가 테우트에
게 자신의 견해를 많이 밝혔다고 전해지지만, 그것들을 세세히
이야기하기에는 이야기가 길 걸세. 그런데 글자의 경우에 이르
러, 테우트가 말하길, "왕이시여, 이 배움은 이집트 사람들을 더
지혜롭고 더 잘 기억하게 해 줄 것입니다. 기억의 약이자 지혜의
약이 발견되었다는 말씀입니다."라고 했네. 한편 타무스가 말했
네. "기술이 출중한 테우트여, 어떤 사람은 기술에 관한 것들을
산출할 수 있지만, 어떤 사람은 그것을 이용하게 될 사람들에게
그것이 어떤 해로운 몫과 이로운 몫을 갖는지를 분간할 수 있소.
그리고 지금 그대는 글자의 아버지로서, 글자를 위하는 마음 때   275a

에 따르면 '타무스를 암몬이라고 불렀고'가 된다. 뒤에 암몬의 신탁이 나오기
때문에 이 타무스가 바로 암몬이라는 것은 확실해서, 수정본이 더 분명한 내
용을 보여 주기는 하지만, 당시 그리스 사람들은 이집트의 신인왕(神人王) 개
념을 알고 있었을 것이기 때문에 타무스가 암몬이라고 이해하는 데 큰 문제
는 없었을 듯하다. 이 암몬은 헤로도토스가 이집트 사람들이 제우스를 부르
는 이름이라고 했던 것이다.

* 비난과 칭송의 측면.

문에 글자가 발휘하는 능력과는 반대되는 것을 말하고 있소. 왜냐하면 한편으로 이것은 기억에 대한 연습을 게을리하게 함으로써 배운 사람들의 혼에 망각을 제공할 것이니, 그들은 글쓰기에 대한 신뢰로 인해 외부로부터 남의 것인 표시에 의해 기억을 떠올리지, 내부로부터 자신들에 의해 스스로 기억을 떠올리지 않기 때문이오. 사실은 기억이 아니라 기억 환기[322]의 약을 그대가 발견한 것이오. 다른 한편, 그대는 배우는 사람들에게 지혜로워 보이는 의견을 제공하지 진상을 제공하지는 않소. 왜냐하면 가

b 르침이 없어도 그대 덕에 듣기는 많이 들어 그들은 많이 아는 사람처럼 보이겠지만, 대개의 경우 사실은 그들은 무지하며 함께 하기도 어려운 사람들*이니, 지혜로워지는 대신 지혜로워 보이게 된 탓이오.

파이드로스 소크라테스 선생님, 선생님은 이집트 이야기든 그 어떤 고장 이야기든 선생님이 원하면 쉽게 만들어 내시는군요.

소크라테스 그렇지만 여보게, 적어도 도도네의 제우스 신전 사람들[323]은 참나무의 이야기들이 최초로 신탁의 말씀이 되었다고

---

* '함께하다'는 것은 어울려 교제를 한다는 뜻도 되지만, 공동으로 지적인 탐구를 한다는 뜻도 된다. 이들과 함께하기 어려운 이유는 이들이 자신들의 독선으로 인해 반사회적이기 때문이든지, 자신의 무지를 깨닫지 못해 공동 탐구를 할 수 없기 때문일 것이다. 유니스(H. Yunis)는 이들의 대표격인 자들이 소피스트로 보고 전자의 이유로 이 구절을 해석한다(유니스, 2011, 해당 주석 참고).

했네. 그러니 그 당시 사람들은 자네 같은 젊은 사람들처럼 지혜
롭질 못해서, 어리석음*으로 인해 참나무와 돌에게서 듣는 것으
로 충분했네. 참된 것을 이야기하기만 하면 말이지. 하지만 자   c
네에게는 아마 말하는 사람이 누구고 어느 고장 사람인지가 상
관있겠지. 자네는 그것이 사실인지 아닌지만 살펴보지는 않으니
말일세.

파이드로스 제대로 한 방 먹이셨군요. 그리고 제가 보기에 글자
에 관해서는 그 테바이 사람[324]이 이야기한 것이 사실인 것 같습
니다.

소크라테스 그리하여 기술을 글에다 남겼다고 생각하는 사람[325]
은, 그리고 역으로 글로부터 명확하고 확실한 것이 생겨날 것이
라고 생각해서 그것을 받아들이는 사람은 너무도 어리석음으로
꽉 차고 진정으로 암몬의 예언을 알지 못하는 걸세. 그는 글로
쓰인 이야기란 것이 쓰인 글이 가리키는 것이 무엇인지를 아는   d
사람의 기억을 환기시켜 주는 것 이상의 무엇이라고 생각하니
말이지.

파이드로스 정말 옳은 말씀입니다.

소크라테스 파이드로스, 글쓰기가 이런 기이한 점이 있어서, 정
말로 그림 그리기[326]와 닮았다는 거지. 그래서 그림 그리기의 소

---

* '순진하다'는 뜻도 있는 말이다.

산 역시 살아 있는 듯이 서 있으나, 자네가 무언가를 묻는다면, 그것은 아주 격조 있게 침묵을 지킬 것이란 말일세. 이야기들도 똑같다네. 한편으로는 그것들이 뭔가를 깊이 사리 분별해서 이야기하는 듯이 자네에게는 보였을 수 있지만, 배우고 싶은 마음에서 자네가 이야기된 것들 중 어떤 것에 대해 묻는다면, 그것은

e 언제나 한 가지의 같은 것만을 가리키지. 일단 글로 쓰이면, 모든 이야기는 전혀 격에 맞지 않는 사람들 사이에서나 전문가들 사이에서나 똑같이 아무 데나 돌아다니며, 누구에게는 이야기하고 누구에게는 하지 말아야 할지를 모른다네. 한편 그것이 잘못 연주되거나* 부당하게 욕을 먹게 되면, 아버지[327]의 도움이 늘 필요하다네. 그것은 스스로 방어할 수도, 자신을 도울 수도 없기 때문이네.

파이드로스　이거 역시 선생님께서 아주 옳게 말씀하셨습니다.

276a　소크라테스　어떤가? 이것의 형제이자 적자인 다른 이야기는 어떤 방식으로 생기며 타고나길 이것보다 어느 정도 더 훌륭하고 더 능력 있는지 볼까?

파이드로스　선생님은 그것을 뭐라고 부르시며 어떻게 생겨나는 것이라고 이야기하시죠?

소크라테스　배우는 사람의 혼에 앎과 함께 글로 쓰이며, 자기 자

---

* 음악의 경우를 비유로 들어, 쓰인 글이 오독되는 경우를 가리킨다.

신을 방어할 능력이 있으면서 그래야 마땅할 사람들을 상대로
이야기하고 침묵할 줄 아는 이야기지.

파이드로스 아는 사람의 살아 있고 혼이 담긴 이야기를 말씀하
시는군요. 글로 쓰인 이야기는 그것의 영상이라고 이야기하는
것이 옳겠고요.

소크라테스 전적으로 그렇다네. 그럼 내게 이에 대해 말해 주게. b
지각이 있는 농부가 씨앗을 염려하고 결실을 맺기를 바라는 사
람들 중 한 사람으로서, 여름에 아도니스의 정원*에 씨앗을 뿌리
며 여드레 동안 그 정원이 아름다워지는 것을 즐겁게 바라보는
것이 진지한 마음에서이겠는가, 아니면—그가 하긴 한다면 말이
지만—그 일을 놀이와 축제를 위해서 하겠는가? 하지만 그는 자
신이 진지하게 대했던 것의 경우에는 농사 기술을 사용할 것이

---

* 아도니스는 시리아의 공주 미르라 또는 스미르나의 아들로 아프로디테의 저
주를 받아 근친상간을 통해 태어났다. 아버지와 근친상간을 범하고 스미르나
가 변한 나무에서 열 달 후에 태어난 것이 아도니스다. 그는 아프로디테의 애
인이 되었으나 멧돼지에게 상처를 입고 죽었다(또는 죽고 나서 그는 1년 중
반은 다시 태어나 아프로디테와 같이 있게 되었다고도 한다). 아프로디테가
그녀의 애인을 기려 거행하게 한 축제가 아도니스 축제이다. 이 축제는 이틀
간 벌어졌고, 여인들만이 참가했으며 시기는 이른 봄이거나, 이 대화편에서
말하듯이 여름이었다고 한다. 이 축제 행사의 일환으로 여인들은 얕은 바구
니나 사발, 또는 사기 조각에다 밀, 보리, 상추, 회향풀 등의 씨를 뿌려 여드
레 동안 날마다 물을 주고 옥상에서 키워 싹을 틔웠다. 하지만 그 싹들은 빨
리 자란 대신 뿌리는 자라지 못했고, 여드레 후에는 정원째로 바다나 강에 던
져졌다고 한다.

며, 제격인 곳에 씨를 뿌려 씨를 뿌린 지 여덟 달 동안에 성숙해지는 것으로 만족하겠지?

c 파이드로스 소크라테스 선생님, 아마 그런 식으로 한 경우는 진지하게, 다른 경우는 말씀하시는 대로 다른 식으로 할 겁니다.

소크라테스 그런데 올바른 것들과 아름다운 것들과 훌륭한 것들에 대한 앎을 가지고 있는 사람이 자신의 씨앗에 대하여 그 농부보다 못한 지각을 가지고 있다고 우리가 말할까?

파이드로스 전혀요.

소크라테스 그러니 그는 진지한 마음에서는 그것들*을 검은 물에** 글로 쓰지 않을 것이네. 자기 자신들을 이야기로 도울 능력이 없고 참된 것을 충분히 가르칠 수 없는 이야기들과 더불어 갈대촉으로 그것들을 씨 뿌려 가며 말일세.

파이드로스 그러지 않는 것이 합당하지요.

d 소크라테스 아니고말고. 하지만 그가 글을 쓸 때면, 글자로 된 정원에 놀이 삼아 씨를 뿌리고 글을 쓸 것이니, '망각의 노년에 이르러'[328] 자신을 위해서도 같은 자취를 따라가는 모든 사람을 위해서도 기억거리를 비축하여 그것들이 여리게 자라나는 것을

---

* 그의 씨앗, 즉 그가 아는 것들, 또는 이야기들.

** '물에다 글을 쓰다(헛된 일을 하다)'는 속담을 중의적으로 이용한 구절이다. 글이 적히는 바탕을 비유하는 '물'에다가 '잉크(먹물)'를 비유하는 '검은'을 붙이는 바람에 다소 어색한 표현이 되었다.

관조하며 즐거워할 듯하네. 다른 사람들이 다른 놀이를 즐겨, 술자리와 그것과 형제간인 다른 것들로 자신들에게 물을 주며 즐길 때, 저 사람은 내가 그것들 대신에 이야기하는 것들과 더불어 놀이하며 시간을 보낼 듯하네.

파이드로스 더없이 아름다운 놀이를 하찮은 놀이에 대비해 이야 e
기하시는군요, 소크라테스 선생님. 이야기들 사이에서 놀 능력이 있는, 선생님이 말씀하시는 정의와 그 밖의 것들에 대해 이야기를 펼치며 노는 사람의 놀이 말이죠.

소크라테스 친애하는 파이드로스, 사실 그건 그렇다네. 하지만 내 생각에 그것들*에 대해 진지할 때가 훨씬 더 아름답게 되는 경우도 있다네. 누군가 변증술을 사용하며 격에 맞는 혼을 얻은[329] 한편, 이야기 쪽으로는 이야기들이 자기 자신들과 자기들 277a
을 심은 사람을 돕기에 충분하고 쭉정이가 아니라 씨앗을 갖고 있어 그로부터 다른 이야기들이 다른 풍토에서 자라 씨앗을 언제나 죽지 않게 만들기에 충분하며, 그 이야기를 가진 사람을 인간에게 가능한 한에서 최대로 행복하게 만들어 주는 그런 이야기를 앎을 동반하여 씨 뿌릴 때는 말이지.

---

* '정의와 그 밖의 것들'을 말한다. 사실 이 구절에 대한 이해는 정의와 그 밖의 것들에 대해서 진지하게 대할 때는 글로 쓰지 않는 것인지, 글로 쓰면서도 다른 사람에게 철학의 씨앗을 심을 때를 말하는 것인지에 따라서 이해가 달라질 수 있다.

파이드로스 그래요, 그것을 훨씬 더 아름답게 이야기하시네
요.[330]

소크라테스 그럼 이 점들에 대해서 동의가 이루어졌으니 이제
비로소 그때 그것들을, 파이드로스, 우리가 분간할 수 있겠군.

파이드로스 어떤 것들 말씀이죠?

소크라테스 바로 그것들에 대해서 알고 싶어서 우리가 여기까지
오게 된 것이지. 뤼시아스가 이야기들의 글쓰기에 관련해서 받
b 은 비난을 어떻게 검토해야 할지, 또 이야기들 그 자체로는 기술
에 의하거나 기술 없이 글로 쓰인 것[331]을 어떻게 검토해야 할지
하는 것 말일세. 자, 이제 내가 보기에 기술이 있는 것과 그렇지
않은 것이 적절히 드러난 것 같네.

파이드로스 보인 것 같기는 한데요, 다시 한 번 어째서 그런지
제게 환기시켜 주세요.

소크라테스 말로 하거나 글로 쓰는 것들 각각에 대하여 누군가
가 참된 것을 보고, 모든 것을 그 자체로 규정할 수 있으며, 규정
하고서는 다시 나눌 수 없는 것에 이르기까지 부류에 따라 나눌
줄 알고, 또한 혼의 본성과 관련해서도 같은 방식으로 꿰뚫어 보
c 고, 각각의 혼에 본성상 들어맞는 부류[332]를 발견하여, 그렇게 해
서 이야기를 확립하고 정돈하여, 다채로운 혼에는 다채롭고 변
화무쌍한[333] 이야기를 해 주는 한편, 단순한 혼에는 단순한 이야
기를 해 주기 전에는, 가르침과 관련해서든 설득하는 것과 관련

해서든 이야기들의 종류를 그 본성의 한계까지는 전혀 다룰 수 없다는 것, 바로 그것이 앞선 모든 말이 우리에게 밝혀 보여 주는 것이지.

파이드로스 그것이야말로 전적으로 그렇게 보였습니다.

소크라테스 이야기들을 말로 하고 글로 쓰는 것이 아름다운지 d 추한지와 관련하여, 그리고 어떻게 되면 그 비난이 정당하게 이야기한 것이 되거나 그렇지 못한 것이 되는지에 관해서는 또 어떤가?[334] 좀 전에 이야기된 바[335]가 밝혀 보여 준 건데 ….*

파이드로스 어떤 것들이죠?

소크라테스 뤼시아스든 다른 누구든, 언젠가 글로 썼든 쓸 것이든, 사적으로 쓰든 공적으로 법을 제정하는 과정에서 정치적인 저술을 하든,[336] 그것에 대단한 어떤 확실성과 명확성이 있다고 생각하는 거라면, 실제로 누가 그렇게 말을 하든 하지 않든지 간에,[337] 그건 글을 쓰는 그 사람에게 비난거리가 될 걸세. 왜냐하면 꿈에서나 생시에서나 정의로운 것과 부정의한 것, 나쁜 것과 e 좋은 것들에 대하여 무지하다는 것은 진실로 비난을 면치 못하는 것이기 때문이지. 군중 전체가 그것을 칭송하더라도 말일세.

파이드로스 물론 그렇습니다.

소크라테스 반면에 글로 쓰인 이야기에는 매 주제에 관련해서

---

* 파이드로스가 말을 끊고 이야기했다.

대단한 장난스러움이 있을 수밖에 없고, 운문으로든 운문이 아닌 것으로든 대단한 진지함에 값할 만한 어떤 이야기가 글로 쓰인 적이 없으며,—음송되는 이야기들이 물음과 가르침 없이 설득을 위하여 이야기되는 데서 알 수 있듯이—말로 이야기된 적

278a 도 없고, 사실은 그것들 중 가장 훌륭한 이야기란 것은 아는 사람들의 기억거리였다고 생각하는 한편, 가르침을 받는 사람들에만, 그리고 배움을 위해 이야기된 것들에만, 그리고 사실상으로 정의로운 것들과 아름다운 것들과 좋은 것들과 관련해서 혼 안에 글로 쓰인 것들에만 확연하고도 완전하며 진지함에 값할 만한 이야기가 있다고 생각하는 사람이 있네. 그는 이와 같은 자신의 이야기들이 적자(嫡子)와 같은 것으로 이야기되어야 한다고, 즉 우선 자신 안에서 발견된 경우에 자신 안에 있는 이야기가,

b 그다음으로는 그 이야기의 소산이자 형제가 되는 어떤 이야기들이 값어치에 걸맞게 다른 사람들의 다른 혼에 함께 뿌리를 내려 자랐다면, 그 이야기가 적자와 같은 것으로 이야기되어야 한다고 생각하는 반면, 다른 것들에는 작별을 고하지. 바로 이런 사람이, 파이드로스, 자네와 내가 그런 사람이 되기를 나와 자네가 기원할 만한 사람인 듯하네.

파이드로스 전적으로 저는 선생님이 말씀하시는 것들을 바라고 기원합니다.

소크라테스 그러면 이제 이야기들에 관한 우리의 놀이가 적절하

게 마쳐진 것으로 하세. 그리고 자네는 뤼시아스에게 가서 우리
둘이 님프들의 샘물이자 무사 여신들의 신전[338]으로 내려가 뤼시 c
아스 및―그런 사람이 또 있다면―이야기들을 엮은 다른 사람
에게, 또 호메로스 및―그런 사람이 또 있다면―밋밋한 시나 노
래의 형태로 시를 지은[339] 다른 사람에게, 세 번째로 솔론 및 정
치적인 이야기의 형태로 그들이 법이라 부르는 저술을 한 사람
들 모두에게 이야기하라고 명한 이야기로부터 우리가 이런 이야
기를 들었다는 사실을 밝히게. 만약 있는 그대로의 참된 것이 어
떠한지를 알고서 그것들을 지었으며, 자신이 쓴 것에 대하여 논
박을 받을 때는 스스로 도울 수 있고, 자신이 글로 쓴 것들이 하
찮다는 것을 스스로 말로 이야기해서 입증할 능력이 있다면, 이
와 같은 사람은 이것들*에서 이름을 따서 불려서는 안 되고, 그 d
가 진지하게 대했던 저것들에서 이름을 따서 불려야 한다는 이
야기 말일세.

파이드로스   그러면 선생님께서는 어떤 이름을 그런 사람에게 붙
이시는지요?

소크라테스   파이드로스, 지혜로운 자라 부르는 것은 내가 보기
엔 과해 보이고 신에게만 적합한 것으로 여겨지네. 하지만 지혜
를 사랑하는 자라거나 그와 유사한 어떤 것이라 부르는 것이 그

---

* 글로 쓰인 것들.

에게 더욱 어울리기도 하고 제격이기도 하겠네.

파이드로스 전혀 엉뚱한 것은 아니네요.

소크라테스 다른 한편 자신이 엮었거나 글로 쓴 것들보다 귀중한 것을 갖고 있지 않아서 오랜 시간 동안 그것들을 엎치락뒤치

e 락하고 서로 붙였다가 떼었다가 하는 사람은 시인이라거나 이야기들의 작가라거나 법안 작성자라고 부르는 것이 정당하지 않겠는가?

파이드로스 물론입니다.

소크라테스 그러니 그것들을 벗에게 말하게나.

파이드로스 그런데 선생님은 어떻습니까? 선생님은 어떻게 하실 겁니까? 선생님의 벗도 지나쳐 버리는 일이 있어서는 안 되니까요.

소크라테스 그가 누구인가?

파이드로스 아름다운 이소크라테스* 말입니다. 소크라테스 선생

---

* 이소크라테스는 기원전 436년에 태어나 338년에 사망한 그리스의 연설문 작성가이며 교육자이자 소피스트라 불렸던 인물로서 당대에 아테네의 고등교육의 자리를 놓고 플라톤과 사상적으로 각축을 벌였던 인물이다. 이소크라테스에 대한 플라톤의 언급은 극히 조심스러워서 그의 이름이 등장하는 것은 플라톤의 대화편 중에 이곳뿐이다. 그러나 『파이드로스』 전반에 걸쳐 그에 대한 암시가 깔려 있다고 볼 수 있으며, 『에우튀데모스』 후반부에는 이소크라테스라고 짐작되는 인물이 소크라테스의 친구인 크리톤과 나누는 대화가 길게 소개되어 있다. 이소크라테스는 본인이 하는 활동이 철학이라고 했다고 하나 플라톤이 그것을 자신의 철학과 같은 것으로 생각했을 것으로는 보이지 않는

님, 선생님은 그에게 무슨 말을 전하시렵니까? 우리는 그를 누
구라고 말해야 할까요?

소크라테스 파이드로스, 이소크라테스는 아직 젊지. 그렇지만
내가 그에 대해 예언하는 바를 말할 용의가 있네.   279a

파이드로스 대체 어떤 것입니까?

소크라테스 내가 보기에는 뤼시아스 주변의 이야기들의 정도에
서 볼 때[340] 본성의 측면은 그가 더 나은 데다가 더욱 고상한 성
품을 겸비하고 있네. 그리하여 나이가 들어 감에 따라 그가 지
금 손대고 있는 동일한 이야기들과 관련해서 지금까지 이야기들
을 만져 봤던 사람들과의 차이가 어른과 아이의 차이보다 더 날
지라도, 더 나아가 그가 그것들에 만족하지 못하고 더욱 신적인
충동이 그를 더 대단한 것으로 이끌고 갈지라도 놀랄 것은 전혀
없네. 여보게, 본성상 그 사람의 생각에는 어떤 지혜사랑이 있기
때문일세. 그리하여 나는 바로 그것들을 여기 계신 신들로부터   b
받아 나의 소년애인 삼아 이소크라테스에게 일러 주겠네. 자네
는 자네의 소년애인 삼아 뤼시아스에게 그것들을 일러 주게.

파이드로스 그렇게 될 겁니다. 그나저나 숨 막히는 더위도 한결
수그러들었으니 가시죠.

다. 그러나 그렇다고 해서 여기 나오는 이소크라테스의 평가가 아이러니를
담고 있다고 볼 필요도 없어 보인다.

소크라테스 여기 계신 신들에게 기도를 드리고 길을 가야 적절하지 않겠나?

파이드로스 물론입니다.

소크라테스 친애하는 판[341]과 이곳의 다른 모든 신들이시여, 저의 내면이 아름다워지도록 허락하소서. 제가 밖으로 가진 모든 c 것이 제 안에 있는 것과 우애 있도록 허락하소서. 제가 지혜로운 자를 부유한 자로 여기게 하소서. 절제 있는 자 말고는 다른 누구도 나를 수도 끌고 갈 수도 없는 만큼의 그득한 황금이 제게 있게 하소서.

파이드로스, 다른 것이 아직 우리에게 필요할까? 내 보기에는 적절하게 기도를 드린 듯하네만.

파이드로스 저도 같이 그것들을 기도 드리는 걸로 해 주세요. 친구의 것은 공동의 것이니까요.

소크라테스 가세.

주석

1 **산책** : 바로 뒤에 나오는 경주로에서 하는 산책이 더 일반적이었다는 문맥에 비추어 보면. 우리말 '산책'이 갖는 한가함의 뜻보다는 걷기운 동(워킹)에 가까운 의미를 갖는 것으로 보인다. 플라톤의 대화편 『에우 튀데모스』에도 두 소피스트가 귐나시온의 경주로를 오가는 장면이 나 온다.

2 **성벽** : 아테네의 성벽은 기원전 460년 메가라의 공격을 방어하기 위해 서 축성되었다. 이후 페리클레스의 제안으로 아테네의 외항인 피레우 스로 이어지는 길을 보호하기 위한 장성이 추가로 축성되기도 하였다. 이 장성은 기원전 404년 스파르타에게 패한 후 화평의 조건으로 철거 되었다.

3 **시간을 보냈거든요** : '시간을 보내다'로 번역한 'diatribein'의 기본적인 의미는 시간을 보낸다는 것이다. 따라서 물질적 생산 활동이 아닌 유희 와 소일에 관련된다. 여기서 더 뜻이 파생되어 명사형인 'diatribē'는 담 론(discourse)과 강의의 뜻도 갖는다.

4 **벗** : 호명으로 쓰일 때는 '여보게'로, 다른 경우에는 '친구'로 번역한 'philos'와 'hetairos'의 차이를 드러내기 위해 '벗'으로 번역하였다.

'hetairos'는 원래 '동료'나 '동무' 정도로 번역할 수 있는 말로서, 주로 취미나 정치적 성향이 비슷한 사람에게 많이 쓰이는 말이다. 파이드로스는 소크라테스도 자신처럼 건강에 관심 있는 것으로 보고 'hetairos'라는 칭호를 선택한 듯하다. 소크라테스는 이에 맞춰 파이드로스를 'phile'('여보게'라고 번역했으나 의미는 '친구')에서 'hetaire(벗이여)'로, 부르는 말을 바꿔 능청스레 대꾸한다(건강에 대한 파이드로스의 관심은 『향연』 176d에도 나타난다). 소크라테스는 268a에서 아쿠메노스가 아닌 그의 아들인 에뤽시마코스를 파이드로스의 벗이라고 말함으로써 이런 동일시를 슬쩍 거부하는 듯 보이기도 한다.

5　아쿠메노스 : 의사. 『향연』에 그의 아들 에뤽시마코스가 등장하는 것으로 봐서 파이드로스보다는 소크라테스와 비슷한 연배인 듯하다. 『향연』 176d에는 파이드로스가 그의 아들인 에뤽시마코스가 해 주는 건강에 대한 조언에 잘 따랐다는 말이 나온다. 뒤의 '활력을 주다'란 말이 의학 용어인 것에서 알 수 있듯이, 의학은 『파이드로스』에서 소크라테스가 비유를 들 때 자주 등장하는 주요 요소이다. 이 점은 건강에 대한 파이드로스의 관심과 밀접한 연관이 있는 것으로 보인다.

6　회랑 길 : 그리스의 체력단련장인 귐나시온에는 야외용 경주로도 있지만, 지붕을 씌운 회랑 아래에도 경주로가 마련되어 있었다. 평상시에는 이 경주로를 오가며 운동을 겸한 산책을 하기도 하고, 날씨가 좋지 않을 때는 달리기를 위해서도 사용되었다고 한다.

7　도시 … 모양이군 : 이 말은 뤼시아스가 자신의 집이 있는 아테네 밖 피레우스 항구를 떠나 아테네 성안에 와 있다는 이야기일 수도 있고, 뤼시아스가 식민도시 투리오이로 갔다가 아테네에 돌아와 있다는 이야기일 수도 있다. 뤼시아스가 투리오이에 갔던 사실과 관련해서는 「작품안내」의 '대화편의 작성 연대' 참고.

8　올림피온 : 본래는 '올림피에이온(Olympieion)'이란 이름으로, '올림피아의 제우스 신전'이라고 한다. '올림피온'은 일종의 오식이지만 많이 사용된다. 이 당시에는 아직 완성되지 않았을 것이고, 기원전 6세기 참주

정 시절에 착공되어 기원후 2세기 로마 황제 하드리아누스 때 완성된 것으로 전해진다. 아크로폴리스 남동쪽에 위치한다.

9 **말** : 'logos'를 여기서는 '말'로 번역했지만, 이 대화편 전체에서는 일관되게 '이야기'로 옮기려고 했다. 동사형인 'legein'은 '이야기하다'나 '말로 이야기하다'로 옮겼다. 상당 부분의 특정 문맥에서는 '이야기'보다는 '연설'이 더 적절한 번역이기는 하나, 플라톤의 의도가 'logos'를 연설술(수사학, rhētorikē)의 좁은 문맥에서가 아니라 더 넓은 문맥으로 이해하는 것이라고 보고 이렇게 옮겼다.

10 **여유** : 'scholē'는 이 문맥에서도 드러나듯이 생업에 종사하지 않는 시간을 말한다. 하지만 '여가'에서 다소 느껴지는 '비어 있는 시간'이라기보다는 '생업이 아닌 다른 일을 하는 시간'이라는 적극적인 의미가 더 강하다. 그런 점에서 미주 3의 'diatribein' 또는 'diabtribē'와 같은 맥락의 의미를 갖는다. 미주 13 참고.

11 **핀다로스 말마따나** : 핀다로스(기원전 518~444)는 보이오티아 출신의 서정시인이다. 그는 올림피아를 비롯한 고대 그리스의 운동 경기 우승자들을 찬양하는 승리찬가를 지은 것으로 유명하다. 인용된 시구는 역시 운동제전이었던 이스트미아 제전의 승리자를 찬양하는 합창가의 첫 연의 일부이다. 그 연을 소개하면 이렇다. "나의 어머니, 황금 방패의 테베여, / 그대의 일을 바쁜 일보다 나는 높이 놓을 것이니."(『이스트미아 찬가』 1. 2) 이 시에서 '바쁜 일(ascholia)'은 핀다로스가 먼저 맡은 일(델로스의 아폴론 신을 기리는 합창대 공연을 위한 시)을 가리킨다. 핀다로스는 이 일보다 자신의 고향 테베의 어떤 사람을 위한 승리찬가를 먼저 짓겠다는 이야기를 이 시에서 하고 있다. 이 시의 전후 맥락에 관한 자세한 이야기는 『초기 희랍의 문학과 철학』[프랭켈(2011), 김남우 옮김] 800쪽 참고.

12 **자네** : 번역으로는 같지만 '자네'로 번역한 말은 사본에 따라 다르다. OCT는 인용된 핀다로스의 원사본에 가깝게 하려고 소수 사본을 따라 'teēn'을 선택했지만, 플라톤이 종종 그러듯 플라톤의 인용 자체가 정

확한 것이 아니라고 본다면, BT 사본에 있는 'sēn'을 선택하는 것이 더 합리적이라고 봤다.

13 일 : '일(ascholia)'은 바로 위의 '여유(scholē)'와 대비되는 말이다. 말 그 대로는 '여유가 없음'이 'ascholia'의 뜻이고, 'scholē'는 게으름을 피우 는 것이 아니라(따라서 적극적인 활동과 대비되는 말이 아니라), (당장의) 필요를 위한 활동에 대비되어 그 자체로도 가치를 갖는 활동을 말한 다. 따라서 'ascholia'는 직업, 생계, 공무, 또한 교육(paideia)이나 놀이 (paidia)와도 구별해야 한다. 바커(E. Barker)의 아리스토텔레스 『정치학』 번역(1947) 323~384쪽 참고.

14 치리라 : 반과거로 수정한 OCT를 따르지 않고 원래 사본인 미래형을 따른 클라우디오 모레스키니(C. Moreschini, 1985)의 뷔데 판본을 받아 들였다(poiēsasthai → poiēsesthai).

15 기쁨을 주어야 한다 : 'charis' 계통의 말들은 다 '기쁨'을 넣어서 번역했 다. 'charis'는 '기뻐하다'란 뜻의 'chairō' 동사와 어근을 같이하는 말이 다. 대상 쪽으로는 대상이 갖는 매력, 아름다움, 우아함 등의 뜻을 갖 고, 행위자나 행위의 수용자 쪽으로는 호의, 은혜, 친절, 선의(행위자 가 갖는 감정), 감사, 보은(행위의 수용자가 갖는 감정)의 뜻을 갖는다. 그 런데 먼저 알아 두어야 할 것은 행위자와 행위의 수용자가 갖는 감정이 일방적이 아니라 쌍방의 것이고, 정확히는 감정만이 아니라 감정의 결 과까지도 포함한다는 점이다. 그래서 다른 사람에게 카리스를 준다는 것은 두 가지 의미를 갖는다. 행위자 쪽에서는 다른 사람에 대한 호의 등을 갖고, 그에 따라 어떤 행동을 하는 것까지가 포함되고, 받는 쪽에 서는 자신이 받은 호의와 그에 따른 행동에 의해 고마움을 느끼고 그 감정의 결과로 보답의 행위를 하는 것까지 포함된다. 물론 문맥에 따 라 감정과 행동이 구별될 때도 있지만, 일차적으로 이 두 가지는 서로 자연스레 연결된다. 알아 두어야 할 두 번째 것은 행위자가 다른 사람 이나 대상에게 갖는 호의가 오늘날 우리가 '호의'란 말로 이해하는 것 과는 다른 의미를 갖는다는 점이다. '순수한 호의'라는 말이 있듯이 '호

의'는 대상에게서 받는 것 없이도 성립된다고 보지만, 카리스는 대상이 갖는 매력 때문에 생기는 것이다. 세 번째로는 이 카리스가 흔히 '쾌락'이나 '즐거움'이라 번역되는 '헤도네(hēdonē)'와는 구별되는 즐거움이라는 점이다. 이 기쁨은 인생의 절정기에 있는 젊음과 그 행위에서 오는 것이다. 대상 쪽에서 말하면, 만개한 꽃이 갖는 아름다움이요, 이것에서 받는 기쁨이 바로 카리스다. 이런 특별한 의미의 기쁨으로부터 카리스는 좀 더 좁은 의미에서 '사랑을 하는 이(erastēs)'와 '사랑받는 이(paidika, erōmenos)' 사이에서 성립하는 관계에 적용된다. 이 경우에 사랑을 하는 이는 사랑받는 이가 갖는 카리스(아름다움, 매력)에 호감(카리스)을 갖고 그에 끌려 그의 환심(카리스)을 사려고 그에게 어떤 행동과 물질적인 선물(카리스)을 주고, 사랑을 받는 쪽에서는 사랑을 하는 이가 주는 호감과 그에 따른 행동과 선물(카리스)에 대한 감사와 보답(카리스)으로서 성적(性的)인 행위(카리스)를 감수하게 된다. 플라톤이 이 대화편에서 주목하는 것은 구체적으로는 바로 이 사랑하는 사람과 사랑받는 사람 사이에 성립하는 상호적이지만 불균등한 카리스이다. 그러나 안타깝게도 이런 복합적인 의미와 상호성을 살릴 우리말을 찾지 못하여, 특별한 경우가 아닌 한 카리스 계통 단어에 공통된 '기쁨'을 핵심으로 삼아 이 계통 말들을 일관되게 번역하려고 하였다. 카리스에 대한 자세한 설명은 LSJ(1961)의 'charis' 항목과 맥라클란(MacLachlan, B., 1993)의 Introduction 참고.

16 도시스럽고 : '세련되다'라고 하면 더 자연스러운 번역이 되겠지만, 앞으로 대화가 벌어질 장소인 도시 바깥의 시골과 대비시키기 위해, 이 번역어를 택했다.

17 무섭도록 능수능란하다는 : 'deinos'는 기본적으로 '무섭다'라는 뜻에서 출발해서 '강력하다', '이상하다', '영리하다', '능수능란하다'란 뜻을 다 갖는다. 플라톤은 이 말을 소피스트에게 자주 사용하는데, 늘 부정적인 어감을 가미해서 사용한다. 그럴 수 있는 이유는 이 말에는 '무섭다'란 어감이 늘 동반되기 때문이다. 따라서 영리하거나 능수능란하더라

도, 그것은 언제나 무섭고 두렵고, 따라서 걱정스러운 형태의 영리함이거나 능수능란함이다. 이 대화편에서 이 말은 여러 문맥에서 사용되면서도 이런 기본적인 어감을 유지하고 있지만 우리말로는 한 낱말로 옮길 수가 없어서 여러 단어로 옮겼다. 다만 동일한 단어라는 어감을 느낄 수 있도록, 가급적이면 '무섭다'란 말을 넣어서 번역하였다.

18 **속속들이 알고서** : 글자 그대로 번역해서 '속속들이 알다'라고 했지만, 이 말은 '외우다'란 뜻도 같이 갖고 있는 말이다. 외우는 것을 속속들이 아는 것과 연관 짓는 이런 사고방식은 이후에 전개되는 문자 비판과 연관해서 이해해야 할 대목이다.

19 **익히러** : '익히다'로 번역한 'meletan'은 '돌보다', '관심을 두다', '탐닉하다' 등의 뜻을 갖고 있지만, 특히 '연설연습을 하다'란 뜻도 있다. 연설연습은 암기의 과정을 포함하기 때문에 이것 역시 앞의 '속속들이 알다'와 마찬가지로 문자 비판의 내용과 연관되는 말이다.

20 **병에 걸린** : 물론 여기서 '병에 걸렸다'란 말은 비유적인 표현이다. 이 대화편 전체에 걸쳐서 '병에 걸리다'란 말의 비유적 의미는 '어떤 것에 대한 지독한 사랑을 갖고 있다'란 뜻이며, 이것은 또 다른 비유적 표현인 '광기를 갖다'와 '~에 미쳤다'란 것과 같은 표현이다.

21 **보고서는** : OCT는 'idōn men, idōn'으로, 모레스키니 판은 'idōn men'으로 되어 있다. 이 번역은 모레스키니를 따랐다.

22 **같이 열광할** : '같이 열광하다'로 번역한 'synkorybantian'은 원래 '코뤼바스들의 흥청거림에 합류하다'란 뜻으로 고전기 그리스 문헌에는 플라톤의 이 대화편에만 나오는 말로서, 플라톤의 조어로 보인다. 코뤼바스는 프리기아의 여신 퀴벨레를 섬기는 사제를 말한다. 플라톤의 『에우튀데모스』에는 이 사제들의 입문제의와 치유방식을 소피스트의 논변에 비유하는 대목이 나온다. 이에 따르면 코뤼바스들은 자신들의 종교에 입문하는 자를 위한 제의나 정신적 질환을 앓는 자를 위한 치유제의에서 가무와 놀이를 펼쳤다고 한다. 특히 이들의 치유제의는 정신질환이 특정한 신에 의한 것으로 보고, 특정한 가무에 병자가 반응하면,

그 특정한 가무에 대응되는 신에 의한 질환으로 보고, 그 신에게 제의를 바치는 것으로 치유를 했다고 한다. 『파이드로스』에는 이 코뤼바스 말고도 디오뉘소스 종교의 제의에 대한 내용과 엘레우시스 종교의 입문 제의 등도 비유의 목적으로 같이 등장하는데, 모두 종교적 열광과 관련된다. 코뤼바스에 대한 자세한 설명은 린포드(Linforth, I. M., 1946)와 도즈(E. R. Dodds, 2002) 77~80쪽 참고.

23 **사랑하는 자** : 이 말은 앞에서 '사랑을 하는 이'라고 번역한 말과 같은 'erastēs'이다. 이 말은 이 대화편에서 일반적으로 그리스의 동성애 풍속에서 나이 많은 쪽을 일컫는 말이지만, 이처럼 사람이 아닌 대상에 대한 열정과 관심을 가진 사람을 일컫기도 한다. '애호가' 정도가 문맥에 맞는 번역이겠지만, 일관성을 위해 '사랑하는 자'라고 하였다.

24 **속속들이 배운** : 228b의 '속속들이 알다(ex-epistanai)'란 말에서도 나타나듯이, '속속들이 배우다(ex-manthanein)'에서 '속속들이'라고 풀어서 번역한 접두어 'ex'는 이 문맥에서 '암기하다'란 뜻을 함축한다.

25 **좋아하긴 하지만** : '사랑하다(eran)'란 말과 함께 애정을 나타내는 대표적인 그리스어 낱말이 '좋아하다(philein)'이다. 일반적으로 '사랑하다'는 사랑하는 이와 사랑받는 이 사이의 불균등한 관계를 포함하지만(227c의 각주 참고), '좋아하다'는 부모와 자식 간, 형제간, 친구지간이나 한 나라의 시민들 상호 간의 균등 관계를 포함한다. 이 대화편에서는 이 단어가 '사랑(erōs)'의 단계로 가기 전에 사랑하는 이와 사랑받는 이가 맺을 수 있는 더 포괄적인 단계를 지칭하는 것으로 사용된다(231c, 241d 등 참고).

26 **항복!** : 뒤의 '훈련한다'는 말과 연결해 레슬링 선수가 항복을 선언하는 상황과 연결 짓는 말이다.

27 **읽어 드리는 게** : '읽다'라고 번역한 'anagignōskein'은 일차적으로 '다시 알다'란 뜻이다. 이렇게 뜻이 연결되는 이유는 써 놓은 것을 읽음으로써 되살려 내고 이해하게 된다는 생각에서일 것이다. 그러나 이 두 가지 뜻이 연결되는 과정에는 고대 그리스 문화의 독특한 사정이 결부된

다. 당시에 읽는 행위는 소리 높여 읽는 것을 말하지, 오늘날처럼 묵독을 의미하지는 않았다. 그리고 당시 그리스 책자는 띄어쓰기가 되어 있지 않았다. 따라서 글자만 읽어서는 뜻이 해독되지 않고 소리 내어 읽어야만 뜻이 이해될 수 있었다. 오늘날 우리가 철자를 틀리더라도 말로는 얼마든지 의사소통을 하는 사람들을 생각해 보면 알 수 있다. 그렇기 때문에 고대 그리스에서 읽는다는 것은 그야말로 다시 아는 일이었다. 그래서 읽어 주는 사람은 글로 쓰인 것을 살려 내기 위한 도구가 된다. 그래서 스벤브로(J. Svenbro)는 『읽는다는 것의 역사』 1장 「고대기와 고전기의 그리스—묵독의 발명」에서 고대 그리스에서 읽는 행위가 동성애 관계에서 사랑받는 이의 역할에 비유되었다고 주장한다. 당시의 동성애 문화에서 사랑받는 이 역시 사랑을 하는 이의 쾌락을 위한 도구 역할을 했기 때문이라는 것이다. 스벤브로의 관점은 『파이드로스』에서 플라톤이 왜 그리스의 동성애 문화와 문자 문화를 나란히 놓고 고찰하는지에 대한 중요한 관점을 제시해 주는 것으로 보인다. 자세한 내용은 샤르티에(2006) 1장 참고.

28 일리소스 강 : 그리스 원문에는 일리소스에 정관사가 붙어서 이 지점이 일리소스 강으로 빠지는 곳으로 잘 알려진 지점임을 표현한다. 원래 파이드로스의 길이 성 밖으로 가는 길이었고, 메가라로 간다는 농담도 나왔으니 이게 가능한 길이고 지점이려면, 디오메이아 성문이거나 이토니아 성문으로 나와서 만나는 지점인 듯하다. 자세한 내용은 이 책 254쪽의 지도를 참고할 것.

29 선생님이야 늘 그렇잖아요 : 소크라테스가 평소 맨발 차림인 것은 플라톤의 『향연』 174a, 아리스토파네스의 『구름』 103, 362, 크세노폰의 『소크라테스 회상』 1권 6장, 2절 참고.

30 플라타너스 : 버즘나무과에 속한다. 학명은 Platanus Orientalis. 수관(樹冠 : 잎과 가지가 모여 난 곳)이 넓다(platys)는 뜻에서 이런 이름이 붙었다고 한다. 플라톤의 이름이 이 뜻(어깨가 넓다)에서 왔다는 설(디오게네스 라에르티오스의 『유명한 철학자의 생애와 사상』 3권 4절)이 있다. 높이가 크

게는 30미터에 달하고 수관이 넓어 시원한 그늘을 제공한다. 고대부터 그리스에는 해안에서 산지까지 폭넓게 퍼져 있었다. 코스 섬에는 히포크라테스가 제자들에게 강의했던 그늘을 제공한 플라타너스가 아직 있다고 한다.

31 **마음을 끌고** : 카리스의 형용사형인 'charieis'는 이 대화편에 세 번 나온다. 이곳 229b와 230b, 그리고 229d이다. 앞의 둘은 냇물과 샘에 대한 형용이고, 229d는 이야기에 대한 형용이다. 카리스 계통 단어를 '기쁨'을 기초로 해서 번역하겠다고 했지만, 이 형용사들은 그렇게 해서는 문맥에 너무 안 맞아 달리 번역했다. 227c의 주석(미주 15)에 나오듯 이 형용사들은 대상이 갖는 성질을 나타내는 것이다. 이것은 나중에 로마의 키케로에 의해 여성적인 아름다움을 나타내는 'venustas'(Venus 여신에 속하는 아름다움이란 뜻)로 번역되고, 그것이 다시 영어로는 'grace(우아미)'로 번역되는 말인 것은 알아 둘 필요가 있다. 그러나 여기서는 바로 우아미의 뜻은 아닌 것으로 보아서 중립적인 번역인 '마음을 끌다'를 택했다. 문맥에 따라서는 '매력적인'이란 번역도 가능하지만, 일관성을 살리려고 했다. 번역어로 채택하지는 않았지만, 맥라클란(1993)이 아름다움으로서 카리스의 특징은 반짝임이라고 한 것도 참고할 만하다 (34쪽 이하).

32 **아그라의 지역** : 아그라는 일반명사로는 사냥꾼이다. 사냥의 여신인 아르테미스의 별칭으로 '처녀 사냥꾼'이란 뜻으로 쓰인다. 이곳은 아티카 (아티케)의 데모스 가운데 하나로서 아르테미스의 사당이 있었다.

33 **보레아스의 제단** : 앞에서 언급한 페르시아 해군을 괴멸시킨 보레아스에게 보답하기 위해 아테네인들이 세운 것으로 전해진다(헤로도토스의 『역사』 7권 189 참고). 이와 같은 일이 페르시아전쟁 중에 아토스 곶에서도 있었다(같은 책, 6권 44장). 파우사니아스의 『그리스 여행기』 1권 19장 6~7절에는 그가 방문할 당시 이곳에 무사 여신들의 제단이 둑에 있었고, 아르테미스의 신전도 있었다고 한다. 이곳에 아르테미스의 신전이 있는 이유는 그녀가 출생지인 델로스에서 나와 이곳에서 처음 사냥

을 했기 때문이라고 한다. 이곳은 일리소스 위의 언덕이고 강둑으로 곧장 뻗어 있었다고 한다.

34 지혜로운 자들 : 이들은 소크라테스와 플라톤의 시대에 활동했던 소피스트들을 가리킨다고 볼 수 있다. '소피스트'라는 말 자체가 '지혜롭다'는 말에서 연유했으나, 이들은 뒤에도 나오듯이 진정한 지혜가 아니라 헛된 꾀를 부리는 자들이라고 소크라테스는 보고 있다.

35 파르마케이아 : 229b의 각주에서도 밝혔듯이 이 납치 전설은 플라톤 이전에 이런 형태로 전해진 것은 없고, '파르마케이아'라는 이름조차 전해지지 않는다. 케레니(K. Kerényi)에 따르면 오레이튀이아는 '여러 산들을 돌아다니는 여자'를 의미하고, '파르마케이아'는 '여자 마법사'를 뜻한다고 한다[케레니(2002), 361쪽 참고]. 사실 '파르마케이아'는 일반명사로 '약의 사용'이라는 말이다. 고대 그리스에서 '약(phamakon)'은 동시에 '독(毒)'이라는 뜻도 갖고 있으며 주술의 의미도 갖고 있다. 파르마케이아가 님프인지 오레이튀이아의 시녀인지가 분명히 밝혀져 있지 않지만, 이곳에 님프들의 신전이 있다는 230b의 언급으로 미루어, 님프로 볼 여지도 있다.

36 지혜를 발휘하여 : 소피스트들이 신화를 일상 경험에 비추어 합리적으로 해석한다는 말이다.

37 아레이오스 파고스 : 통상 아레오파고스라고 한다. '아레스의 언덕'이라는 뜻이다. 아크로폴리스의 서북쪽에 있으며, 고대에는 이곳에서 최고 회의가 열려 중범죄와 국가적인 문제를 논의하기도 했다. 이런 이름이 붙여진 까닭은 아레스가 이곳에서 저지른 살인 사건에 대한 신들의 재판이 바로 이곳에서 열렸다는 전설 때문이다.

38 마음을 끈다고 : '매력적이라고' 하면 문맥에 더 잘 맞겠지만, 일관성을 위해 이렇게 번역했다.

39 그 반대로 … 이유에서일세 : 229c 중간에서 시작된 이 대목에서 플라톤은 신화를 합리적으로 설명하려는 소피트스 식의 노력을 비판하면서, 설명해야 할 것이 너무 많다는 것을 이유로 들고 있다. 플라톤이 『국가』

386d~e에서 아이들은 우의(寓意)를 알아듣지 못하기 때문에 신화를 우의적으로 해석하거나 창작해서는 안 된다고 지적하고 있는 점도 참고할 만하다.

40 **그럴듯한 것** : 'eikos'는 '~과 닮았다'란 기본적인 뜻에서 파생해서 '그럴듯하다', '합당하다', '그러기 쉽다', '일리 있다'란 뜻을 갖는다. 닮음의 대상이 되는 것이 참된 것일 때, 'eikos'는 닮긴 했으나 참은 아닌 것, 그래서 그럴듯하고 일리 있어 보이기는 하지만, 부족한 것이란 뜻을 갖는다. '모상'으로 번역하는 'eikōn'도 동근어(同根語, 같은 뿌리에서 나온 말)이다. 이 번역에서는 번역의 일관성을 위해서 주로 '그럴듯하다'로 번역하였으나, 문맥이 정 맞지 않는 몇 경우에는 다른 번역어를 택했다.

41 **헤라에게 맹세코** : 아테네 여인네들이 맹세할 때 자주 쓰던 표현이었다고 한다. 플라톤의 대화편이나 크세노폰에서는 늘 찬탄의 표현 앞에 나온다고 한다.

42 **헤라에게 … 참 아름답기도 하지** : 229a에서 길을 벗어나 일리소스로 접어들면서 플라톤은 그리스의 서정시에서 나오는 장면과 장소들을 많이 등장시킨다고 하는 해석이 많이 있다. 냇물, 꽃을 따는 처녀(오레이튀이아), 바람, 차가운 물, 풀밭 등이 그것이다. 특히나 파이드로스가 뤼시아스의 이야기를 읽어 주는 이 장소는 그리스의 여류 시인 사포의 단편 2의 묘사와 유사한 측면이 있다. 사포는 235c에 바로 그 이름이 등장하는데, 그 이름이 나오기 전에 이미 사포와 아나크레온과 같은 서정시인들의 시를 연상시키는 장소를 미리 복선으로 깔아 두는 것이라는 이 해석은, 그리스 서정시인들의 주제가 바로 이 대화편의 주요 주제인 사랑(erōs)인 것을 생각하면, 의미 있는 해석이다. 자세한 내용은 펜더(E. E. Pender, 2007) 참고. 사포의 시는 김헌(2004), 73쪽 참고.

43 **풀목향** : 학명은 Vitex agnus castus(순결한 어린양 버드나무). 일반적으로는 서양순비기나무(chaste-tree), 정조목이라고 번역한다. 우리 순비기나무의 학명은 Vitex rotundifolia이다. 그러나 우리 것은 주로 바닷

가 모래밭에 자란다. 데메테르 여신을 기리는 테스모폴리아 축제 시기에 정결을 지키기 위해 침대 주변에 이 가지들을 뿌려 놓았다는 이야기도 전한다(플리니우스 『자연사』 14권 38장). 중세 때는 수도사들이 정욕을 정화하기 위해 이 나무를 주변에 심었다고도 한다. 향이 강한 허브 식물이고 연보라색 꽃이 다발로 피며 크기는 2미터가량까지 자란다고 한다. 비슷한 우리말로는 마편초과의 식물, 서양순비기 또는 순비기, 풀목향, 좀목형 등이 있다. 이 가운데 어감이 어울려 보이는 번역어를 선택했다.

44 **내 발로 … 말이야** : OCT는 이 부분을 사본에 따라 'hōste ge'로 읽는다. 이 경우 이 부분은 "그래서 내 발이 그렇게 판정한다."가 된다. 그러나 문맥에는 모레스키니 판이 선택한 'hōs ge'가 맞는 것으로 보고 수정본을 따랐다.

45 **약** : 앞의 229c에서 파르마케이아가 약을 다루는 님프일 수 있다고 했는데, '약(藥)'이 바로 그리스어로 '파르마콘(pharmakon)'이다. 이 말은 이후 270b에서는 사람의 몸을 낫게 하는 약으로서, 274e~275a에서는 기억의 약으로서 글자를 가리키는 말로 나온다. 뤼시아스의 연설을 빗대고 있는 이곳의 '약'이라는 표현이 이후 연설술과 문자 비판에 대한 중요한 용어로 사용된다는 사실을 기억해 둘 필요가 있다. 아울러 동양 의학에 '약이 곧 독이라'는 말이 있듯이 '파르마콘'은 독이라는 뜻도 갖고 있으며, 원시적인 의술 단계에서는 주술이라는 뜻도 갖고 있음도 기억해 둘 만하다.

46 **그럼 들어 보시죠 … 있다면 물어봐** : 여기서부터 234c까지 이어지는 이른바 뤼시아스의 연설이 진짜 뤼시아스의 작품인지, 또 왜 플라톤이 뤼시아스의 작품을 비판하는지에 대해서는 「작품 안내」를 참고하기 바람.

47 **저들** : 이 이야기 속의 소년을 사랑하는 사람들.

48 **그렇지 않은 사람들** : 애초에 사랑에 빠지지 않은 사람들.

49 **응분의 기쁨** : 미주 15에서 설명했듯이 동성애 문화에서 사랑을 하는 이는 사랑받는 이에게서 육체적 기쁨(charis)을 제공받는 대신 그에게 대

개 물질적인 기쁨(charis)을 제공한다. 이런 관계는 사랑을 하는 이가 연애 관계를 끝내는 시점에서는 받은 만큼의 기쁨에 대한 대가를 치렀는지를 따지는 관계로 전환된다고 지금 플라톤은 말하고 있는 것이다.

50 **일가친척들과의 불화를 탓하는 일도 없지** : 이 부분은 구문이 애매하여 번역이 나뉜다. 대부분은 "일가친척과 불화한 탓을 사랑받는 이에게 돌린다."로 번역했으나, 로우(C. Rowe)와 하이취(E. Heitsch)는 "일가친척과의 불화를 핑계로 내세운다."로 번역했다. 문맥으로 봐서는 연인과 헤어지는 마당에서 헤어짐의 이유를 이런 데로 돌린다고 이해할 수 있으나, 뤼시아스(또는 뤼시아스를 위장한 플라톤)가 이 대화편에서 의도적으로 애매하게 표현하는 부분들이 많기 때문에, 원문의 애매성을 살려 번역하였다.

51 **좋은** : '좋은'으로 옮긴 'agathos'는 '좋은'으로도 '훌륭한'으로도 옮길 수 있는 말이다. 그러나 넓은 문맥에서 보면, 그리스인에게 훌륭한 것은 좋기 때문에 훌륭한 것이다. 다시 말해 도덕적인 훌륭함 이전에 자연적인 좋음이 앞선다는 말이다. 다만 이 문맥에서 '좋은'은 우리말이 가질 수 있는 또 다른 뜻인 '네가 좋아하는'이라는 뜻은 아니다.

52 **우애** : 227c의 각주에서 밝혔듯이, 그리스의 동성애 문화에서 사랑받는 이는 사랑을 하는 이에게 에로스(사랑)의 감정을 가지면 안 되었다. 대신에 그가 가질 수 있는 것은 부모나 형제, 친구들에게 갖는 우애(philia)의 감정이었다. 255e에도 나오듯이, 당시에는 '마중사랑(anterōs)'이라고도 불렀다.

53 **더 나아가 … 과시하기 쉬워** : 그리스어 원문 구조는 원래 조건절과 귀결절의 가정법 형태로 되어 있다. 이것을 직역하면 '더 나아가 … 두려워한다면, … 과시하기 쉬워'가 된다. 그러나 문맥상 조건과 귀결의 내용이 인과관계를 갖고 있지 않아 구문 그대로 번역하면 쉽게 이해되지 않아서, 제안의 형태로 하였다. 그러나 서구의 번역 중에는 조건문의 형태를 그대로 살린 것도 있고, 그것이 이 이야기에 자주 드러나는 의도적인 애매모호한 구문 구조로 이해할 수도 있다는 점은 알아 둘 만하다.

54 **누르고** : 앞의 231d의 '지배하다(kratein)'와 이곳의 '누르다(kreittōn)'는 각기 동사와 비교급 형용사이지만, 어원은 같다. 둘 다 '자기 자신'을 목적어로 받을 경우에, '자제하다'란 뜻을 갖는다. 문맥에 맞추고 우리 말의 자연스러움을 위해 각기 달리 번역했으나, 같은 의미의 말이라는 것은 알아 둘 필요가 있다.

55 **가장 좋은 것을 선택** : 뤼시아스의 것으로 되어 있는 이 이야기에 소크 라테스가 즐겨 쓰는 말들이 나오고 있다는 것은 주목해 볼 필요가 있 다. 예컨대 231d에 나오는 '제정신이다(sōphronein)', '사리 분별을 하다 (phronein)', '자기 자신을 지배한다(kratein)', 232a의 '자신들을 누르다 (kreittōn)', '가장 좋은 것(to beltiston)을 선택하다'란 말 등은 모두 소크 라테스가 평소에 자신의 욕망을 이기고 겉보기에 좋아 보이는 것이 아 니라 진실로 좋은 것을 찾아야 한다는 요지의 말들을 할 때, 자주 쓰는 말들이다. 이 이야기가 뤼시아스의 것이라고 하면, 지금 뤼시아스는 소크라테스의 철학을 통속화시켜서 젊은 아이를 꾀고 있는 것이다.

56 **욕구가 이루어졌거나** : 사랑을 하는 이가 사랑받는 이에게 품는 성욕이 충족된다는 말이다.

57 **훌륭함** : '훌륭함'이라 번역한 'aretē'는 '덕'이라고 번역되는 말이다. 그 러나 이 대화편의 맥락에서는 도덕적인 의미보다는 더 넓은 의미를 갖 는다고 보아 '훌륭함'으로 번역했다. 그러나 플라톤은 이 말에서 '덕'의 의미가 배제되기보다는 '훌륭함' 안에 포함되는 것으로 이해되길 바랐 을 것이다.

58 **부러워하기보다는** : 여기서 부러움의 대상은 사랑을 하는 사람들이 사랑 을 한다는 사실이 아니라 사랑을 하는 사람의 지적 능력 등의 것이다. 그러나 정작 사랑을 하는 사람들은 사랑에 눈이 멀어 지적 분별력이 떨 어져 부러움의 대상이 되지 못한다는 것이 이 문장의 맥락이다.

59 **반면에** : 이후 내용과 대비되는 상황은 233a 6행의 '저들은'으로 시작되 는 상황이다. 그 앞 문장과 '저들은' 문장 사이에 내용 연결을 위해 문구 를 삽입한다면 '그렇지 않고 네가 저들의 말을 듣는다면, (저들은) … '이

될 것이다.

60 가장 큰 기쁜 마음 : '기쁜 마음'은 앞에서는 줄곧 '기쁨'으로 번역한
'charis'를 번역한 것이다. 227c의 주석(미주 15)에서 밝혔듯이 'charis'와
관련된 그리스 문화에서 누군가에 주는 것도 기쁨(charis)이고, 그것을
받고 답례로 주는 것도 기쁨(charis)이다. 그리고 답례로 주는 것이 대
상이 아닌 마음으로 내면화되면, 그것이 '감사(charis)'가 된다. '감사하
는 마음' 정도로 번역해도 되지만, 'charis'와의 연관을 살리기 위해 이
렇게 번역했다. 이렇게 해야 'charis'를 받고도 줄 것이라고는 감사하는
기쁜 마음(charis)밖에 없는 빈궁한 처지와 대가를 기대하고 'charis'를
주는 사랑받는 이의 입장이 잘 대비되리라 보았기 때문이다.

61 사랑을 하는 사람들이 : 모레스키니를 받아들여서 'prosaitousi'가 아니라
'erōsi'로 읽었다.

62 왜냐하면 … 그게 … 불가능하니까 : 이 문장은 원문 자체가 애매하고 꼬
여 있어 언뜻 그 뜻이 잘 이해되지 않는다. 사랑을 하지 않는 사람 모
두에게 기쁨을 주라는 것은 아니라는 주장의 이유로 저자는 '받는 사
람 입장에서는 모두가 다 같이 받는 기쁨에 대해서 그 기쁨에 동등한
감사의 표시(charis)를 해야 할 이유를 느끼지 못하고, 주는 사람 입장
에서는 모든 사람에게 기쁨을 주되 다른 사람들은 모르게 주고자 한다
면, 그건 모두에게 대놓고 기쁨을 주고서도 동등한 감사의 표시를 되돌
려 받기를 기대하는 것과 마찬가지로 불가능한 일이다'라고 밝힌다. 이
렇게 풀어쓸 수 있는 이 문장이 어려운 이유는 첫째, '감사의 기쁨'이라
고 번역한 'charis'가 여러 번 말했듯이 '일차적으로 주는 기쁨'과 '이미
받은 기쁨에 대한 답례로 주는 기쁨'이라는 이중적인 의미를 갖고 있
는 데다가 '받는 사람 편에서'란 말이 그것과 묶여 애매하기 들리기 때
문이다. 또한 대구가 되는 다음 문장도 원문은 '다른 사람들 모르게 (주
다)'란 말만 있어서 그대로는 이해가 안 되고, '동등한 감사의 표시를 받
지 못할까 봐'란 말을 앞의 문장에서 읽어 와야 이해가 가능한 말이 되
는 탓이다.

63 환희에 찬 듯이 : 이 말은 '파이드로스(phaidros)'란 이름이 '환희에 찬'이
  라는 뜻을 갖도 있다는 것을 염두에 둔 말장난이다.

64 자네, 신들린 그대 : 모레스키니의 독법을 따라 'meta sou'와 'tēs theias'
  사이에 쉼표를 넣어 읽었다.

65 디오뉘소스적 열광에 합류하게 되었네 : 229b에 나오는 '같이 열광할'과
  같은 의미의 말이다. 이 말의 의미에 대해서는 229b의 해당 주석(미주
  22) 참고. 229b에서는 파이드로스가 뤼시아스의 이야기에 같이 열광할
  사람을 찾았는데, 뤼시아스의 이야기가 끝난 무렵에 소크라테스는 기
  어코 같이 열광하고 말았다는 말을 한 것이다. 그러나 뤼시아스의 이야
  기 내용이 계산적인 사랑의 자세를 보여 주는 것을 감안하면, 이 열광
  이 마냥 진심인 것으로는 보이지 않는다.

66 연설적인 : 여기서 '연설적인 면'이란 것은 맥락상 '연설의 형식적인 측
  면', 즉 앞에서 소크라테스가 말한 어휘의 측면을 말하는 것으로 보인
  다. 그런 점에서는 'rhētorikos'란 말이 일반적으로 번역되듯 '수사학적'
  이란 말이 '문체를 다듬는 학문에 맞는'이란 뜻을 갖는다는 점에서 적
  절한 번역으로도 보인다. 그러나 이 대화편 전체를 통해서 알 수 있듯
  이 'rhētorikos'는 '수사학'이란 말에서 풍기는 '문체를 다듬는 학문'이란
  의미에 국한되지 않고, 오히려 현장에서 생생하게 말로써 전달되는 '연
  설'에 더 비중이 있는 말이다. 워낙 '수사학'이란 번역이 널리 알려져 있
  긴 하지만, 적어도 이 대화편의 맥락에서는 '연설'에 비중이 가야 하기
  때문에 'rhētorikos'는 '연설적인' 계통의 말로 번역했고, 여기서 나온
  'rhētorikē'란 말 역시 '연설술'로 번역했다.

67 사실은 그래서 말인데 : 톰슨(W. H. Thomson)과 프리스의 제안을 받아들
  여 'kai dē oun'으로 읽었다.

68 아름다운 사포나 지혜로운 아나크레온 : 각 시인의 앞에 붙은 '아름다운'
  과 '지혜로운'은 시인이나 소피스트 등에 잘 붙는 별칭이다. 따라서 실
  제로 사포가 아름답거나 아나크레온이 지혜롭다고 플라톤이 적극적으
  로 주장하는 것으로 볼 필요는 없다.

69 산문작가 : 사실을 모아서 글을 쓰는 역사가를 가리키는 표현에서 확장
된 말이다. 앞의 사포와 아나크레온 같은 시인들과 대비된다.

70 어쩌면 … 모르겠지만 말이지 : 사포와 아나크레온 등 『파이드로스』에서
언급되거나 또는 언급되지 않은 서정시인들의 시가 『파이드로스』에서
갖는 의미에 대해서는 「작품 안내」를 해설을 참고할 것.

71 아홉 명의 … 약속합니다 : 아테네의 최고관리(archōn)는 총 아홉 명이
고, 이들은 임명될 때, 법을 어길 시에는 황금으로 된 인물상을 봉
헌하겠노라고 맹세했다고 한다(아리스토텔레스의 『아테네인의 정치체제
(Athēnaiōn Politeia)』7.1 참고).

72 발견이 아니라 구성을 : '발견(heurēsis)'은 이후 고전 수사학에서
'inventio(발견, 발상)'라는 라틴어로, '구성(diathesis)'은 'dispotio(구성,
배치)'로 옮겨져 연설가가 갖추어야 할 능력들로 지목되는 것들이다. 이
대화편의 맥락에서 '발견'은 주제와 관련된 발상이나 착상을, '구성'은
필수적인 요소들을 '배치'하는 것을 가리킨다.

73 소년애인 : '소년애인'으로 옮긴 말은 그리스의 동성애 문화에서 '사랑받
는 이(erōmenos)'를 지칭하는 말이다. 대부분의 경우 청소년기의 어린
소년이 대상이었고, '파이디카(paidika)'란 이 말은 '소년의(paidkikos)'란
형용사형을 중성명사화한 것이다. 통상 나이 어린 소년이 소년애인이
된다는 점에서 나이 많은 뤼시아스를 상대적으로 나이 어린 파이드로
스의 소년애인이라 지칭한 것은 이상하다. 그러나 여기서 소크라테스
는 사랑을 하는 쪽이 소년애인을 쫓아다니며 그를 칭송하는 등 적극적
인 태도를 취하는 반면, 소년애인은 애정 관계에서 수동적인 것이 일반
적인 풍속인데 반해, 파이드로스가 나서서 뤼시아스를 옹호하는 모습
을 보고, 오히려 애정 관계에 적극적인 파이드로스가 거꾸로 뤼시아스
를 사랑을 하는 쪽이 아닌 소년애인으로 불러서 파이드로스를 놀리려
고 한다고 생각하면 이상할 것이 없다.

74 어쩔 수 없이 하는 일이 없도록 : OCT의 'hina mē' 대신에 모레스키니 판
의 'hina de mē'를 받아들였다.

75 "만일 제가 … 빼고 있었다.": 약간의 어순과 호칭의 차이는 있지만, 이 말은 앞의 228a~c에서 소크라테스가 파이드로스를 두고 한 말이다.

76 무엇보다도 선생님은 … 마십시오 : 'rhēteon'부터 'ethrypteto de'까지의 구두점은 'rhēteon'에서 'ei'까지 묶고, 바로 뒤 'hina' 앞에 쉼표를 찍고 'allēlois' 뒤에 쌍반점(세미콜론)을 찍고, 이후 문장을 이었다.

77 "내가 … 새겨들으십시오.": 핀다로스 단편 105, 『메논』 76d에도 인용되었다.

78 저의 이야기는 맹세가 될 겁니다 : 『일리아스』 1권 239를 연상시키는 말이다.

79 이 나무를 앞에 두고 : '이 나무 앞에서 맹세컨대'와 '이 나무 앞에서 이야기를 해 주지 않는다면'이라는 두 가지 뜻을 포함하는 중의적인 말이다.

80 자 그러면 내가 … 무엇에 관해서죠? : 앞의 소크라테스의 질문과 파이드로스의 대꾸를 이해하는 방식은 두 가지가 있을 듯하다. 일단 문맥에서 무엇에 대해서 말할지는 정해져 있다고 볼 경우에는, 파이드로스의 대답은 소크라테스가 요청받은 이야기를 하는 방식에 대한 질문으로 이해할 수 있다. 즉 소크라테스가 이야기를 어떤 방식으로 할 것인지를 물었고, 파이드로스는 이것을 좀 더 자세하게 다시 물은 것이다. 프리스가 그런 해석을 하는 것으로 보인다. 다른 하나는 문맥을 전제하지 않고 파이드로스의 대꾸를 이해하는 방식이다. 즉 그리스어를 직역해서 '무엇에 관하여' 어떻게 할 것인지를 묻는 질문이다. 전자는 문맥을 고려해 그리스어를 다소 비정형적으로 해석하는 것이고, 후자는 그리스어 해석은 자연스러우나 파이드로스가 문맥을 놓치고 있다는 해석을 전제해야 한다. 이 번역은 후자의 해석을 택했다.

81 얼굴을 가리고 말할 걸세 : 이 행위는 바로 뒤의 부끄러움에 대한 주석의 내용과 연결되는 것이다. 이 행위가 갖고 있는 숨겨진 다양한 의미와 관련된 자세한 논의는 워터필드(R. Waterfield, 2002)의 해당 부분 주석과 거기 언급된 문헌 참고.

82 **부끄러움** : 소크라테스의 부끄러움에 대해 파이드로스는 자신이 뤼시아스보다 못한 이야기를 하게 될까 보다라고 생각하고 있고, 반면에 소크라테스 본인은 에로스의 무가치를 전제로 삼아서 해야 하는 이야기라서 부끄러움을 느꼈다는 해석이 가능하다. 프리스(1969)의 해당 부분 주석 참고.

83 **어서 이끌어 주소서** : 이 도입구에 대해서 논란은 다소 있으나, 시인들이 시를 시작할 때 하는 전형적인 도입구라고 보는 것이 무난할 듯하다.

84 **무사 여신들** : 무사 여신들은 제우스가 기억의 여신 므네모쉬네와 아흐레 밤을 동침하여 낳았다고 전해지는 아홉 명의 자매들이다. 이들은 각기 문예와 학문을 담당했으나, 음악과 관련된 분야가 많아 'music(음악)'의 어원이 되기도 한다. 워낙 다양한 분야를 아우르고 있어서 고대 그리스어에서도 이들은 다양한 맥락에서 이해되었는데, 그래서 무사 여신에서 온 형용사 'mousaios'도 다양한 의미를 갖는다. 따라서 이 대화편에서도 이 형용사를 '시가를 즐기는', '무사 여신들을 추종하는', '음악에 능한', '음악적인' 등으로 다양하게 번역했으나, 어원은 늘 무사 여신과 연결되어 있다는 것을 기억해 둘 필요가 있다. 여신들이 담당한 분야는 고전기 이후에 정해지지만, 대체로 여신들이 맡는 분야는 칼리오페의 서사시, 클리오의 역사, 폴림니아의 팬터마임, 에우테르페의 피리, 테릅시코라의 가벼운 시와 춤, 에라토의 서정적 합창, 멜포메네의 비극, 탈리아의 희극, 우라니아의 천문학이다[그리말(2003), '무사 여신' 항목에서 발췌].

85 **리귀리아 사람들** : 지금 현재의 지중해 서쪽 프랑스 남해안에 살았던 종족. 이들이 왜 시가를 즐긴다는 명성을 얻었는지는 알려져 있지 않으나, 플라톤의 이 구절에서 연유되었을 가능성이 있다. 또한 무사 여신들과 이 사람들을 연결 짓는 근거 역시 플라톤이 시초일 수 있다.

86 **뤼귀리아 사람들 때문이든** : 'ligea(ligys의 여성형)'라는 말은 '낭랑하다'는 뜻인데, 발음이 '뤼귀리아'와 비슷해서 하는 말이다. '낭랑하다(ligys)'란 말은 무사 여신들의 전형적인 별칭이다.(『오뒤세이아』 24권 62 참고)

87 "저와 함께 맡아 주소서.": 누구의 말인지는 알 수 없으나, 시인들이 시를 암송할 때 쓰는 표현인 것은 확실하다.

88 옛이야기: 'mythos'는 '신화'라고도 번역하지만, 당시 그리스의 일반적인 의미로는 '이야기'라고 번역하는 것이 맞을 것이다. 다만 이 대목에서 '옛날에'로 시작하는 전형적인 옛이야기 투인 것에 착안해서 '옛이야기'로 번역하였다.

89 소년이라기보다는 청년 티가 나는: 그리스 동성애 문화에서 소년애의 대상이 되는 나이는 대략 13세에서 18세 사이였다. 18세가 지나면 청년의 나이가 되어 정치에도 참여할 수 있었다. 그래서 이 나이를 넘은 사람을 소년애의 대상으로 삼는 것은 '방종한 일(hybris)'로 간주되었다. 그런데 플라톤의 여러 대화편이나 소크라테스에 대한 여러 문헌들에서 소크라테스의 소년애인으로 언급되는 알키비아데스가 소크라테스와 연인 관계가 되었다고 하는 나이가 이 무렵(『프로타고라스』 309a, 『알키비아데스 I』 105b)인 것으로 전해진다. 청년 티가 나는 소년을 이 대화편에 등장시킨 것은 알키비아데스와의 유사한 관계와 무관하지 않은 것 같으며, 이것은 소크라테스가 그리스의 동성애 문화를 단순히 육체적 관계가 아닌 정신적인 관계의 토대로 삼으려는 의도와 연관되어 있다. 이 나이가 철학과 관련해서 갖는 의미에 대해서는 『알키비아데스 I』 106a 이하, 『국가』 498a 이하 참고.

90 본질: 여기서는 주제에 대한 정의를 의미한다. 따라서 이 말은 이후 나오게 될 사랑과 욕망에 대한 정의 등을 일반적으로 표현한 것이다.

91 절제: '절제'로 번역하는 'sōphrosynē'는 본래 '건강한(saos) 정신(phrēn)'이란 말이다. 따라서 '제정신'이란 번역이 원어에는 더 맞는 말일 수 있다. 또한 이 대화편에서 '제정신'이라고 번역해야 문맥에 맞는 경우도 많다. 사실상 '제정신'과 '절제'는 의미 있는 연관을 갖고 있기도 하고, 이 둘의 관계를 플라톤이 『카르미데스』 같은 여러 대화편에서 규명하기도 한다. 하지만 또 어떤 문맥에서는 '절제'라고 할 수밖에 없는 경우도 있어서, 이 번역본에서는 '제정신'과 '절제'를 문맥에 따라 적절

히 사용했다.

92 **갈래도 많고 형태도 많기** : 모레스키니 판에 따라 'polymeles kai poly-eides'로 읽었다.

93 **바로 이 기세로부터 … 이름이 붙었지** : 이 '기세(rhōmē)'라는 것은 '왕성하게(errōmenōs)' '힘을 얻어(rhōstheisa)'서 육체에 대한 아름다움으로 향하고, 주도권 싸움에서 이기는 과정 전체를 가리킨다고 보아야 할 것이다. 그리고 여기에 동원된 어휘들의 발음이 '로메', '에로메노스', '로스테이사'라서 '에로스'와 발음이 유사하다는 점에 착안해 어원을 설명한 것이다. 이런 식으로 특정 단어의 어원을 뜻풀이와 발음의 유사성으로 묶어서 설명하는 방식은 플라톤의 『크라튈로스』에 많이 찾아볼 수 있다. 물론 플라톤의 이런 어원 풀이는 객관적으로는 그다지 믿을 만한 것이 못 된다.

94 **그것들을** : 버넷(J. Burnet)이 뺀 'tōn'을 살려 읽었다.

95 **지혜사랑** : '철학'이라고 번역해도 되지만, 이 대화편의 맥락에서 '지혜를 사랑하는'이라고 번역한 'philosophos'와 맞추기 위해 '철학(philosophia)'을 어원에 맞게 '지혜사랑'이라 일괄적으로 번역하였다.

96 **남의 치장과 장식으로 꾸미고** : 고대 그리스에서는 창백해 보여서 여자 같아 보이는 남자들은 이를 피하느라고 화장을 했다고 한다. 유니스(2011) 해당 주석 참고.

97 **신령** : '신령'으로 번역한 '다이몬'은 넓게는 올림포스의 신들부터 님프들까지 이르는 말이지만, 때로는 하급 신들을 지칭하는 표현으로도 사용된다. 이 말의 형용사형인 '다이모니온'은 이 대화편에서는 '신묘하다'고 번역했다. 관련된 사항은 242b의 주석(미주 104) 참고. 이 대목에서 이 신령은 바로 뒤에 나오는 자연(physis)을 가리킨다.

98 **기생(妓生)** : 이 말은 앞에서 '벗(hetairos)'이라고 번역한 말의 여성형이다. 말하자면 '여자 친구' 또는 '여자 동료'에 해당하는 말인데, 고대 그리스에서 이들은 단순히 성적 상대가 아니라 상당한 수준의 교양을 갖춘 동반자에 가깝다. 페리클레스의 정부(情夫)로 알려진 아스파시에가

바로 이 '헤타이라'다. 어찌 보면 우리의 기생 문화와 유사한 점이 있어서, 이런 번역어를 택했다.

99 **환기시키며** : '환기(喚起)시키다'로 번역한 'hypomnēskein'은 이 문맥에서는 '상기시키다'로 번역할 수도 있는 말이다. 그러나 같은 말로 번역되곤 하는 'anamimnēskein'의 명사형인 'anamnēsis'가 플라톤에서 '형상의 상기'라는 말로 전용되고 있으며, 이 구별이 이 대화편의 275a 이하에서 이루어지기 때문에 다소 어색한 '환기시키다'라는 말로 바꿔 번역하였다. 275a의 해당 주석(미주 322) 참고.

100 **늑대들이 새끼 양을 반기듯이** : '늑대들이 새끼 양을 반기듯이'는 운율이 육보격으로 전통적인 서사시 운율이다. 241e에 나오듯이 "더 이상 디튀람보스 운율을 읊조리지 않고 있다."는 말의 근거가 되는 대목이다. 이 말은 속담을 인용한 것으로 보이지만 호메로스의 『일리아스』 22권 262~263행에 비슷한 내용이 있다.

101 **이게 그걸세** : 압축적인 맛을 살리려고 풀어서 번역하지 않았지만, "내가 이야기하려던 그걸세." 정도의 뜻이다. 이야기하려고 했던 것이란 238d 1~3행에서 소크라테스가 마저 들어 보라고 한 '나머지 것'을 이르는 것일 수도 있고, 거기서 소크라테스가 자신이 시적 운율에 빠질 거라고 예언했던 내용을 가리킬 수도 있다. 이 경우에 번역은 "글쎄, 이렇다니까."가 되는 게 더 문맥에 맞겠지만, 애매함을 남겨 두는 번역이 의미 있다고 보았다.

102 **자네 생전에 … 하지는 못했거든** : 플라톤의 『향연』에서도 파이드로스는 에로스를 주제로 사람들이 이야기를 하게끔 만든다.

103 **심미아스** : 테베 사람으로서 소크라테스를 따랐던 인물 중에 하나이다. 그는 피타고라스학파의 영향을 받았을 것으로 추정되지만, 확실하지는 않다. 이야기에 대한 그의 열정은 『파이돈』 85c에서 하는 그의 말에 잘 나타난다. 또한 『파이돈』에서 심미아스는 혼의 조화를 논의 주제로 끌어들인 인물이기도 하다.

104 **신묘한 존재** : 통상 '신령스러운 것'이라고 번역하는 말이나, 이 대화편

에서 이 말이 갖는 다양한 뜻을 통일하기 위해 '신묘하다'로 번역했다. '신묘한 존재(daimonion)'는 그리스인들이 전통적으로 섬기던 다이몬 (daimōn)의 형용사형이 다시 명사화된 것이다[다이몬에 대해서는 240a 의 주석(미주 97) 참고]. 『소크라테스의 변론』 31d에서는 소크라테스가 이것이 자신의 어렸을 적부터 자신에게 나타나곤 했던 것이라고 한 다. 이것은 소리 또는 징후로서 소크라테스에게 나타나, 소크라테스 가 하려던 행동을 만류하곤 한다.

105 어떤 잘못을 저질렀다 하여 : 'hōs' 뒤에 'de'를 빼는 모레스키니 사본을 따랐다.

106 예언가 : 고대 그리스에서 '예언가'는 비단 미래를 예언하는 능력을 가 진 사람에 국한되지 않았다. '예언가'는 과거 또는 현재의 감추어진 진 실을 드러내는 능력을 가진 자를 뜻하기도 했다. 지금의 문맥이 바로 그런 경우다.

107 홀린 : '홀리다'로 번역한 'katapharmakeuein' 안에는 'pharmakon'이 란 낱말이 들어 있다. 229c의 '파르마케이아'에 대한 주석(미주 35)에 도 나오듯이, 이 낱말은 '약'이란 뜻과 더불어 '주술'이란 뜻도 갖고 있 어, '홀리다'란 뜻을 갖게 된다.

108 이 이야기는 … 않았네 : 스테시코로스 단편 32.

109 뮈리누스 구 … 파이드로스 : 아테네인들은 태어나면서 특정한 행정 단 위인 구(dēmos)에 귀속된다. 그래서 공적인 장소나 상황에서 어떤 아 테네인을 다른 아테네인에게 소개할 때는, 이처럼 소속된 구, 아버지 의 이름순으로 소개한다. 그러니까 여기서 소크라테스가 파이드로스 를 이렇게 소개하는 것은 자신이 이야기를 새로 하기에 앞서서 이전 의 이야기의 탓을 파이드로스에게 돌리는 말을 공개적으로 하고 있다 는 뜻이 된다.

110 이전의 것은 … 스테시코로스 : 여기 나오는 고유명사들은 별도의 의미 를 가지고 있고, 플라톤이 이 이름들의 의미를 의도적으로 채용하고 있다는 해석이 많다. 일단 '파이드로스'는 일반명사로 '기쁨으로 얼굴

이 환히 빛나는'이란 뜻을 가지고 있다. '뮈리누스'는 도금양 열매를 뜻하는 'myrton'에서 파생된 말인데, 프리스는 뮈리누스 사람들을 '축제를 사랑하는 사람'이라고 주석을 달고 있다. 또한 그는 파이드로스의 아버지 이름인 '퓌토클레스'를 '소문을 캐묻는 사람'이란 뜻의 어원을 가진 것으로, 결국 '속된 소문이나 유명한 실수에 대해 듣기를 좋아하는 사람'이라는 뜻으로 주석을 달고 있다(1969, 113~114쪽). 이 대목에서 파이드로스에 대한 소개가 공문서에서 한 개인을 기술하는 방식으로 되어 있어, 파이드로스를 공식적으로 조롱하는 의미로 읽을 수도 있다. 또한 스테시코로스의 고향으로 나오는 히메라는 '그리움' 또는 '갈망'을 뜻하는 'himeros'를 연상시키는 말이고, 그의 아버지 이름인 '에우페모스'는 '신성한 일에 대해서 입조심을 하고 말을 가려 한다'는 'euphemein'을 연상시키는 말로서 '불경스런 말을 삼가는'이라는 뜻을 갖고 있다.

111 **"이야기는 참되지 않다."** : 243a에 인용된 스테시코로스의 시 가운데 첫째 연을 다시 인용했다.

112 **여예언자** : 여예언자로 옮긴 'prophētis'는 남성형인 'prophētēs'일 경우 델포이에서 무녀 퓌티아가 하는 알아들을 수 없는 예언을 일반인이 알아들을 수 있게 해석하는 '해석자'의 의미로 사용되기도 하지만, 여기서는 여성형이고 델포이를 지칭하고 있어서 퓌티아를 지칭하는 것으로 보고 '여예언자'로 옮겼다. 퓌티아는 아폴론 신전의 무녀로서 삼발솥에 앉아 신들린 상태에서 신탁을 내렸다고 한다.

113 **도도네의 여사제들** : 그리스 북부의 에페이로스 지방에 있던 제우스의 성역. 이곳의 사제들은 이 대화편의 275b에도 나오듯이 신들린 상태에서 참나무 잎이 바람에 이는 소리를 듣고 신탁을 내렸다고 한다.

114 **전혀 아무런 일도 하지 못했거든** : 자칫하면 이들이 광기에 사로잡히지 않은 상태에서도 예언을 했다는 말로 읽을 수도 있지만, 사실은 이들은 늘 일종의 광기상태에서 예언을 했다.

115 **시뷜라** : 시뷜라는 본래 아폴론의 신탁을 전하는 무녀였다. 그러나 그

후 여러 지역에 있던 무녀들이 '시뷜라'라는 한 가지 이름으로 불리게 되었다.

116 **이름을 붙인 사람들** : 플라톤은 『크라튈로스』 388d~e에서 물건을 만드는 사람이 있듯이, 이름을 만드는 사람이 있지 않겠느냐는 말을 하고, 이들을 이름을 만드는 사람, 또는 이름을 붙이는 사람이라고 하며 입법가에 비견한다.

117 **어느 가문에서 … 질병과 고난의 경우** : 한 가문의 조상이 지은 죄, 특히 살인죄에 의해 그 후손들이 신의 미움과 저주를 받아 고통 받는 이야기는 그리스 신화와 비극의 주요한 주제 중 하나이다. 테베를 세운 카드모스나 미케네 왕국의 아트레우스가 대표적인 사례이다.

118 **광기가 생겨나 … 찾아 주었지** : 이런 명확한 사례를 신화에서 찾기는 어렵다. 다만 워터필드(2002)가 주석에서 밝히고 있듯이 카드모스가 아레스에게 지은 죄 탓으로 나중에 그의 후손인 펜테우스가 디오뉘소스 종교 의식에 의해 광기가 든 그의 어머니와 여자 친척에 의해 살해된다는 사실이 이와 관련될 수도 있다. 역시 이와 관련하여 워터필드는 고대의 코뤼바스 의식 등이 동종 요법에 의해 환자를 치료했던 것을 플라톤의 이 증언과 연결 짓기도 한다. 코뤼바스 의식에 대해서는 도즈(2002) 77~80쪽 참고.

119 **더 나아가 … 말이지** : 모레스키니 편집본의 구두점 방식을 따랐다.

120 **정화의식** : 고대 그리스에는 다양한 이유로 다양한 형태의 정화의식이 있었다. 그것은 살인을 비롯한 부정한 행위로부터 장소와 공동체를 지키기 위한 것이었으며, 종교와 관련해서는 사후 세계에 윤회에서 벗어나 좋은 곳으로 가기 위한 의식이기도 했다. 그렇기 때문에 정화의 목적에 따라 정화는 부정한 물건이나 사람을 내다 버리거나 추방하는 것이 되기도 했고, 손이나 몸을 씻는 것이 되기도 했으며, 살아 생전에 학문에 전념하거나 계율을 충실히 지키는 것이 되기도 했다. 정화의식에 관한 플라톤의 생각에 대해서는 『국가』 364e 참고.

121 **입교의식** : 이 말의 원어인 'teletē'는 어원상 'telein'이라는 동사와 연

결되는데, 그 뜻은 '끝맺다', '마치다'이다. 원래 이 말은 종교적인 성격의 행사를 마친다는 뜻으로 사용되었다. 그러나 기원전 5세기 이후 이 말은 단수로 사용될 때, 엘레우시스 종교, 디오뉘소스 종교, 오르페우스 종교 등 비밀의식(비의, mysteria)을 두고 있는 비교(秘敎)의 의식 중 한 단계를 가리키는 말이 되었다. 기원전 410년에 출생하여 플라톤의 『파이드로스』에 대한 주석서를 쓴 헤르메이아스의 주석에 따르면 입교의식은 teletē – myēsis – epopteia의 단계를 거치며, teletē 는 정화의 예비적인 성격을 가지고, myēsis는 본격적인 단계로서 어원적으로는 '눈을 감다'란 말과 연결되어 더 이상 감각적으로 비의의 사물들을 받아들이지 않는다는 뜻이라고 한다. 끝으로 epopteia 는 비의의 사물들을 보는 자(견자)로서 확립되는 단계라고 하였다[헤르메이아스(Hermeias), 『플라톤의 『파이드로스』 주석(*In Platonis Phaedrum scholia*)』 178쪽, 14~19행 참고]. 그러나 여기서 'teletē'는 복수의 형태인 'teletai'로 사용되었고, 이럴 경우의 용법은 입교의식 전체를 가리키는 말로 보인다.

122 자신에게 가담하는 자 : '자신에게(heautēs)'를 빼자고 한 OCT를 받아들이지 않고, BT 사본을 받아들였다. 여기서 '자신에게'는 '광기'를 가리킨다.

123 하지만 무사 여신들의 … 시에 의해 무색해지지 : 플라톤은 『이온』과 『소크라테스의 변론』 22b~c에서 시와 기술(테크닉)을 대비시킨다. 플라톤 이전에 데모크리토스는 영감으로서의 시인의 광기에 대하여 말한 바가 있다(DK68B17).

124 그 입증의 … 죽지도 않을 것이다. : 다음 줄인 245c 5행부터 246a 1행까지에 담긴 혼의 불멸 증명은 문체로도 자연철학자들의 엄격하고 장엄한 형태를 취하고 있고, 내용으로도 자연철학자인 알크마이온의 논증에 착안한 것이다. 아리스토텔레스에 따르면 알크마이온은 혼은 '언제나 운동한다'는 점에서 불멸하는 천체들과 닮았고, 그래서 불멸한다고 주장했다(아리스토텔레스, 『영혼에 관하여』 405a 29행~405b 1행 참

고). 물론 플라톤은 알크마이온의 원래 논증에만 머물지 않았고, 스스로 움직이는 것과 다른 것에 의해서 움직여지는 것을 구별함으로써 논증을 발전시켰다[거드리(W. K. C. Guthrie), *History of Greek Philosophy* vol.1 351쪽 참고].

125 **모든 혼은 죽지 않는다** : 이 문장의 '모든'과 관련해서 고대에서부터 논쟁이 있어 왔다. 논쟁의 출발은 문법적인 것으로서, '모든'으로 옮긴 그리스어 'pasa'가 영어로 하면 'all'로도 'every'로도 번역될 수 있다는 점이 문제가 된다. 전자의 경우, 플라톤의 논증은 혼 전체가 죽지 않는다는 것을 논증한 것이 되고, 후자의 경우, 플라톤은 개개인의 인격적인 혼이 죽지 않는다는 것을 논증한 것이 된다. 그러나 문법적으로는 둘 다 허용되기 때문에 논쟁은 내용의 문제가 된다. 옮긴이는 핵포스(R. Hackforth)의 견해를 받아들여, 플라톤이 여기서 그 구별을 특별히 염두에 두지 않았으며, 논증의 내용 역시 개인의 혼의 불멸을 입증하는 내용으로 보기에 적절하지 않으나, 이후 신화에서 논의되는 것은 개인의 혼의 문제이기 때문에, 플라톤 자신은 전체 혼의 불사 논증이 개인의 혼의 경우에도 적용될 수 있으리라고 믿었다고 보았다(워터필드, 1952, 64~65쪽 참고). 번역은 원문이 갖는 애매함을 살리기 위해서 '개별'로도 '전체'로도 읽히는 우리말 '모든'을 택했다.

126 **그 기원은 기원으로부터 생기지 않았을 것이기 때문이다** : 이 문장은 얼핏 보기에 무의미하거나 오류인 것으로 보이기 때문에 이미 고대부터 많은 논쟁이 있었으며 BT 사본과는 다른 편집을 택하는 방식도 오래전부터 있었다. 그러나 옮긴이는 사본이 다소 이해하기 까다롭기는 하나 의미 있다고 보고 원사본을 택한 모레스키니 텍스트를 따랐다. 이 구절의 의미를 풀어 보면 "기원이 기원이 아닌 것에서 생겨난다면, 그 기원은 더 이상 기원이 아닐 것이다. 그러나 앞에서 생성되는 모든 것은 기원으로부터 생겨날 수밖에 없다고 했기 때문에, 기원의 자격을 잃은 기원으로부터 다른 모든 것들이 생겨난다는 것은 말이 되지 않는다."라고 읽을 수 있다. 또는 이 문장의 주어를 '기원'이 아니라 앞

문장의 '생기는 모든 것'으로 잡는다면 "생기는 모든 것은 기원으로부터 생겨나지 않을 것이다. 그러나 생기는 모든 것은 기원으로부터 생겨날 수밖에 없기 때문에 이것은 불합리하다."라고 읽을 수도 있다. 좀 더 일반적이고 쉽게 이해할 수 있는 버넷 편집의 사본에 따르면, 이 구절은 "그것은 더 이상 기원이 아닐 것이다."란 해석이 된다.

127 생성하는 것 전체는 : 모레스키니 판에 따라 'pasan te genesin'으로 읽었다. OCT를 따를 경우, 이 구절 번역은 '땅 전체는'이 된다.

128 움직여지는 것이 생겨 나오게 될 것 : '기원'을 말한다.

129 혼의 본질과 정의(定義) : 이와 유사한 논의가 동일한 용어로 펼쳐진 곳이 플라톤의 『법률』 895d~896a이다. 여기서도 혼은 자기를 스스로 움직이는 것을 그 정의(logos)로 한다고 언급된다.

130 무엇과 닮았는지는 : 비유적인 설명을 말한다.

131 혼이 본래 … 말들과 마부 : 혼은 세 부분으로 되어 있다는 논의는 플라톤이 『국가』 434d~441c에서 하고 있다. '날개 달린'은 문법적으로 말뿐만 아니라 마부도 수식할 수 있으며, 251b 7행에도 그렇게 볼 수 있는 대목이 있다.

132 다스리는 자 : 문맥에 맞는 자연스런 표현을 위해 '다스리는 자'라고 번역을 달리 했으나, 241a의 '통치자'와 본래 같은 말이고, 따라서 서로 연결 지을 수 있는 내용이기도 하다.

133 완전하고 : '완전하다(teleios)'란 말은 어원적으로 244e에서 '입교의식'으로 번역한 'teletē'와 연결된다. 헤르메이아스는 『플라톤의 『파이드로스』에 대한 주석』에서 "입교의식이란 혼을 완전하게 완결 짓는다는 데서 그렇게 불리게 되었다."(178쪽 8~9행)고 말한다.

134 불사한다는 것은 : 생략된 말을 넣어서 번역하면 '살아 있는 것이 불사한다는 이름을 얻은 것은'이라고 할 수 있다.

135 추하거나 : 이곳의 문맥 때문에 '아름답다'란 말과 대비되게 '추하다'고 번역했으나, 형용사인 이 말 'aischros'나 같은 어근의 동사 'aischynesthai'는 이 대화편에서 주로 '부끄럽다', '부끄러워하다'로 번

역했다. 고대 그리스인들은 '추하다'와 '부끄럽다'가 서로 연관되는 사태라고 생각했다.

136 신령들 : 반신들(영웅들), 또는 님프들과 같은 하급 신일 수도 있고, 신이 아닌 혼들일 수도 있다.

137 신들과 신령들의 진 … 뒤따르지 : 헤스티아를 뺀 11개의 신성은 헤스티아 대신에 디오뉘소스를 넣은 것으로 볼 수 있다. 플라톤 당시까지만 해도 올림포스 12신의 명단이 확정적이지는 못했다.

138 헤스티아는 … 남기 때문이지 : 헤스티아는 화덕의 여신으로 크로노스와 레아의 장녀이자 제우스의 누이이며 헤라와는 자매간이다. 헤스티아는 인간사에 간섭하지 않고 올림포스를 지켰기 때문에 어떤 전설에도 등장하지 않았다. 이 대화편에서 헤스티아가 남아 있다는 것이 상징하는 것이 무엇인가에 대한 논의는 12신의 행렬이 무엇을 상징하는지(아래 미주 139 참고)와 연관되어 있으나, 어떻게 해석이 되든 이 구절이 말해 주듯이 헤스티아로 상징되는 것을 중심으로 해서 다른 것들이 운동하고 있는 형태를 연상시킨다는 것은 분명해 보인다.

139 12라는 … 이끌어 가지 : 이곳에 등장하는 12명의 신들의 행렬과 헤스티아가 상징하는 것이 무엇인지에 대해서는 다양한 해석이 있어 왔다. 12명의 신을 천체들과 동일시하는 해석, 행성과 그 사이의 영역으로 보는 해석, 황도대의 황도 12궁과 동일시하는 해석 등이 그것이다. 그러나 이 부분의 신화가 천문학을 연상시키는 요소가 있는 것은 분명하나, 어느 특정 해석과 딱 맞아떨어지지는 않는다. 관련된 해석의 자세한 내용과 문제점은 워터필드(1952) 73~75쪽 참고. 이에 더해 네하마스와 우드러프는 여기 신들의 행렬이 고대 그리스의 극장에서 가무단이 행진할 때의 형태를 연상시킨다는 해석을 한다. 바로 다음에서 이 행렬을 '신들의 가무단'이라고 한 것을 보면, 이 해석도 일리가 있다. 자세한 내용은 네하마스와 우드러프(Nehamas & Woodruff, 1995) 32~33쪽의 주석 72 참고.

140 광경 : 이 말은 247c에 나오는 '관조하다(thean)'의 명사형이고, 248b

에 '관조'라고 번역한 말과 같은 말인 'thea'이다. 문맥에 맞춰 번역은 다르게 했지만, 의미는 서로 통한다는 점을 알아 둘 필요가 있다. 풀어쓴다면 '관조의 대상' 정도가 될 것이다.

141 제각기 제 일에 힘쓰니 : 이 말은 플라톤이 『국가』 432b~434d에서 정의(dikaiosynē)의 의미로 규정한 것이다. 『국가』 역시 우리의 혼과 나라가 모두 같은 세 부분과 계층으로 되어 있다는 전제하에서 논의가 진행된다.

142 시기심은 … 때문이지 : "신의 특권을 침해할 수 있는 어떤 성공, 어떤 행복에 대해서도 신은 노여워한다."(도즈, 2002, 34쪽)란 의미에서 신들은 인간을 시기한다는 생각을 그리스인들은 갖고 있었다. 플라톤은 이런 속설을 단호히 반대한다. 이 구절이 그의 그런 주장을 펴는 유명한 구절 중에 하나다. 『티마이오스』 29e에도 비슷한 표현이 있다. 『국가』 349b~350c에서 소크라테스가 정의로운 자는 정의로운 자를 능가하려 들지 않는다고 한 주장도 바로 위의 '제각기 제 일에 힘쓴다'란 구절과 함께 이 대목과 연결해 이해할 수 있다.

143 잔치와 만찬을 위해 갈 때면 : 『일리아스』 1권 423~424행, 493~495행에는 제우스와 올림포스의 신들이 아이티오페스 사람들이 마련한 잔치에 참석하러 떠나는 모습과 돌아오는 모습이 그려져 있다.

144 천계를 떠받치는 맨 꼭대기 궁륭 : 이 말을 글자 그대로 이해하면, '천계'는 이 궁륭 바깥에 있는 것으로 생각하기 쉽다. 그러나 앞뒤 문맥을 따져 보면, '천계'는 천구의 가장 바깥 자리 안쪽을 말한다.

145 우리가 불사자라 부르는 혼들 : 혼은 본래 불사적이지만, 여기서는 특별히 신들의 혼을 가리킨다.

146 천계 밖의 것들 : 이것은 글자 그대로 천계 밖의 또 다른 우주를 말한다기보다는 워터필드가 'regions without'라 번역했듯이, '없는 세계', 즉 비공간적인 이데아의 세계를 말한다.

147 그것 : '혼' 또는 '혼의 생각'을 말한다.

148 아드라스테이아 : 문자적으로는 '달아날 수 없다'는 뜻을 담고 있다. 인

간의 오만함을 징계하는 네메시스 여신의 다른 이름이다. 오르페우스
교에서는 아낭케 여신, 즉 필연의 여신과 같은 뜻으로 보고 있기도 하
다(『소크라테스 이전 철학자들의 단편 선집』 44쪽 참고). 『국가』 451a에도
이 이름이 등장한다.

149 **지혜를 사랑하거나 … 사랑을 따르게 될** : 논란은 가능하나 이 네 부류는
서로 배타적이지 않은 것으로 보인다. 플라톤은 『파이돈』 61a에서 "시
가는 가장 위대한 철학이다."라고 하거나 『필레보스』 67b에서 '지혜를
사랑하는 무사(시가)'라고 하여 때로는 이것들을 구별하지 않기도 한
다. 그 밖에 『향연』 209e 이하의 내용이 '어떻게 해서 아름다움에 대한
사랑이 지혜에 대한 사랑에 이르게 되는지'를 밝히고 있다거나 『국가』
403c의 "시가에 대한 사랑은 아름다움에 대한 사랑으로 끝맺어야 한
다."는 말 등은 이 넷이 서로 중첩될 수 있음을 보여 준다.

150 **운동을 사랑하는 체육가** : 모레스키니 판에 따라 'philophonou(운동을
사랑하는)'와 'gymnastikou(체육가)' 사이에 버넷이 삽입한 'ē(또는)'를
뺐다.

151 **입교의식을 따르는** : 『국가』 364e 이하에서 플라톤은 오르페우스교의
종교 의식을 비판적으로 언급한다. 현재의 맥락도 이와 무관하지 않
다.

152 **시를 따르는 삶** : 여기에 시인의 삶이 포함된다.

153 **교정소** : '교도소'라는 일반적인 기관의 명칭을 사용할 수도 있겠지만,
아테네의 형벌 중에 징역은 없었기 때문에 축자적인 의미에 가까운
번역을 하였다. 플라톤은 『법률』 908 이후에서 잘못을 바로잡기 위한
수감 형벌의 필요성을 주장한다.

154 **추첨과 선택** : 『국가』 10권 671e 이하를 보면, 죽은 혼들에게는 선택의
우선권을 결정하는 추첨이 있고, 혼의 수보다 훨씬 더 많은 삶의 형태
들이 주어진다. 혼들은 추첨을 통해 정해진 우선권에 따라 자신이 살
게 될 다음 생을 선택하게 된다.

155 **진리를 … 못한다는 말이야** : 248d 1행과 연결해 보면, 인간이 될 수 있

는 혼은 진리를 봤던 혼이라는 이 언급은 앞과 연결해서 짐승이 인간이 되려면 일단 천계에서 진리를 봤다가 추락하여 인간으로 태어날 수 있었던 혼만이 다시 짐승에서 인간이 될 뿐이지, 짐승으로 처음에 태어난 혼은 절대로 인간이 될 수 없다는 뜻이 된다.

156 왜냐하면 인간은 … 이해해야 하기 때문이지 : 낱낱의 개체를 경험하는 지각 경험의 자료들을 공통된 특성으로 일반화하는 특성을 갖는 언어를 인간은 사용하기 때문에, 인간으로 태어나려면 그런 언어 능력의 기초가 되는 보편에 대한 이해 능력을 혼 속에 갖추어야 한다는 소리다. 디오게네스 라에르티오스의 『유명한 철학자들의 생애와 사상』 3권 15절에도 이와 비슷한 언급이 있다.

157 그런 것들을 위한 기억거리 : 원문은 '그런 기억거리'라고도 번역할 수 있지만, 가까운 문맥에서 해당하는 것을 찾을 수 없어서, 프리스의 주석(1969, 147쪽 참고)을 합당한 것으로 보고 이렇게 번역했다. '그런 기억거리'라고 생각할 경우, 플라톤 철학에 대한 일반적인 이해를 통해서 '변증술'을 생각할 수 있겠고, 로우의 주석처럼 몇 줄 위의 '지각'을 생각할 수도 있겠다. '기억거리(hypomnēma)'는 다른 말로 하면 '상기의 수단'이라고도 번역할 수 있다.

158 매번 완전한 … 완결되지 : 앞에서 '입교의식'이라 번역한 'teletē'는 여기서 '완결 짓다'와 '완전하다'로 번역한 말들과 어원적으로 같은 말이니, 플라톤이 언어유희를 하고 있는 것이다. 244e의 주석(미주 121) 참고.

159 날개를 퍼덕이지만 : 이 말은 이중적이라 다른 뜻으로 번역하면, '새로운 깃털을 달고'라고 할 수도 있다. 이곳 외에도 'pteron(날개, 깃털)'을 어간으로 하는 동사, 명사, 형용사들은 '날개'와 '깃털' 중에서 그때그때 문맥에 맞는 표현을 골라 번역했으나, 본래 한 가지 말로 된 것들이다.

160 말했던 대로 : 249b 5~6행.

161 충분히 알아보지 : 이 말은 『소피스트』 253d에서 여럿에 편재되어 있는

하나의 형상을 간파해 내는 능력을 말할 때 나온 표현이기도 하다.

162 그 의식에 경배를 드리곤 했던 시절에 : '경배를 드린다(orgiazein)'는 말은 주로 엘레우시스 비교(秘敎)에서 드리는 경배 행위를 일컬을 때 사용하는 용어다. 엘레우시스나 디오뉘소스와 같은 비교의식을 두고 있는 종교에서는 비밀의식 중에 입교자에게 무엇인가를 보여 주거나 들려주고 그 사실을 철저히 비밀로 지킬 것을 서약케 하였다. 플라톤은 바로 이 비밀의식 중에 본 것과 혼의 상태에서 이데아를 본 것을 비유적으로 동일시하기 위해 비교의식(mysteria)의 용어들을 사용하는 것이다.

163 몸이라 부르는 것에 묻혀 있지 않고 : '몸(sōma)'의 그리스어 '소마'와 '묻혀 있지 않아(asēmatos)'란 말에 들어 있는 '세마(무덤, 징표)'라는 말은 서로 발음이 유사하다. 이에 착안하여 일찍이 피타고라스학파에는 인간의 혼이 벌을 받아 육체(소마)라는 감옥에 갇혀 있어서 육체(소마)는 혼이 거기 갇혀 있다는 표지(세마)이자 혼이 거기 묻혀 있는 무덤(세마)이라는 생각이 있었다[허프만(C. A. Huffman), 1993, 402~406쪽 참고]. 윤회설에 뿌리를 두고 있는 피타고라스학파의 이런 생각을 플라톤도 여러 곳에서 전해 주고 있다. 『파이돈』 62b에서는 우리 인간이 일종의 감옥인 몸에 갇혔다는 말을 전하고, 『고르기아스』 493a에서는 "몸이 혼의 무덤이다."라는 생각을 전하고 있다.

164 흔들리지 않고 : 파르메니데스 토막글 1의 28행에 같은 말이 나온다.

165 비의의 사물들 : '비의의 사물들(phasma)'은 엘레우시스 비교에서 입문자들에게 보여 주었다고 하는 비밀의 물건을 가리키는 말이다.

166 입문하였고 : 244e의 주석(미주 121)에서 밝혔던 'myēsis'의 동사 형태가 '입문하다'로 번역한 말이다. 이것 역시 비교의식에서 사용되는 표현이다.

167 견자(見者)로서 보았지 : '견자로서 보다(epopteuein)'란 말은 엘레우시스 비교에서 최고단계의 비밀의식을 가리키는 말이다. 어원적으로는 '보다'라는 뜻이고, 비밀의식에서 무엇인가를 보았다는 의미가 함축되어

있고, 플라톤 역시 그 의미를 이 신화에서 비유적으로 채용하고 있는 것으로 보아 이렇게 번역했다. 엘레우시스 비의에 대해서는 엘리아데 (2006), 442쪽 이하 참고.

168 이만 마치기로 하지 : 250b 5행에서 옆길로 샌 이야기가 여기서 마무리 되고 있다.

169 우리에게 오기 때문이지 : '우리에게 온다'는 말로 알 수 있듯이 플라톤 은 시각이 주관적인 능력일 뿐만 아니라 대상에게서 오는 것이기도 하다고 생각한다.

170 지혜 : '지혜'로 번역한 'phronēsis'는 명사 형태로는 이 대화편에서 이 곳에서 딱 한 번만 쓰이고. 다른 곳에서는 동사나 형용사 형태로 사용 되었다. 이 말은 통상 '사리 분별'이나 '현명함'이라고 번역하지만, 이 곳에서의 의미는 보통 '지혜'로 번역하는 'sophia'와 다르지 않은 것으 로 보아서 같은 말로 번역했다. 명사 형태가 아닌 것들은 '사리 분별' 을 중심 표현으로 삼아 번역했다.

171 영상(映像) : 'eidōlon'은 본래 유령이나 환영. 또는 물이나 거울에 비친 모습과 같은 실체적이지 않은 형태를 이르는 말이다. 플라톤의 경우 에는 형상(이데아)에서 유래하는 실재적이지 못한 모사물을 이르는 말 로 보통 '모상'이라고 옮긴다. 그러나 이 대화편에서는 모델을 두고 그 와 유사한 것을 제작한 결과물을 이르는 말인 'eikōn'에 '모상'을 주고, 'eidōlon'은 번역어도 구별되고 본래 의미에도 충실한 '영상'으로 옮겼 다.

172 입교한 지 오래되었거나 : 직역은 '최근에 입교한 자(neotelēs)가 아니거 나'이지만 문맥에 맞게 풀어썼다. '최근에 입교한 자'는 혼들의 주기에 서 이데아들을 본 지 얼마 안 된 혼, 즉 윤회를 시작하지 얼마 안 되어 서 아름다움의 이데아에 대한 기억이 비교적 많이 남아 있는 혼을 말 한다.

173 타락한 자 : 위의 250a 3~5행의 나쁜 사귐으로 아름다움의 이데아를 망각한 혼을 말한다.

174 **처음에는 오한이 나고** : 이 묘사는 235c에도 언급된 적이 있는 레스보스의 여류시인 사포의 시를 떠올리게 한다. 플라톤은 사포의 시를 통해 강렬한 사랑의 감정을 느끼는 연인의 상태를 읽고 자신의 작품에 활용한 것으로 보인다. 사포의 시에는 "너의 매혹 어린 웃음에 나의 심장은/ 가슴속에서 멈추어 버렸다./ 너를 잠시 잠깐 바라보니, 나의 목소리는/ 막혀 버리고// 나의 혀는 굳어 버리고, 가벼운 불꽃이 나의 살 속으로 파고들며/ 나의 눈은 앞을 보지 못하고 윙윙 우는/ 소리가 귓가에 맴돈다.// 그리고 땀이 몸을 적시고, 전율이/ 온몸을 타고 흐른다./ 풀밭의 풀처럼/ 파랗게 질려 나는 죽은 사람이다./ 나에게 그리 보인다."[Sappho 31 LP, 프랭켈(2011), 324~325쪽]라고 되어 있다.

175 **그때의 두려움 중 어떤 것** : 명확하게 언급되지는 않았지만, 250b에서 혼의 상태에서 제우스의 뒤를 따라가 아름다움 자체를 보았을 때 경외의 감정이 동반되었다고 전제하는 것으로 보인다.

176 **땀과 이상스런 열기** : 진땀과 고열은 히포크라테스가 오한이 나는 환자에 대한 증상으로 보고하는 것. 뒤의 270c에 나오는 히포크라테스를 미리 예감하게 하는 대목이다.

177 **아름다움의 유출물** : 유출물(aporrhoē)은 다원론자 엠페도클레스의 인식론적 용어이다. 그에 따르면 모든 사물들은 유출물들을 흘려보내며, 이것들이 감각기관의 통로와 크기가 맞아 받아들여지면, 우리의 감각인식이 생긴다고 말한다. 플라톤은 이를 『메논』 76c~d에서 설명했고, 『티마이오스』 45b~c, 67d~e에서는 그의 유출이론을 이용해 자신의 감각지각 이론을 세우기도 했다. 유출이론과 관련된 엠페도클레스의 토막글은 DK31A86, 87, DKB89, 109a 등이 있다.

178 **입자들** : 아름다움의 유출물을 말한다.

179 **이 때문에** : '열망(himeros)'이라는 말은 '들다(epienai)+입자들(merē)+흐름(rhoēienai)'에서 굵은 글씨로 표시한 철자들이 합쳐져서 만들어졌다는 설명이다. 이 어원에 맞춰 '열망'이란 말의 뜻을 풀이하면, '다가오는 사랑의 부분들의 흐름' 정도가 될 것이다. 『크라튈로스』 420a에

서는 혼의 능동성을 강조해 '급격한(hiemenos) 흐름이자 사물들을 갈구하는(ephiemenos) 흐름이니까, 이 흐름의 충동으로 인해 혼을 세차게 이끌고 가므로'라고 '열망'의 어원을 이곳과는 달리 밝히고 있다.

180 **말라붙을** : 혼이 사랑하는 사람의 아름다움의 유출물을 통해 물을 공급받지 못해 말라 간다는 이 표현은 『국가』 606d에도 나온다. 다만 거기서는 물을 대는 역할을 하는 것이 시를 짓는 행위를 통한 모방이고, 그 모방을 거기서는 일단 비판하기만 한다는 데 차이가 있다.

181 **들쑤셔져서 환장하고** : '들쑤시다(kentein)'란 말은 몰이막대로 가축을 찔러 몰아대는 행위를 가리키는 말이다. 또한 '환장하다(oistran)'란 말은 본래 '쇠파리(oistros)' 같은 곤충들에 물려 짜증이 나 미쳐 버릴 듯한 상태가 되는 것을 말하는데, 신화상으로는 제우스의 사랑을 받은 이오가 헤라의 미움을 사서 암소로 변한 상태에서 쇠파리에게 고통을 받은 것이 유명하다. 이처럼 '들쑤시다'와 '환장하다'란 두 말은 모두 어떤 자극을 받아 어떤 행위를 하거나 상태에 이르게 되는 것을 표현하는 말이다. 깃털의 싹이 돋아나려고 닫힌 통로를 찔러 대는 모양새를 사랑의 열망과 사랑의 승화로 연결 짓는 플라톤의 절묘한 솜씨가 드러나는 표현이지만, 우리말로는 달리 표현할 길이 없어 간략히 번역하고 이렇게 토를 달 뿐이다.

182 **열망으로 흠뻑 젖어** : 샘에서 물을 받아 항아리를 적시는 이미지를 표현하는 말이다. 235d의 남의 샘에서 채운다는 말이나 251b~c에서 물을 공급받는다는 것과 연결되는 이미지이다.

183 **호메로스의 후예들** : 일반적으로 호메로스의 시를 전문적으로 음송하는 시인(rhapsodos)을 가리키는 말이다.

184 **숨겨진 시구들** : '숨겨진(apothetos)'이란 말은 '알려지지 않은'이나 '사적인(비공식적인)'이라고도 해석이 가능한 말이다. 또한 이 시구의 출처에 대해서도 논란이 있지만, 정황상 플라톤의 창작물로 보는 견해를 받아들였다. 이 시구가 오르페우스 종교의 성격을 띠고 있는 것은 사실이지만(『소크라테스 이전 철학자들의 단편 선집』 35~54쪽 참고), 그렇

다고 해서 플라톤의 창작물이 아닐 이유는 없다. 연관해서 '숨겨진'이란 번역을 택한 이유도 플라톤이 자신의 창작물을 제시하면서 호메로스의 시구라고 천연덕스레 말할 수 있으려면, 이것이 숨겨져 있어서 다른 사람들은 모른다는 사실을 전제할 수 있어야 한다고 보았기 때문이다[유니스(2011), 155쪽 참고].

185 하나는 아주 … 맞지는 않아 : 여러 해석이 있으나, 운율이 맞지 않아서 '거칠다(hybristikos)'란 말을 쓴 것으로 보았다. 첫 번째 시구가 운율이 맞지 않는 시구다.

186 그를 정말이지 … 필연으로 인해 : '날개 달린 에로스(eros potenos)'와 '프테로스(pterōs)'의 어순을 바꿔 발음이 유사한 것에 착안해 신들이 에로스를 부르는 다른 이름을 만들어 냈다. 신들과 인간이 같은 것에 대해 다른 이름을 쓰는 것은 『일리아스』 1권 404행, 14권 291행, 20권 74행 등에서 찾아볼 수 있다. '프테로스(Pterōs)'는 '날개 달린'이란 뜻을 가진 어간 'pt'에다 '에로스(erōs)'를 합쳐 만든 플라톤의 조어이다.

187 이게 바로 그거라네 : 241d 2행에 이와 거의 같은 표현이 있었다.

188 첫 번째 생을 살고 있는 한 : 248c~d의 '아드라스테이아의 법칙'과 관련되는 이야기다. 이데아를 본 혼은 이승의 첫 번째 삶을 인간으로 시작한다.

189 사랑 : OCT는 'Erōs(에로스)'로 되어 있으나, 프리스를 비롯한 이후의 다른 판본은 'erōs(사랑)'를 택하고 있다. 이에 따랐다.

190 이것들 : 신의 본성을 발견하고, 신에 참여하여 기풍과 과업을 받는 일들을 가리킨다.

191 더 아름다운 쪽 : 그리스인에게 '더 아름다운 쪽'은 오른쪽을 말한다.

192 매부리코 : 플라톤의 『국가』 474d에도 나오듯이 '매부리코'는 위엄의 상징이다.

193 흰빛이 나고 : 말이 희다는 것은 빠름의 상징이다.

194 명예를 사랑하는 자로서 : 프리스 이후의 판본의 독법을 받아들여, 'kai(그리고)' 앞의 쉼표를 없애고 뒷문장이 이 문장을 다시 설명하는

것으로 이해했다.

195 **사지가 되는 대로 육중하게 붙어 있고** : 이 부분은 'polys(육중하다)'와 뒷말을 어떻게 연결하느냐에 따라 해석이 달라진다. OCT 등의 독법에 따르면, 이 부분은 '육중하고, 사지가 되는 대로 붙어 있고'가 된다. 그러나 앞의 훌륭한 말에 대한 묘사와 일대일 대응시키고자 하는 워터필드, 프리스, 베르데니우스(W. J. Verdenius), 유니스의 견해가 옳은 것으로 보고, 'polys'를 뒤로 붙여 분사의 술어로 번역하고, 쉼표도 빼고 번역했다.

196 **귀가 먹었으며** : 말소리를 못 듣는다기보다는 말귀가 어둡거나 말을 안 듣는다는 뜻으로 이해해야 한다.

197 **기억은** : 내용상으로는 마부에 해당하지만, 기억에 의해 벌어진다는 점을 강조하기 위해 '기억'을 주어로 잡은 것으로 보인다.

198 **수치심을 갖고** : '수치심'으로 번역한 'aidōs'의 동사형이라 일관되게 '수치심을 갖다'라고 번역했지만, 이 문맥에서는 '염치를 갖고'라고 이해하면 원문의 생각에 더 가까울 수 있다. 'aidōs'라는 말이 우리말의 '부끄러움', '수치심', '염치'를 다 아우르고 있어, 한 단어로 그 의미 폭을 다 담기 어렵다.

199 **체육관** : 그리스 동성애 문화에서 이들이 주로 만나는 장소 중 하나가 그리스인들이 연중 즐겼던 체력단련을 위한 체육관(gymnasion)이었다. 체육관에서 이뤄지는 연애가 어떤 식으로 진행될 수 있는지는 플라톤의 『향연』 217c에 잘 나타나 있다.

200 **제우스가 가뉘메데스를 사랑하면서** : 트로이아 왕족의 젊은 왕자인 가뉘메데스를 제우스가 그의 미모를 보고 독수리로 변해(또는 독수리를 보내) 올림포스로 납치해서 자신의 잔에 술을 채우는 역할을 시켰다는 신화는 호메로스의 『일리아스』 5권 266행 이하, 20권 232행 이하를 비롯해 고대의 여러 문헌에 등장한다. 플라톤은 『법률』 1권 636c 이하에서 동성애의 육체적 쾌락을 제우스와 연결시켰다고 이 신화를 비판한다. 『파이드로스』에서는 229b 이하에서 파이드로스가 보레아스와

오레이튀이아 사이의 신화를 해석한 것과 대비되어 해석되는 것으로 보인다.

201 **열망이라 이름 붙였던** : 251c 참고.

202 **그 원천의 흐름** : '흐름(rheuma)'은 251b 1행의 '유출물(aporrhoē)'과 251c 6행의 '입자들(merē)'의 흐름이다. 이것은 대상으로부터 나와서 지각하는 자에게로 흘러간다. 이 경우에는 사랑받는 자의 아름다움의 유출물이자 입자들이 흐름을 이루어 사랑을 하는 자의 눈으로 흘러든다. 그런 점에서 사랑받는 자의 아름다움(또는 그 입자들)은 '원천(pēgē)'이 된다.

203 **술렁이게 하여** : 이 말은 249d에서는 '날개를 퍼덕이다'라고 번역한 'anapteroun'이다. 이 말에는 '자극하다'라는 뜻이 있는데, 그리스인들은 '날개를 퍼덕'이는 것과 '자극'하는 것이 연관된다고 본 듯하다. 우리말에는 딱 맞는 표현이 없어 유사한 표현으로 옮겼다.

204 **다른 사람에게서 … 말할 수 없고** : 고대 그리스에서는 눈병 걸린 사람과 눈만 마주쳐도 눈병에 걸린다는 속설이 있었다. 그래서 딱히 특정한 원인을 밝힐 수 없었기에, 사랑하는 사람의 눈을 통해서 들어오는 사랑의 감정과 비교되었을 것이다.

205 **마중사랑** : 그리스 문화에서 '사랑받는 이'가 사랑을 하는 사람에 대해서 'erōs'를 갖는 것은 일반적으로 방종한 일로 받아들여졌지만, 그것에 반응하여 갖는 사랑을 '마중사랑(anterōs)'이라고 하였다. 플라톤에게는 그것이 '사랑을 하는 자'의 사랑에 대한 반영으로 성립된다. 이것은 동성애뿐만 아니라 그와 유사한 관계인 남녀 간의 사랑에도 성립된다[도버(Dover), 1989, 52쪽 참고].

206 **잘 짜인 삶의 방식과 지혜사랑** : 중립적인 번역을 위해서 이렇게 했으나, 문법적으로는 '지혜사랑이라는 잘 짜인 삶의 방식'이라고도 번역하는 것이 가능하다. 게다가 이 번역이 오히려 플라톤의 생각을 더 잘 드러내는 것일 수도 있다. '잘 짜인'이라는 말은 '조화로운'이란 의미로 볼 수 있는데, 이는 플라톤이 『국가』에서 혼의 삼분설을 통해 혼의

세 부분이 서로의 본성을 잘 지키는 혼의 상태를 '정의'라고 한 것과 같은 맥락이라고 이해할 수 있다.

207 **한마음으로** : '마음이 갈라지지 않고 하나로 다잡힌 상태'를 이르는 것으로 혼의 부분들이 앞에서 말한 대로 '잘 짜인' 상태를 말한다.

208 **인간의 절제도 신적인 … 제공할 수 없지** : 두 개의 양극단이 가능성으로 제시되고 있다. 신적인 광기는 인간에게 인간 이상의 것을 제공하기는 하지만, 철학적인 지혜까지 신적인 광기만으로 바랄 수는 없다. 인간의 절제도 신적인 광기에 비해서는 하찮은 것이기는 하지만, 지혜를 사랑하는 삶은 신적인 광기에 의해서 유발되고, 혼의 세 부분의 절제와 고투에 의해서 획득된다는 점에서 인간의 절제도 필요하다. 따라서 지혜를 사랑하는 삶은 신적인 광기에 의해 유발되어 인간의 절제에 의해 완성된다는 뜻에서 이런 표현이 나온 듯하다.

209 **명예를 좋아하는** : 플라톤의 『국가』에서 명예 지상 정체는 철학자들이 통치하는 철인정치라는 이상 정치체제 다음에 오는 정치 체제이고, 그 정치체제들 속에서 사는 삶 역시 같은 등급이다.

210 **짐말들** : 원래는 '멍에를 지는 짐승(hypozygios)'이란 뜻인데, 여기서 '짐을 나르는 짐승'이란 뜻이 나왔다. 정말로 이 말들이 짐을 나르는 말이란 뜻은 아니고, 말 중에서 질이 떨어지는 말이라는 뜻이거나 말 일반을 가리키는 용어로 보인다.

211 **노예근성** : 'aneleutheria'는 직역하면 '자유인답지 못함'이다. 고대 그리스 문화에서 '자유인답지 못함'의 대표적 특성 중 하나는 '인색함'인데, 이 문맥에서도 그 함의가 아예 없지는 않다. 하지만 그보다는 플라톤이 『파이돈』 68c~69c에서 잘 밝혀 놓았듯이, 흔히들 '훌륭함' 또는 '덕'이라고 칭송하지만 사실은 진정한 지혜가 결여되어 있어서 그렇게 말할 수 없는 것들, 이른바 '세속적 덕'이라는 의미로 보아야 할 것이다. 여기에 와서 뤼시아스가 230e~234c에서 한 이야기에 나오는 절제와 사리 분별 등등의 덕목들은 사실상 이해관계를 따지는 가짜 덕으로 판정받는다. 『파이돈』에 나오는 예를 따르면 "이들이 절제하는

사람들인 것은 일종의 무절제로 인한 것으로,··· 다른 즐거움들을 빼앗기게 되는 게 두려워서 ··· 다른 즐거움들을 멀리하기에"(박종현 역주 『파이돈』 305쪽) 자유인의 덕목들이 실상은 다른 즐거움이나 두려움의 노예가 되어 있는 것이다.

212 **파이드로스가 강제로 시킨 것입니다** : 234c~d 참고.

213 **사랑의 기술** : 일반적인 뜻일 수도 있지만, 플라톤은 소크라테스가 다른 면에서는 무지할지 몰라도 사랑의 문제에서만큼은 잘 안다고 밝히고 있으므로, 사랑에 대한 소크라테스의 탁월한 기술을 말하는 것일 것이다(『향연』 177d, 212b, 『뤼시스』 204b 참고).

214 **연설문 작성가** : 이 말이 비난조의 말인 이유에 대해서 『파이드로스』의 필사본 여백에 적힌 고대 주석은[프리스(1969), 257쪽 참고], "고대인들은 보수를 노리고 연설문을 쓰고 그것을 재판용으로 파는 사람들을 연설문 작성가라 부른 반면, 자신의 힘으로 이야기(연설)하는 사람들은 연설가라 불렸기 때문이다."라고 밝히고 있다. 고대 그리스의 사법 체계에는 오늘날 우리처럼 기소를 독점하는 검찰이 따로 없고, 시민이면 누구나 기소가 가능했으며, 전문 변호사도 따로 없어 본인이 자신을 변호해야 한다. 물론 증인의 형식으로 소송 당사자를 도와주는 'syndikos'라는 오늘날 변호사에 해당될 법한 사람들이 있었지만, 소송 당사자는 적어도 한 차례는 스스로 자신을 변호하는 연설을 해야 했다. 연설문 작성가란 바로 이런 연설을 대신 써 주는 사람을 말한다. 그러나 여기서는 파이드로스가 이 말을 '대필해 주는 사람'이라는 비난조의 의미로 사용하고 있지만, 뒤이어서 소크라테스는 이 말을 글을 쓰는 작가 모두에게 해당되는 넓은 의미로 사용한다. 아울러 험담을 했다는 정치가의 일화가 역사적 사실인지는 확인이 어렵고, 플라톤이 슬쩍 지어낸 것일 수도 있다.

215 **소피스트로 불릴까 봐** : 여기서 '소피스트'는 철학사에 등장하는 좁은 의미의 소피스트라기보다는 연설문 작성도 하며 자신의 지혜를 뽐내고 잘난 척하는 사람을 비아냥거리는 넓은 의미로 사용된 것으로 보

는 게 적절하다.

216 **연설문 작성** : 이 말과 몇 줄 위의 '연설문 작성가'는 어간이 같은 (logosgraphia, logosgraphos) 말이다. 그런데 이 두 말에는 이 대화편에서 일관되게 '이야기'로 번역한 'logos'가 두 단어에 같이 붙어 있지만, 여기서는 불가피하게 '연설문'이라 번역하였다. '연설문 작성가'란 말이 워낙 좁은 의미로 사용되었기 때문이었다. 그러나 번역은 그렇지만, 그 의미는 '연설문'을 벗어나고 있는 것으로 보인다. 뒤이어 나오는 내용에서 알 수 있듯이 정치가들이 글로 쓰는 것은 단지 연설문에 국한되는 것이 아니고 이야기 일반으로 확장되기 때문이다. 따라서 뒤로 갈수록 '연설문 작성가'는 '산문작가'의 의미를 더 강하게 띠게 된다.

217 **연설문** : 이곳의 '연설문'도 문맥 때문에 이렇게 번역했으나, 원어는 줄곧 '이야기'로 번역한 'logos'다.

218 **찬동하는** : 법령과 관련되는 맥락이라 '찬동하다'로 번역했지만, 일반적인 맥락에서는 '칭송하다'란 뜻을 갖는 말이고, 이 맥락에서도 그 뜻을 겸하고 있기도 하다.

219 **민회** : '민회'로 번역한 말은 원래 '인민', '대중', '일반 시민'이란 뜻이다. 이 구절은 '민회(the People, assembly)'와 '인민(people)'으로 번역자들의 번역이 갈린다. 본래 '민회'를 뜻하는 말은 'ekklēsia'가 있는데, 플라톤이 굳이 'dēmos'란 말을 사용한 것은 '다수'라는 뜻과 '민의(民意)'라는 뜻을 겸비하게 하려는 의도로 보인다. 본래 평의회는 민회에 제출할 법령을 토의해서 안건으로 넘기는 역할을 맡고, 법령의 의결은 민회에서 이루어진다. 현재 남아 있는 법령 비문에 의결 주체로 평의회와 민회 둘 다 언급되는 이유는 의결된 법령을 비문에 새겨 공표하는 절차를 평의회가 허가하기 때문이거나 민회에 제출할 안건의 초안을 비문에 새기는 과정에서 '의결'이라는 문구를 잘못 사용했을 것이라는 추측이 있다[헨리(Henry, 1977), 16쪽 참고]. '~가 의결했다'란 문구는 연설문에 나타나는 것이 아니라, 의결된 법령을 비석에 새겨

공포하는 글에 나타나는 것인데, 플라톤은 양자의 차이를 의도적으로 무시하고 있다.

220 **지워지고** : '지워지다'로 번역한 'exaleiphein'은 본래 '회반죽을 칠하다'란 말이다. 정치가가 제안한 법령이 민회의 승인을 받으면 그것이 석판에 새겨진 형태로 공표되고, 그렇지 않으면 초안을 새긴 판에 회반죽을 칠해서 지웠던 관례를 두고 한 말로 보인다.

221 **벗** : 227a의 주석(미주 4)에도 밝혔듯이 'hetairos'는 '벗'이란 뜻과 함께 '동무', '동지'라는 뜻도 있다. 특히 이곳에서는 정치적 동지의 뜻이 강하나, 번역의 일관성을 위해 '벗'이란 번역을 유지했다.

222 **뤼쿠르고스나 솔론, 또는 다레이오스** : 뤼쿠르고스는 스파르타의 입법가로 생몰연대가 불확실한 인물이며, 솔론(기원전 640?~560?)은 아테네의 개혁 정치를 이끌었던 정치가 겸 시인이며, 다레이오스(기원전 522~486)는 1차와 2차 페르시아전쟁을 벌인 페르시아의 왕이다. 플라톤은 이 세 사람을 입법가로 보고 여기에 소개한 것이다.

223 **공적인 … 어설픈 자** : 이 구절에서 '공적인(정치적인)'과 '사적인', '시인(작가)'과 '어설픈 자', '운율에 맞춰서'와 '운율에 맞지 않게(산문으로)', 이 세 쌍의 어휘들은 서로 연결되는 말이다. 공적이라는 것은 정치적이라는 뜻 못지않게 전문적이라는 뜻을 가지며, 시인은 바로 운율을 다룰 수 있는 자로서 전문작가라 할 수 있고, 사적인 문서는 운율을 사용하지 않는 산문이 대표적이면서 전문가가 아닌 어설픈 아마추어들이 쓰는 글의 형태이기 때문이다. 번역은 다르지만 '사적인(idios)'과 '어설픈 자(idiotēs)'는 모두 같은 어간인 'idios'를 갖는 말이다.

224 **테릅시코라** : 무사 여신들 중 가무를 관장하는 여신.

225 **에라토** : 주로 사랑을 노래하는 서정시를 담당하는 여신.

226 **칼리오페** : 서사시를 담당하는 여신.

227 **우라니아** : 천문학을 담당하는 여신.

228 **'내팽개쳐서는 절대 안 되는 말이고'** : 『일리아스』 2권 361행에서 인용된 말.

229 **무섭도록 … 더 낫겠지?** : 프리스는 이 구절의 의미에 대한 톰슨(1868)의 설명을 다음과 같이 다시 풀어서 설명하고 있는데, 적절한 것으로 보인다[프리스(1969), 197쪽]. "내가 진지하게 좋은 충고를 하려고 노력하는 가운데 우스꽝스러운 게 실수를 하지 않고 자신의 무지를 감추고 옳은 것이 틀렸다고 청중을 납득시킬 만큼 충분히 영리한 적보다는 낫다."

230 **형편없는 당나귀** : 직역으로는 '당나귀의 그림자(skia onou)'란 말인데, 고대 그리스에서 쓸데없는 것을 이르는 관용적 표현이다.

231 **있는 것들** : 플라톤에게 '있는 것들(ta onta)'은 이데아를 가리키는 표현으로까지 사용되지만, 일상적으로도 '있는 것들'은 '참으로 있는 것들', '참된 것들', '진리'의 의미로 사용된다.

232 **기술이 아니라 기술 없는 숙달** : 이와 유사한 이야기를 플라톤은 『고르기아스』 463b에서도 한다.

233 **아름다운 아이를 낳는** : 242a~b에서 파이드로스는 많은 논의를 낳은 자로 소개되었다.

234 **민회 연설** : 정치적 문제에 대한 의견을 담은 연설.

235 **네스토르와 오뒤세우스가 둘이서 일리오스에서** : 네스토르와 오뒤세우스는 호메로스의 『일리아스』에 등장하는 트로이전쟁의 영웅들로서, 둘 다 연설에 능한 것으로 묘사되어 있다. 그들의 연설 능력에 대해서는 『일리아스』 1권 249행, 3권 216행 이하 참고. '일리오스'는 트로이아의 다른 이름이다.

236 **기술** : 직역해서 '기술'이라고 했으나, 'technē'에는 '연설술에 관한 다양한 글들을 통칭하는 제목'이라는 뜻도 있다. 아마도 다양한 사람들이 연설기술에 관한 책을 쓰면서 '연설(logos)에 대한 기술'이라는 이름을 주로 붙였기 때문에 이런 통칭이 생긴 것으로 보인다. 이 맥락에서도 단순히 '기술'이라기보다는 '연설술 교본' 정도로 보는 것이 문맥에는 더 맞을 것이다.

237 **고르기아스를 … 오뒤세우스로** : 고르기아스, 트라쉬마코스와 테오도로

스는 각기 레온티노이, 칼케돈과 뷔잔티온(비잔티움) 출신의 연설 기술 이론가들이다. 특히 고르기아스는 플라톤이 『고르기아스』를 통해서 그의 '연설술'을 비난한 바가 있는 소피스트이며, 트라쉬마코스는 플라톤의 『국가』 1권에서 '정의(正義)'의 문제를 놓고 소크라테스와 대립되는 이론을 펼쳤던 소피스트로 그려진다. 여기서 파이드로스가 네스토르는 고르기아스에, 오뒤세우스는 트라쉬마코스와 테오도로스에 연결 짓는 이유는 네스트로는 호메로스의 작품에서 올곧은 인물로 그려지는 반면에 오뒤세우스는 후대에 이르러 영악한 인물로 평가받는 실정이 반영된 것으로 보인다.

238 밋밋하게 : 'psilos'는 문맥에 따라 다양한 의미를 갖는다. 이 대화편 278c에 나오듯이, 어떤 때는 그것은 '반주를 얹지 않은'이라는 뜻을 가지며, 때로는 '운율을 갖추지 않은', 즉 '산문의 형태를 한'이라는 뜻을 갖는다. 여기서는 '증거를 갖추지 않은'이라는 법정 연설과 관련된 뜻을 가졌다. 이 번역은 이 모든 뜻의 출발점이 되는 기본 의미를 번역어로 택했다.

239 "내 사정에 대해서 … 드는데…." : 230e 6행 이하에서 했던 이야기의 앞부분을 다시 이야기하는 것이다. 마지막 문장은 번역과 원문의 어순을 일치시키기 어려워 다소 달라졌으나 원문은 동일하다.

240 길에 따라 : '체계적으로'라고 하는 것이 문맥에는 자연스러우나 앞의 '길을 따라 간다'에 맞추기 위해 직역했다.

241 사랑을 규정했던가? : 소크라테스는 237b~238c 이하에서 사랑을 정의한 적이 있다. 특히 238c 전후를 참고.

242 아켈로오스의 자식인 님프들 : 이들의 관계에 대해서는 230b의 각주 참고.

243 헤르메스의 자식인 판 : 판의 출생에 대해서는 다양한 설이 있지만, 한 가지 설에 따르면 그는 헤르메스와 드리옵스의 딸 사이에서 태어났다고 한다. 판은 목동들과 가축들의 신으로 님프들을 좇아다니곤 하며, 한낮의 더위를 피해 낮잠을 즐기고 서늘한 샘터와 그늘진 숲을 좋

아한다고 한다. 또한 플라톤은 『크라튈로스』 408b 이하에서 판이 헤르메스의 아들로서 두 가지 본성을 가지고 있어서, 판의 참된 부분은 '모든 것'(판은 그리스어로 '모든 것'을 뜻하고, 신화학자들은 이 어원설을 대체로 받아들인다.)을 표시하는 말(logos)과 관련이 되며, 다른 거짓된 부분은 '염소와 같은'('염소와 같다'란 'tragikos'는 '비극적인'이란 말과 같은 말이며 '비극'의 어원이 된다고들 본다.) 그의 다른 모습이 보여 주듯이 세속적인 세상의 비극적인 삶과 관련이 된다고 말한다. 뜨거운 여름의 한낮에 그늘지고 서늘한 샘과 숲을 좋아하고 에로스의 에너지를 발산하며 헤르메스의 아들로서 유창한 언설을 자랑하는 판은 이렇게 이 대화편에서 소크라테스로 하여금 이야기하게끔 하는 영감의 원천으로 언급된다. 이 대화편 마지막에서 소크라테스가 판에게 기도하는 것도 같은 맥락에서 이해될 수 있다. 뤼시아스의 이야기의 인위성과 자연의 영감에서 우러난 소크라테스의 이야기가 대비되는 맥락이 이 대목에서부터 적극적으로 드러난다.

244 **"내 사정에 대해서 … 마음이 들지."** : 262e의 재인용보다 몇 마디 더 들어가 그때 완결되지 못한 문장이 완결되고 어순도 잡혔다.

245 **이야기를 마친 상태에서** : 이 구절의 번역은 원문에는 '이야기를'이 빠져 있는데 내용을 봐서 보충한 것이다. 그런데 번역자들에 따라서 빠져 있는 것이 무엇인가에 대한 해석이 둘로 갈린다. 하나는 우리 번역처럼 '이야기를(logos)'이 빠졌다고 보는 것이고, 다른 하나는 '사랑을(eros)'이 빠졌다고 보는 것이다. 두 번째 해석은 사랑을 하던 사람이 사랑이 식은 상태에서 사랑받는 이에게 하는 이야기로 뤼시아스의 이야기가 시작된다고 보는 해석일 것이다(해석자들이 특별한 논거를 제시하지 않는다). 이 해석은 소크라테스가 이 구절에서 뤼시아스가 쓴 표현인 '사랑을 하지 않는 사람'이 아니라 '사랑을 하는 이'라는 표현을 쓰고 있다는 점, 뤼시아스의 이야기 중에 '욕구가 가신 후에'라는 표현이 자주 나온다는 점 등이 논거가 될 것이다. 이런 관점에서 보게 되면, 뤼시아스의 이야기에서 사랑을 하지 않는 이가 사랑받는 이에게

그 이야기를 하는 이유는 이미 사랑의 열정은 식었으나 육체적인 관계는 계속하고 싶은 생각에서 자신의 생각을 정당화하는 것이라는 해석이 가능할 것이다. 그러나 지금 264a의 논의가 사랑이라는 주제를 다루면서 합당한 순서가 무엇이냐는 것인 만큼, 두 번째 해석은 이 문맥에 잘 맞지 않는 문제가 있다. 따라서 첫 번째 해석에 따라서, 제대로 짜인 이야기였다면, 이야기를 마친 상태에서 사랑이라는 주제를 마무리하면서 결론으로 할 법한 말로 뤼시아스가 자신의 이야기를 시작했다는 뜻으로 보는 것이 적절해 보인다. 이렇게 볼 때, 뤼시아스에 대한 소크라테스의 비판은 글을 시작할 때는 정의에서부터 시작해야 하고, 그 이후의 단계에도 합당한 순서가 있는데, 뤼시아스의 글은 결론에 해당하는 내용만 달랑 취급하고 있다는 것이 된다.

246 **친애하는 이여** : '이'라고 번역한 말은 'kephalē'인데 기본적인 의미는 '머리'라는 뜻이다. 그런데 이 말은 호메로스의 서사시에서 '사람'을 가리키는 말로도 쓰인다. 우리말의 '머릿수'라는 의미와 비슷한 뜻에서 전이되었다고 보면 될 것이다.

247 **결말** : 몇몇 해석자들은 이 부분의 '결말(teleutē)'과 253c의 '사랑을 하는 이의 열의와 입교의식(teletē)'을 연결시키고자 다른 사본을 따라 253c의 '입교의식(teletē)'을 '결말(teleutē)'로 고쳐서 해석한다. 그들에 따르면[로우(2005), 주석 169 참고], 소크라테스의 두 번째 연설에서 사랑을 하는 이의 결말은 서로가 성장하여 철학의 삶을 사는 것이지만, 뤼시아스가 자신의 이야기에서 관심을 두는 결말은 그가 하는 이야기 전체가 노리는 것, 즉 성적 쾌락이라는 것이다. 다른 사본을 받아들여 해석하는 것도 가능한 일이기는 하지만, 현재 상태로도 두 단어의 형태가 유사한 만큼 적어도 그리스 원문에서는 파이드로스의 농담이 유효하다고 봐서 텍스트를 달리 읽지는 않았다.

248 **떠오르는 대로** : 이것은 통상 시인들이 자신의 시에 대한 자랑 겸 변명으로 삼아 온 것을 생각하면 아이러니한 표현이다.

249 **중간들과 끝들** : 신체에 비유될 때, 여기서 중간은 몸통을, 끝들은 손

과 발, 그리고 머리를 말한다.

250 **프뤼기아의 미다스** : 우리에게 '마이더스'로 알려진 전설상의 왕과 동일 인이거나 동명이인인 것으로 보이는 기원전 8세기의 프뤼기아의 왕.

251 **청동 처녀인 … 일러 주리니** : 이 시는 디오게네스 라에르티오스의 『유 명한 철학자들의 생애와 사상』 1권 89~90에 인용된 것을 비롯해 플 라톤 이후의 저술가들 작품에 여러 차례 인용되었으나, 플라톤의 인 용이 가장 오래된 것이다. 디오게네스 라에르티오스는 이 시가 고대 그리스의 칠현인 중 하나로 꼽히곤 하는 린도스 사람 클레오불로스의 작품이라고 하며, 어떤 책에는 호메로스가 원작자라는 설도 전한다. 하지만 플라톤이 출처를 정확히 밝히지 않고, '어떤 사람들이 말한다' 라고 하는 것으로 봐서는 플라톤의 창작이거나 모작일 가능성도 있 다.

252 **어떤 것이 … 아무 상관없다** : 묘비에 적힌 이 시가 질서정연한 논증 구 조를 갖고 있지 않다는 말이다.

253 **사랑에 관한 광기를 최고의 광기라고 주장했네** : 모레스키니 판에 따라서 여기서 원문 텍스트에 중간 방점을 찍어서 문장을 끊어 번역했다.

254 **그것이 무엇인지** : 이 말은 '이것은 무엇인가?'라는 질문에 대한 답의 형태라고 볼 수 있는 말이다. 즉 어떤 것의 본질적 성질이 무엇인지를 묻는 말에 대해서 '~인 것'이라고 답하는 형태로, 플라톤이 형상을 가 리키는 표현으로 자주 사용하는 형식이다.

255 **그것으로 인해** : '그것'은 앞에서 말한 사랑에 대한 규정을 말할 수도 있고, '모음'의 과정 자체를 가리킬 수도 있다. 이 번역은 열려 있으 나, 옮긴이는 '규정'으로 이해했다.

256 **그때그때 가르치고자 하는 … 이야기가 말할 수는 있었네** : 플라톤의 철학 방법론인 '변증술(dialektikē)'에서 중기 이후의 핵심적인 내용을 이루 는 '모음(synagōgē)'과 '나눔(diairēsis)' 중에서 '모음'에 대한 설명이다. 예컨대 이 대화편 237c에서 사랑을 일종의 욕구로 본 것이나 244a에 서 사랑을 일종의 광기로 본 것이 바로 '모음'의 단계이다. 이렇게 이

야기의 시작 단계에서 이야기하고자 하는 주제에 대한 넓은 규정을 내림으로써 이야기의 명확성과 내적 일관성을 유지할 수 있었다고 소크라테스는 주장하는 것이다.

257 **부류** : 이 말과 바로 앞의 파이드로스가 한 말 중 '또 다른 한 부류'의 '부류'는 원어가 'eidos'이다. 'eidos'는 'idea'와 함께 플라톤의 형상을 가리키는 표현이다. 그래서 소크라테스의 말 중에 나온 '부류'를 '형상'으로 이해할 수도 있지만, 파이드로스가 '부류'라는 말을 별 의미 부여 없이 사용하듯이 소크라테스가 쓴 '부류'도 특별히 플라톤의 형이상학을 전제하지 않고 일반적인 의미로도 이해될 수 있는 맥락이라고 보았다.

258 **생각의 실성(失性)** : '정신이상' 정도가 문맥에 맞는 번역일 텐데, 'dianoia'를 '생각'으로 해 온 번역의 일관성 때문에도 그렇고, 바로 다음에 '정신이상(paranoia)'이란 말도 나와서 피하다 보니 다소 어색한 번역이 되었다.

259 **그 부류란 … 칭송했다네** : '모음과 나눔' 중에 '나눔'에 대한 설명이다. 이처럼 나눔은 '모음'에 의해 하나의 부류로 설정한 것을 자연스런 부분(개념의 실재)에 따라 둘로 나누고(때에 따라 둘 이상으로 나눌 수도 있다), 다시 그중 한쪽을 계속 나눠 감으로써 본래 파악하고자 했던 주제의 본성에까지 이르는 방법이다.

260 **'신의 뒤를 … 발자취를 따라'** : 『오뒤세이아』에서 자주 나오는 표현으로 2권 406행, 3권 30행 등에 나온다.

261 **서곡** : 'prooimion'은 일차적으로는 노래의 '서곡'이란 뜻이고, 여기서 전이되어 '서론'이라는 뜻도 나왔다. 비유적인 표현을 살려 번역하고자 했다. '서곡'의 역할에 대해서는 플라톤도 긍정적으로 생각했고, 『법률』 4권 722b~723c에 이에 대한 설명이 나와 있다. 물론 이 문맥에서는 당시의 연설술의 서곡을 비아냥거리는 어조가 들어 있다.

262 **일종의 서술** : '일종의'라는 말이 암시하듯이, 여기에는 폄하의 어감이 들어 있다. 이는 아마 플라톤이 생각하기에 연설하고자 하는 주제에

대한 설명을 해야 하는 이 대목에서 진정한 서술은 '변증술'에 의한 것이어야 할 텐데, 당시 연설가들은 실제 존재의 분석을 통한 것이 아닌 다른 기법들에 의존한다고 생각했기 때문이었을 것이다.

263 그럴듯한 논증 : '개연적 논증', 즉 필연성에 의한 것이 아니라 그럴 수 있는 가능성이 높은 것에 의존한 논증이라고 풀 수 있는데, '그럴듯함'은 플라톤이 이 대화편에서 의도적으로 다양한 문맥에서 지속적으로 사용한 용어라 번역을 통일하였다.

264 확인과 추가 확인 : '연설술(수사학)'의 전통에서는 이후로 별로 등장하지 않는 용어이다.

265 논고와 변론 : 고대 그리스에서는 고발자가 하는 변론은 'katēgoria'라고 했고, 피고가 하는 변론은 'apologia'라고 했다. 현재 우리말에서는 검사와 변호사의 논변 모두를 변론이라고 하고, '논고'는 증거조사 이후 피의자의 범죄 사실과 법률적용에 대한 검사의 의견을 진술하는 것만을 가리킨다. 그래서 넓은 의미에서 논고도 검사의 변론의 일부이지만, 여기서는 구별을 위해 다소 자의적인 번역을 택했다.

266 논박과 추가 논박 : '논박'은 소크라테스의 대화술로 잘 알려진 방법이지만, 여기서는 법정 공방을 가리키는 말로 보인다. 이 두 용어는 이후 연설가들에게 채택되지 못했고, 특히 '추가 논박'은 아리스토텔레스가 『수사학』 3권 1414b 13~18행에서 테오도로스가 지나치게 세밀한 구분을 했다고 비난하는 과정에서 등장하기도 한다.

267 에우에노스 : 플라톤의 『소크라테스의 변론』에서 그는 돈을 받고 인간과 시민의 덕을 가르쳤다고 전해진다. 시인이자 소피스트로 알려져 있으나 '연설술'에 대한 그의 기여는 『파이드로스』의 이 구절 외에는 전해지는 것이 없다. 소크라테스가 재판을 받을 당시 아테네에서 활동하고 있었던 것으로 『소크라테스의 변론』 20a에 전한다.

268 그런데 우리는 … 소개 안 하나? : 모레스키니 판을 받아들여 여기서 의문문으로 문장을 끊었다.

269 테이시아스 : 시실리의 쉬라쿠사이 출신. '연설술(수사학)'의 창시자로

알려진 코락스의 제자이다.

270 **프로디코스** : 케오스 출신의 소피스트. 플라톤의『크라튈로스』384b에
는 소크라테스가 돈이 없어서 그에게서 어휘 사용에 관한 비교적 저
렴한 강의를 들었다는 말이 나온다. 그는 정확한 어휘 사용의 중요성
을 강조했다고 하며, 그런 그의 면모는『프로타고라스』339e~341d,
『메논』75e,『에우튀데모스』277e 등에 간간이 언급된다.

271 **히피아스** : 엘리스 출신의 소피스트. 그는 다방면의 분야에 대한 방대
한 지식을 갖고 있었다고 전해지며, 이런 그의 모습은 플라톤의『대
히피아스』,『소 히피아스』,『프로타고라스』등에 전해진다. 뒤에 언급
되는 프로디코스의 적절한 연설 길이에 대해 그가 찬동하리라고 추정
하는 것은『프로타고라스』338b에서 히피아스가 이와 비슷한 주장을
했기 때문인 것으로 보인다.

272 **폴로스** : 고르기아스의 제자로 플라톤의『고르기아스』에도 등장한다.

273 **전당(殿堂)** : '전당'으로 번역한 'mouseion'은 '박물관(museum)'의 어원
이 되는 말이다. 일차적으로 무사 여신들의 신전을 가리키는 말이고,
이로부터 음악이나 예술의 전당이란 뜻, 예술이나 문예의 학교, 철학
학파 또는 도서관 등의 뜻을 갖는다. 때로는 책 제목으로도 사용되던
말인데, 여기서 이 말이 폴로스의 책제목인지는 확실하지 않다. 따라
서 번역은 평이한 문맥이 이해될 수 있는 선에서 했다.

274 **반복어법** : 프리스(1969, 224쪽)는 이 어법의 내용을 세 가지로 추정한
다. 1) 아리스토텔레스『수사학』3권 1406b 1행에서 말하는 복합어의
사용법, 2) 플라톤의『고르기아스』448c에 나오는 "경험으로부터 경험
에 의해 발견된다(ek tōn empeiriōn empeirōs hēupēmenai)."는 말처럼
비슷한 말을 중복해서 쓰는 기법, 3) '아이고, 아이고'처럼 같은 말을
중복해서 쓰는 방법.

275 **격언어법** : 격언풍, 또는 격언 사용의 방법에 관한 것으로 보인다.

276 **비유어법** : 직유나 은유의 사용법.

277 **리큄니오스** : 키오스 출신으로 디튀람보스 시를 쓰기도 했으며, 이 대

화편에 암시되듯이 폴로스를 가르치기도 했다. 아리스토텔레스에 따르면(『수사학』 3권 1414b 15행) 그의 작품은 듣기보다 읽는 게 더 좋았다고 한다.

278 **프로타고라스** : 소크라테스보다 연배가 높은 압데라 출신의 소피스트. 플라톤의 대화편 중 그의 사상이 주로 논의되는 대화편에는 『프로타고라스』와 『테아이테토스』가 있다.

279 **올바른 어법** : 이것이 프로타고라스의 책 이름인지는 확실하지 않다. 다만 디오게네스 라에르티오스의 『유명한 철학자들의 생애와 사상』 9권 53절 이하에는 문법 연구에 대한 프로타고라스의 관심을 보여 주는 증언이 있고, 플라톤의 『프로타고라스』 338e 이하에는 올바른 어법에 대한 그의 생각을 보여 주는 대목이 있다. 이 대화편에서 이 말은 바로 앞의 '우아한 어법'과 대비되어 의도적으로 사용되었을 것이다.

280 **기운찬 칼케돈 사람** : 칼케돈 출신의 트라쉬마코스를 가리키는 말이다. 그에 대해서는 261c의 주석(미주 237) 참고. 호메로스의 작품에서는 '발 빠른 아킬레우스'처럼 사람에게 별칭을 부여하여 부르는데, 지금 이것도 어느 정도 그 방식을 따온 형태이다.

281 **스스로 할 수 있다고** : 모레스키니를 받아들여 'poiein'을 살렸음. 실질적으로 번역상의 차이는 없다.

282 **그 기술의 전문가가 … 말할 겁니다** : 문법적인 문제로 'eipein'이 아니라 'eipoien'을 받아들인 모레스키니를 받아들였다.

283 **소포클레스** : 기원전 5세기에 활동한 아테네의 비극시인. 아이스퀼로스, 에우리피데스와 더불어 3대 비극시인으로 불린다. 그의 작품으로는 『오이디푸스 왕』, 『안티고네』 등이 전한다.

284 **에우리피데스** : 소포클레스보다 약간 늦게 태어나 활동한 아테네의 비극시인. 3대 비극시인으로 꼽히는 그의 작품으로는 『메데이아』, 『알케스티스』 등이 전한다.

285 **연설** : 이 말은 'logos'가 아니라 'rhēsis'의 번역이다. 비극을 말하는 맥락에서 '연설'이 다소 생뚱맞아 보이지만, 플라톤은 『고르기아스』

502d에서 비극이 일종의 연설술이라고 말한다. 아울러 당대의 연설가들에게 단어의 선택은 자랑거리 중 하나였다고 한다.

286 음악 전문가 : 'mousikos'는 이 대화편에서 다양하게 번역되었지만, 크게는 '시가' 계열 단어와 '음악' 계열 단어로 나누어 번역되었다. '시가'는 말 그대로 시와 음악을 포함하는 넓은 개념이고, 고대 그리스에서 '시가에 능하다'는 말은 '교양이 높다'라는 뜻을 갖고 있지만, 때로는 이 대목처럼 '음악'에 국한되어 전문적인 의미로도 사용되었다.

287 화성에 대해 전문가 : '화성에 대한 전문가'라고 번역한 'harmonikos'는 문맥의 의미로는 '음악 전문가(mousikos)'와 같은 뜻으로 보인다. 따라서 우리가 쉽게 연상하는 '화성법'에 국한되지 않고, 그리스 음악 특유의 선법이나 조율 등 음악 전반에 대한 지식을 갖춘 것을 의미한다고 봐야 한다. 또한 '화음'은 오늘날처럼 어울리는 여러 음이 동시에 조화를 이루는 것에 국한되지 않고 멜로디의 진행에 따라 어울리는 것이 주된 의미였을 것이라는 점도 기억해 둘 필요가 있다. 관련된 내용은 플라톤의 『향연』 187a~b의 내용과 번역자 강철웅(2020)의 해당 부분 주석 참고.

288 아드라스토스 : 전설 속 아르고스의 왕이자 타고난 연설가로 전해진다. 그의 주도로 테베를 공격하여 같이 공격했던 일곱 장군들 중 그만 살아남았으나 그의 달변으로 테베인들에게서 나머지 장군들의 시신을 돌려받았다는 일화가 유명하다.

289 페리클레스 : 기원전 450년부터 429년까지 아테네를 이끈 민주정의 지도자. 그의 유명한 장례 연설은 투퀴디데스의 『펠로폰네소스 전쟁사』 2권 35~36에 실려 있다. 플라톤은 『메논』 94b에서 그를 '신적인 섭리'에 의해 참된 판단을 갖춘 정치가로 설명하며, 『메넥세노스』에서는 그의 장례 연설에 대비되는 연설을 구성하기도 했다.

290 경합자 : 'agōnistēs'는 '연기자'나 '공연자'로 번역될 수 있는 'performer'란 말이 우리 문맥에는 더 맞는 번역일 수도 있지만, 고대 그리스에서 연극, 시, 음악, 연설은 모두 '경합(agōn)'의 형태로 공연이 이루어지는

것이기 때문에 그러한 맥락을 살리기 위해 이같이 번역했다. '경합자(agōnistēs)'는 '경합(agōn)'에서 비롯된 말이기도 하다.

291 **완벽하지 못하게** : 이 대화편에서 'atelēs'는 세 번 나오는데, 세 번 다 다르게 번역되었다. 한 번은 '목적을 이루지 못하는'(245a)이었고, 한 번은 '입교하지 못하는'(248b)이었으며, 세 번째가 이곳의 번역이다. 그런데 이 각기 다른 번역은 'atelēs'가 갖는 다양한 의미를 잘 보여 주며, 또한 플라톤이 이 대화편에서 이 단어와 그 반대인 'teleios'란 말로 의미하고자 하는 바를 잘 보여 준다. 즉 플라톤은 목적이라는 것과 종교적인 비의에 입문하는 것으로 비유되는 철학의 길에 들어서는 것, 그리고 완벽해지는 것을 같은 선상에서 이해하고 있는 것이다.

292 **수다와 자연에 관한 고담준론** : 이 말은 당시 철학에 대해 일반인들이 갖는 인식을 플라톤이 역설적으로 철학의 본성으로 끌어들이는 말이다. 당시 사람들이 보기에 소크라테스가 젊은이들을 상대로 나누는 대화는 거리에서 쓸데없이 지껄이는 수다에 불과해 보였고, 자연철학자들이 자연에 대해서 하는 말들은 허황되고 고상한 척하는 이야기로 들렸다. 하지만 뒤이어 나오듯이, 철학은 이렇게 쓸데없어 보이는 것에 대해서 미주알고주알 따져 드는 이야기이고, 원리가 되는 자연과 본성에 대한 깊이 있는 이해를 도모하는 이야기라는 것이 플라톤의 생각이다. '자연에 관하여(peri physeos)'는 바로 뒤에 나오는 아낙사고라스를 포함하는 소크라테스 이전 자연철학자들의 저술 이름으로 자주 나오는 말이고, '고담준론(高談峻論, meteōrologia)'은 원래 '높이 있는 것', 즉 '천문 현상'에 대한 논의를 이르는 말이다. '자연(physis)'은 이곳에서는 자연철학과의 연관성 때문에 이렇게 번역했으나, 뒤에서는 '본성'으로 번역했다. 물론 그리스어로는 같은 말이다.

293 **고매한 지성과 만사에 완벽함** : '고매한 지성'은 '자연에 관한 고담준론'에서, '만사에 완벽함'은 '수다'에서 나오는 것일 것이다. 플라톤은 『국가』 527d 이하에서 천문학이 우리의 혼을 정화하는 학문이라고 말하며, 『티마이오스』 47a 이하에서는 우리의 눈이야말로 천체의 회전을

보며 우리의 혼이 그와 같음을 자각할 수 있게 해 주는 신의 선물이라고 말한다.

294 **아낙사고라스** : 아낙사고라스는 기원전 500년에 태어나 428년에 죽은 클라조메나이 출신의 자연철학자이다. 그의 자연철학에서 소크라테스의 관심을 끈 것은 한데 모여 있는 우주의 모든 씨앗(sperma)을 흩어지게 하여 우주를 생성하게 하는 역할을 '지성(nous)'에 맡겼다는 점이었다(플라톤의 『파이돈』 97b 이하 참고). 그는 이후 아테네로 이주하여 머물렀는데, 그때 페리클레스와 교유했으며, 그가 불경죄로 고발되어 사형선고를 받았을 때(디오게네스 라에르티오스, 앞의 책 2권 12절), 페리클레스가 그를 빼내 주었다고 한다(플루타르코스, 『플루타르코스 영웅전』 「페리클레스의 생애」 32). 바로 앞에서 '고매한 지성(hypsēlonous)'이란 말은 바로 아낙사고라스의 자연철학에서 논하는 '지성(nous)'을 염두에 두고 쓴 표현이다.

295 **반지성** : OCT는 원래 사본에 있던 'anoia(반지성)'을 '생각(dianoia)'으로 바꾸었다. 아낙사고라스의 저술에 '반지성'에 대한 이야기가 없다는 생각에서였을 텐데[워터필드(1952), 150쪽, 주석 3 참고], OCT를 받아들일 경우 '지성과 생각'이 되어 중복되는 측면이 있다. 플라톤이 반드시 역사적인 아낙사고라스에 충실했을 이유는 없다고 보고 모레스키니 판과 마찬가지로 원래 사본의 '반지성'을 택했다.

296 **규범에 맞는 활동** : 이 구절은 265a의 신적인 광기가 제공하는 '익숙한 규범들의 신적인 일탈'과 대비해서 연설술이 제공하는 것으로 이해해야 할 것이다. 또한 여기서 '활동(epitēdeusis)'은 그저 개인적인 활동이 아니라 '제도화된 활동'으로 이해하는 것이 원의에 더 맞다.

297 **전체** : 이것이 우주 전체인지 혼이나 육체 전체인지는 분명하지 않다. 앞뒤 문맥을 보면 앞의 269e~270a에서는 우주와 혼의 관계를 논하고, 뒤의 270c~e에서는 어떤 것이 다른 것과 상호작용해야 한다는 의미를 말하고 있기 때문에 논의가 진전되는 흐름으로 봐서는 혼이나 육체 전체로 보는 것이 일반적이다. 또한 일반적으로 히포크라

테스가 거대한 철학적 원리에 입각하기보다는 경험과 관찰에 우의를 두고 환원주의적 접근 방식을 택한 것을 생각하면(히포크라테스, 2011, 248~250쪽 참고), 혼이나 육체 전체로 범위를 좁혀 이해하는 것이 합리적으로 보인다. 그러나 이 대화편에 나오는 플라톤의 히포크라테스에 대한 평가가 우리가 현재 접할 수 있는 히포크라테스에 대한 평가 중 가장 오래된 것이어서, 이 구절에 대한 해석이 히포크라테스에 대한 일반적 평가에 오히려 역으로 영향을 줄 수 있기 때문에 그 일반적 해석이 이 대목 해석의 결정적인 근거가 된다고 보긴 어렵다.

298 히포크라테스 : 서양의학의 아버지라고도 불리는 코스 섬 출신의 의사. 그의 가문은 아스클레피오스로부터 비롯되었다는 전설이 있다. 기원전 460년에 태어났다고 전해지나 죽은 시기는 분명하지 않다.

299 만약 … 이해할 수 없지요 : 이 대화편의 초입에서 파이드로스가 건강에, 따라서 의학에 관심이 많았던 것을 떠올리면, 왜 소크라테스가 여기서 굳이 히포크라테스를 끌어들이는지, 또 파이드로스가 히포크라테스에 대해 자신 있게 말을 하는지를 이해할 수 있다.

300 참된 이야기 : 이것은 참된 설명이거나 이성일 수 있으나, 앞의 문맥과 비교해 보면 '연설'이 의인화되어 '연설이 자기 자신에 대해서 이야기하는 것'이라고 풀어서 이해할 수 있다.

301 작용을 겪는지 : 우리에게 자연스럽기로는 '작용을 받는다'라고 하면 좋을 것이다. 그런데 이 말에는 작용을 받는 쪽은 수동적이고 아무런 적극적인 역할을 하지 못한다는 전제가 암암리에 깔려 있다. 그러나 가만히 생각해 보면 작용을 받는 쪽도 작용을 받을 만한 구조와 능력을 갖고 있기에 그런다고 보는 것이 더 맞을 것이다. 아닌 게 아니라 플라톤은 『소피스트』 247d~e에서 작용을 하는 쪽도 작용을 받는 쪽도 모두 능력(힘, dynamis)을 갖고 있다고 말한다. 이런 의미를 살리기 위해서 다소 어색하지만, '작용을 겪는다'란 표현을 택했다.

302 설명 : 'logos'는 설명과 연설(이야기) 두 가지 뜻을 다 갖고 있으며, 여기서 중의적으로 사용된 것으로 보인다. 또한 '설명을 해 준다'란 말

은 '가르치다'는 뜻을 갖는다. 따라서 이 대목은 연설술을 가르치는 선생이 연설을 해서 연설술에 대해 설명을 한다는 뜻으로 읽을 수 있다. 자연스런 의역이 가능하지만, 이후에 이와 연관되는 구조의 구절들이 나오기 때문에 형태를 살리기 위해 직역에 가깝게 했다.

303 **누군가에게 … 그 사람은** : 여기서 '누군가'와 '그 사람'은 문맥상 각기 '제자'와 '선생'을 가리킨다.

304 **설명을 처방할** : 여기서도 중의적 설명의 대상은 곧 연설술이고, 따라서 설명이 곧 연설이다. '연설을 처방한다'는 것은 누군가에게 연설을 한다는 뜻이고, 따라서 처방을 받는 쪽은 한 개인 중에서도 그의 혼이 된다.

305 **연설술을 가르쳐 줄 만한** : 이 구절은 위의 '설명을 해 주다'와 같은 구조이다. 어색함을 피하기 위해 '가르치다'란 말을 넣기는 했지만, 원문에는 '주다'란 말만 있다.

306 **시범 삼아 내보여지거나 실제로 이야기되거나** : 뤼시아스와 대다수의 소피스트들은 아테네 사람이 아니기 때문에 민회에서 연설할 자격이 없었다. 그리고 또 그들은 제자들을 가르치거나 자신의 솜씨를 과시할 목적으로 준비된 연설을 공개적으로 하거나 제자들에게 보여 주었다. 이런 연설을 '과시연설(epideixis)'이라고 한다(이에 대한 자세한 설명은 김인곤 번역의 『고르기아스』(2011, 216~217쪽, 주석 3 참고). 반면에 실제 현장에서 이루어지는 연설은 실제 상황에 맞춰 하기 때문에 다분히 즉흥성을 갖추었던 것으로 보인다. 여기서부터 플라톤은 '이야기하다(legein)'라고 번역해 온 이 동사로, 미리 준비되어 글로 쓰인 것의 고착성에 대비해서 구술의 즉흥성을 보여 준다. 워터필드(1952, 148쪽, 주석 1)는 '과시연설'이 대중에게 공개되는 형태의 연설이었던 반면에 이 대목에 나오는 '시범 삼아 내보여지는(endeiknynai)' 연설은 제자들에게 교육용으로 제시되는 것이라고 구별하고자 하였다. 전거가 부족하긴 하지만, 이 대화편에서 나온 뤼시아스의 첫 번째 연설과 소크라테스의 첫 번째 연설이 다분히 그런 성격이 있는 것을 볼 때 의미 있

는 구별일 수 있다. 반면에 소크라테스의 두 번째 연설은 다이몬의 개입으로 인해 즉흥적으로 이루어지는 정황으로 볼 때, '실제로 이야기되는' 사례에 속한다고 볼 수 있다(유니스, 2011, 214쪽 해당 부분 주석 참고).

307 과장법 : 번역으로는 뜻이 잘 살지 않으나 이것은 상대방을 헐뜯어 그를 실제보다 더 나쁜 사람이라고 과장해서 이야기함으로써 청중들의 분노를 유도하는 논법이다. 아리스토텔레스의 『수사학』 1417a 13행, 1419b 26행 참고.

308 이렇게 보이나요, 아니면 : OCT는 '아니면' 앞의 문장을 끊어서 의문문으로 처리하고 뒤의 문장도 별도의 의문문인 것으로 했으나 'mē'가 아니라 'ē'를 택하고 문장을 연결한 모레스키니 텍스트를 받아들였다. OCT대로면 뒤의 문장은 "달리 ⋯ 받아들이지 말아야 하나요?"가 되었을 것이다.

309 무섭도록 영리하게 숨겨진 기술 : 이 말의 의미는, 1) 찾기 어려웠던 기술, 연설술을 구사할 때, 마지막에 판세를 뒤집기 위해 숨겨진 카드, 2) 실제 현장에서 사람들이 드러내고 싶어 하지 않는 숨겨진 기술. 겉으로는 정의와 진리를 말하는 기술을 구사한다고 말하지만 속에서 겉에 드러나는 현상을 조절하는 숨겨진 기술의 의미로 생각해 볼 수 있겠다. 이것을 처음으로 드러낸 것이 테이시아스와 그 일파라는 것이 플라톤의 생각이다. '숨겨져 있다(apokryptein)'란 말이 261e, 271c에도 나오는데, 이것이 소피스트나 연설가들과 연결되어 사용되는 것도 눈여겨볼 만한 점이다.

310 얼마 전에 : 262a 5행.

311 좀 전에 : 262a~b.

312 당신이 생각하시는 대로가 아니라 말이죠 : 앞에 나왔듯이 테이시아스가 중요하게 생각하는 것은 연설의 설득력과 성공이다.

313 이것으로부터 ⋯ 이루어질 것입니다 : 대부분의 번역은 성공을 획득한다는 뜻으로 해서, 돌아가는 길을 택하더라도 연설의 성공이 가능하

다는 방식을 택했다. 그러나 번역을 열어 두기 위해서 '연설의 성공이 가장 아름다운(훌륭한) 것이 된다.'로도 읽힐 수 있게 번역했다.

314 하지만 글쓰기에 관련된 … 남아 있네 : 258d 4행 이하에서 처음 제기되었던 글쓰기의 적절성 문제는 처음에 지혜로운 자들이 글쓰기 자체를 바람직한 것으로 생각하는지 아닌지를 이야기하다가, 적절하게 쓰는 글이 바람직한 글이라는 논지로 넘어갔다. 여기서는 그동안의 논의를 토대로 더 높은 차원에서 이 문제가 논의된다.

315 내가 들은 바로는 : 말은 이렇게 하지만, 275b 3행 이하에서 파이드로스가 하는 대꾸에서 보듯이 플라톤의 창작인 것으로 보인다.

316 나우크라티스 : 나일 강 삼각주 서쪽 지역에 있는 이집트의 상업 중심지. 이집트의 토트 신앙의 중심지가 이집트 삼각주였다고 한다.

317 이비스 : 이비스는 따오기의 한 종류로, 전통적으로 이집트의 토트(Thoth) 신의 얼굴 모습이 이 새의 형상이며, 이비스와 비비가 이 신의 성수(聖獸)라고 한다.

318 테우트 : 앞의 이비스의 설명에서 알 수 있듯이, 이 신의 이름은 토트 신의 이름을 살짝 비틀어서 만든 것으로 보인다. 토트는 이집트 신화에서 문자를 비롯한 많은 것들의 발명자이며 신들의 전령 또는 서기의 역할을 한 것으로 알려져 있다. 이런 점에서 그는 이미 고대에서부터 그리스 신화의 헤르메스에 비견되고는 했다.

319 위쪽 지역 : 이 표현은 내륙이라는 뜻일 수도 있고, 강의 상류 쪽이라는 뜻일 수도 있다. 대다수의 해석자들은 강의 상류로 해석하고 있으며, 고대 이집트를 나일 강 삼각주 주변의 너른 지역의 하(下)-이집트로, 그 위쪽의 나일 강변 부근의 좁고 긴 지역의 상(上)-이집트로 나누는 것을 플라톤이 말한다고 보는 해석자들도 몇몇이 있다.

320 대도시 주변을 아우르는 전체 이집트 : 구문 구조가 불분명하여, '대도시 부근'을 '전체 이집트'를 제한하는 것으로 읽을 수도 있다. 즉 '이집트 전체, 즉 대도시 부근의 왕'.

321 테바이 : 그리스에도 '테바이'라는 나라가 있기 때문에 '이집트의 테바

이'라는 말이 나왔다. 이집트의 테바이는 나일 강 동편에 있는 도시
이다.

322 기억 환기 : 'hypomnēsis'는 '상기'라고도 번역할 수 있지만, 플라톤에
서 '형상'과 관련지어 자주 언급되는 '상기(anamnēsis)'와는 다른 맥락
을 갖는다. 예컨대 플라톤은 『파이돈』 73d에서 사랑하는 사람의 옷이
나 물건에서 그 사람을 떠올리듯이, 어떤 하나의 앎에서 다른 앎을 떠
올리는 것을 '상기'라고 말한다. 즉 대상, 또는 대상에 대한 앎 사이에
서 이루어지는 '기억의 떠올림'이 상기이다. 반면에 이곳의 '기억 환
기'는 바로 앞에 나왔듯이 상기의 대상과는 이질적인 '남의 것인' 표
시, 즉 문자에 의해 이루어지는 '기억의 떠올림'이라는 점에서 차이가
있다.

323 도도네의 제우스 신전 사람들 : 헤로도토스에 따르면 그리스 최초의 신
전이 바로 이 도도네의 제우스 신전이며, 여기서 최초로 신탁이 시작
되었다고 한다. 검은 비둘기가 참나무에 내려앉아 인간의 언어로 이
곳에 제우스의 신전을 세우라고 한 것이 이 신전의 기원이라는 것이
다. 헤로도토스의 『역사』 2권 55절 참고.

324 그 테바이 사람 : 앞의 신화에 언급된 타무스를 가리킨다. 이집트인의
신인왕(神人王) 개념에 따라 타무스를 신으로도 사람인 왕으로 부르는
것이다.

325 기술을 글에다 남겼다고 생각하는 사람 : 261b의 각주에서 언급했듯이
'기술'은 말 그대로의 뜻 말고도 연설술에 관한 책자를 통칭하는 말로
도 당시에 쓰였다. 그래서 이 구절은 '자신은 『기술』이라는 책을 남긴
다고 남겼지만, 사실은 그것은 진정한 기술이 아니다.'란 뜻을 담고
있다.

326 그림 그리기 : 정확하게는 '동물 그림 그리기'. 그림을 '그리는' 것과 글
을 '쓰는' 것은 모두 그리스어로 'graphein'이라는 동사를 쓰기 때문에
일종의 말장난도 들어 있다.

327 아버지 : 저자.

328 '망각의 노년에 이르러' : 시적 표현을 위한 인용구로 보인다.

329 격에 맞는 혼을 얻은 : 245a 2행, 249a 2행 참고.

330 그것을 훨씬 … 이야기하시네요 : 276e 1행에서 한 말에 빗대서 하는 말이다.

331 기술에 의하거나 기술 없이 글로 쓰인 것 : 259e 1행 이하에서 논의된 내용.

332 본성상 들어맞는 부류 : 이에 대해서는 이야기의 형태로 보는 해석과 '개별적인 혼에 맞는 일반적인 혼의 형태'로 보는 해석이 가능하다. 다수의 번역은 앞의 해석을 따르며 몇몇의 번역자는 본문처럼 애매한 번역을 택한다.

333 변화무쌍한 : 원어인 'panarmonios'는 원의가 '모든 선법을 아우르는'이란 뜻이다. 이것은 『국가』 399c의 '모든 선법을 연주 가능한 악기'라는 말에서 등장하는데, 연관해서 이해하면 이 이야기는 한 가지 이야기 속에 희로애락의 감정들이 다 들어가는 종합적인 구성과 성격을 갖는다는 이야기일 것이다.

334 또 어떤가? : 모레스키니의 편집에 따라 여기서 일단 문장을 끊어 읽었다.

335 좀 전에 이야기된 바 : 274d, 275a, 276b를 가리킨다.

336 정치적인 저술을 하든 : 모레스키니의 구두점에 따라, 이곳에 쉼표가 있는 것으로 읽었다.

337 누가 그렇게 말을 하든 하지 않든지 간에 : 이 구절을 앞의 '생각하는 것'과 연결 지어서 '누군가가 그렇게 생각을 하든 하지 않든지 간에'로 번역할 수도 있다.

338 무사 여신들의 신전 : 230b, 241e, 262d, 267b 참고.

339 밋밋한 시나 노래의 형태로 시를 지은 : 고대 그리스에서 서사시는 반주 악기 없이 암송되었고, 서정시 중 일부는 뤼라와 같은 반주 악기를 곁들여서 노래로 불렸다[마틴(2005), 61쪽 이하 참고]. 따라서 크게 보면 앞의 것을 서사시로, 뒤의 것을 서정시로 봐도 되겠지만, 정확한 의미

로 번역하기 위해 직역의 형태를 취했다.

340 **뤼시아스 주변의 이야기들의 정도에서 볼 때** : '뤼시아스가 쓴 글들이 속하는 장르에 국한해서 비교해 볼 때', 또는 '뤼시아스를 포함한 그의 주변 사람들이 애호하는 이야기들에 따라 볼 때' 정도의 의미로 볼 수 있다.

341 **친애하는 판** : 판 신이 여기 등장한 데 대해서는 263d에도 나왔듯이 소크라테스의 달변을 판 신에 의한 신기(神氣)의 탓으로 설명하기 위한 것이며, 판 신의 반신반수의 성격을 소크라테스의 철학자에 대한 이해와 결부시키는 것이기도 할 것이다.

작품 안내

『파이드로스』의 줄거리

1. 도입부(227a~230e)

소크라테스는 아테네 교외로 향하는 길에서 파이드로스를 우연히 만난다. 파이드로스는 당대의 유명한 연설문 작성가인 뤼시아스와 아침나절을 같이 있다가, 그의 책을 받아 들고 산책을 나선 길이다. 사랑(erōs)에 대한 기발한 내용을 담고 있는 뤼시아스의 책을 통째로 외울 작정이었던 그에게 마침 나타난 이야기를 좋아하는 소크라테스는 자신의 연설 솜씨를 시험해 볼 수 있는 좋은 상대였다. 그러나 책을 가진 것을 눈치 챈 소크라테스의 압박에 못 이겨 그 책을 읽어 주기로 하고, 길을 벗어나 일리소스 강변으로 내려간다. 모처럼 교외로 나선 소크라테스는 한여름의 더위를 피해 글을 읽을 장소를 찾아 강변을 따라 내려가다가, 보레아스와 오레이튀이아의 전설이 얽힌 장소 근처를 지나가며 당시 신화에 대한 해석의 태도와 그에 대한 자신의 입장을 밝히는 등 이런저런 이야기를 하다가 파이드로스가 보아 두었던 장소에 도착한다. 그곳은 님프들과 강의 신 아켈로오스의 조각들이 있어서, 좀 전에 지나온 보레아스의 신화적 장소와 마찬가지로 신화적 분위기가 물씬 풍기는 곳이다. 시원한 냇물과 샘이 있고, 플라타너스 그늘 아래 풀목향 꽃이 만발하고 바람이 잘 통하는 이곳에서 매미들의 합창을 들어 가며 파이드로스가 읽어 주는 뤼시아스의 이야기를 듣기 시작한다.

2. 뤼시아스의 이야기(230e~234c)

당대 최고의 연설문 작성가의 한 사람으로서 뤼시아스가 파이드로스를 매료시킨 연설의 내용은 '사랑을 하는 자(eratstēs)'에 관한 것이다. 그런데 기이하게도 '사랑을 받는 자(eromenos)'는 정작 자기를 사랑하는 자가 아니라 자기를 사랑하지 않는 자에게 사랑의 기쁨을 주어야 한다는 것이 뤼시아스의 이야기다. 사랑을 하는 자들은 자기 열정에 빠져 사랑을 하는 동안은 자기 일을 내팽개치고 자기가 사랑하는 자에게 매달리지만, 정작 열정의 순간이 지나가고 자기 욕심을 채우고 나면, 이들은 변심하고 후회하는 자들이라 사리 분별을 되찾아 그동안 자기 일을 챙기지 못한 것에 후회하고 원망하며, 또 다른 연인을 만나면 이전 연인에게 못되게 굴 수도 있는 자들이란 것이다. 따라서 영리한 사람이라면 사랑 여부와 무관하게 시종일관 자신에게 이익이 될 만한 사람을 많은 사람들 속에서 골라야 한다고 한다.

게다가 사랑에 빠진 사람들은 자신과 연인의 관계를 자랑삼아 떠벌려서 다른 사람들이 모두 알게 함으로써 연인으로 하여금 사람들의 구설수와 험담에 시달리게 할 수도 있고, 사랑을 하는 사람들은 사랑에 대한 집착 때문에 연인이 다른 사람과 만나지 못하게 하고 연인의 발전을 방해한다. 반면에 사랑을 하지 않는 자들은 사랑받는 자와의 관계를 티 내지 않고 다른 사람들을 만나는 것도 질투하지 않기 때문에 사랑받는 자에게 이익이 된다.

또한 사랑을 하는 자들은 대상에 대한 욕구로 인해 분별력을 잃고 연인을 무조건 칭찬하기 때문에 연인 스스로 더 나아질 길을 막게 되고, 욕구를 채우고 나면 훗날을 기약하기도 어렵다. 하지만 사랑하지 않는 자들은 우애에서부터 관계를 시작했기 때문에 분별력을 잃지도 않고 육체적 욕구를 채우더라도 훗날을 기약할 만하다. 부모 자식 간이나 친구지간의 우애가 바로 그런 것들이기 때문이다.

따라서 사랑하는 사람은 연인을 강력하게 욕구하지만, 그렇다고 해서 적극적으로 구애하는 자들의 욕구를 해소시켜 주어야 한다는 그의 주장은 마치 배고픈 자에게 음식을 주어야 한다는 것과 같은 주장이다. 하지만 그보다는 소년애인 편에서 제공한 육체적 즐거움을 소년애인에게 득이 될 수 있는 형태로 되돌려 줄 수 있는 사람의 욕구를 들어 주어야 한다. 그게 바로 소년애인에게 육체적인 욕구를 가지면서도 그 욕구에 휘둘리지 않는 냉정함을 유지할 수 있는 이른바 '사랑을 하지 않는 자'가 갖는 능력이라는 것이 뤼시아스 이야기의 요지이다.

뤼시아스의 이야기는 비록 과장되어 있기는 하지만 고대 그리스의 소년애 문화가 갖는 특징의 일면을 잘 보여 준다. 그들이 하는 사랑은 쌍방 간의 사랑의 쾌락을 주고받는 사랑이 아니다. 사랑을 하는 자는 소년애인이 제공하는 수동적인 쾌락을 누리지만, 소년은 그 보상으로 교육과 후원을 받는 불균등한 사랑이다. 그래서 뤼시아스는 그러한 보상을 잘 받을 수 있는 대상을 선택하라는 현실적인 충고를 하는 셈이다. 그러나 이러한 충고가 기이하게 느껴지는 까닭은 사랑이 갖는 복잡성에 있을 것이다. 순전히 타산적인 요소로만 이루어져 있다고 보기 힘든 사랑의 상식이 있기 때문이다. 그렇기 때문에 뤼시아스의 연설은 파격적이고 파괴적인 측면을 갖는다. 이런 현실적인 면모는 소피스트를 비롯한 당시의 현실적인 정황에 대한 플라톤의 비판과 맥을 같이한다. 사랑은 아름다움에 대한 것이라는 내용을 담고 있는 이후의 소크라테스 연설과 비교해 보면 사랑에 대한 이들의 현실적 태도는 금세 드러난다. 사랑의 목적이 육체적 쾌락이라는 단순한 현실 논리에서는 뤼시아스의 이야기가 현실적인 충고가 되지만, 사랑이 그것 이상을 넘어서는 아름다움에 대한 충동이라는 출발선에서는 그 충고는 피상적인 것에 그치고 말기 때문이다. 뤼시아스의 연설은 그 내용의 파격성과 현실성으로 소년들을 사로잡는 소피스트의 행태를 닮아 있다.

3. 첫 번째 막간 대화 : 소크라테스의 뤼시아스 이야기 비판(234c~237b)

뤼시아스의 이야기를 듣고 나서 소크라테스는 어휘 구사가 특히나 뛰어나다는 파이드로스의 말에 동의하는 한편, 자신이 파이드로스의 이야기에 탄복한 것은 본인의 판단이라기보다는 이야기에 정통한 파이드로스가 열광에 빠진 모습을 보고 그렇게 되었노라고 능청을 떤다. 하지만 소크라테스는 뤼시아스가 내용의 풍부함과 뛰어남에서도 칭찬받아야 한다는 파이드로스의 말을 듣고는 이에 반대한다. 그가 보기에 뤼시아스는 같은 이야기를 이렇게 저렇게 다르게 보이게 이야기할 뿐이지, 정작 여러 관점에서 이야기를 훌륭하게 할 줄은 모른다고 혹평한다. 소크라테스는 자신이 이전에 사포나 아나크레온, 또는 어떤 산문작가에게서 같은 주제에 대해 훨씬 훌륭하게 쓴(또는 말로 한) 이야기를 들은 적이 있으며 자기 자신도 지금 그것들보다 더 훌륭한 이야기를 할 것 같은 느낌을 받고 있다고 말한다. 이렇게 해서 그는 뤼시아스의 것과는 주제와 발견(발상)이 같지만 구성(배치)을 달리한다는 전제에서 뤼시아스의 이야기를 보충하는 이야기를 한다.

4. 소크라테스의 첫 번째 이야기(237b~241d)

뤼시아스의 이야기가 이야기의 중간이나 끝부분부터 갑자기 시작되는 것처럼 보였던 반면에 소크라테스의 이야기는 옛날이야기의 초입처럼 시작한다. 그렇게 함으로써 그는 뤼시아스의 이야기가 생략했던 전제들을 확인해 나간다. 더구나 그는 이야기를 시작하는 마당에서 이 이야기의 주제가 되는 사랑의 규정에 대해서 합의를 봄으로써 이것이 이야기의 형식을 취하더라도 일종의 논의임을 분명히 한다.

소크라테스는 사랑은 일종의 욕구이며, 사랑하지 않는 사람역시 아름다움에 대한 욕구를 갖고 있다고 한다. 이 둘은 하나가 즐거움에 대한 욕구이고 다른 하나가 좋은 것에 대한 욕구라는 점에서 구별된다. 그래서 사랑은 육체가 갖는 아름다움이 주는 즐거움을 향한 것이고, 이 욕구가 좋은 것에 대한 이성과 다른 욕구들을 지배할 때 사랑이라는 이름을 얻는다는 것이다.

이 규정을 토대로 해서 이제 소크라테스는 '사랑을 하는 사람과 그렇지 않은 사람으로부터 어떤 이익과 해가 사랑받는 사람에게 생기는지'를 따져 본다. 우선 사랑을 하는 자들은 육체적인 아름다움에서 오는 즐거움을 추구하기에 사랑받는 이들이 이 욕구를 충족시켜 줄 수 있는 상태에 있기를 원한다. 그래서 그들은 사랑받는 자가 수동적으로 약한 상태에 머물러 있기를 원하며, 사랑을 하는 이들은 사랑받는 자가 정신적으로 더 좋아지거나 그렇게 될 수 있는 기회나 만남을 차단하려고 한다. 또한 그들은 말랑하고 연약한 육체가 제공하는 쾌락을 원하기 때문에 사랑받는 이들이 강건한 육체를 갖는 것도 원하지 않는다. 마지막으로 그들은 사랑받는 이들을 독차지하기를 원하기 때문에 소년애인이 부모, 친척, 친구들, 재산, 가족, 자식 등 모든 종류의 소유물을 갖는 것도 싫어한다.

결론적으로 사랑을 하는 이들은 소년애인과 나이 차이가 있는 자들이고 집착이 심하고 일방적으로 쾌락을 요구하는 이들이라, 당장의 즐거움을 주지도 못할 뿐만 아니라 훗날의 보상과 관련해서도 믿을 만한 사람들이 못 된다. 그들이 사랑에 빠진 것은 일종의 광기 상태라서 욕구가 충족되고 나면 그들은 제정신과 분별을 되찾아 예전에 광기 상태에서 했던 보상의 약속들을 모른 체하고 달아나기 급급하기 때문이다.

5. 두 번째 막간 대화 : 다시 부르는 노래(241d~243e)

소크라테스가 자신의 첫 번째 이야기를 마치자, 파이드로스는 왜 정작 사랑을 하지 않는 사람에게 사랑의 기쁨을 주어야 한다고 말하지 않았는지를 따져 묻는다. 비록 소크라테스는 이에 대한 직접적인 대답으로는 한쪽을 비방하는 것은 곧 다른 쪽을 칭찬한다는 소리와 같은 만큼 중복할 필요가 없기 때문이라고 말하지만, 속사정은 다른 데 있다.

더 큰일이 나기 전에 자리를 떠야겠다는 소크라테스를 파이드로스가 더운 날씨를 핑계로 만류하며 이야기를 마칠 것을 재촉하자, 소크라테스는 자신에게 으레 등장하곤 하는 신묘한 존재의 징후가 계시를 주기를, 신적인 존재인 에로스(사랑)를 비난하는 이야기를 했으니 이를 속죄하라고 했다고 하며, 앞선 자신의 이야기를 뒤집는 '다시 부르는 노래'를 하게 된다.

6. 소크라테스의 두 번째 이야기(244a~257a)

소크라테스는 첫 번째 이야기를 시작할 때는, 이야기의 형식만을 개선하고 주요 내용은 뤼시아스와 유사한 것을 취하느라, 얼굴을 가리고 있었다. 이야기의 내용이 그의 마음에 들지 않고, 진리에 맞지 않았기 때문이다. 반면에 두 번째 이야기는, 그가 온전히 자신의 이야기로 인정하고 하는 이야기로, 얼굴을 가리지 않고 한다.

소크라테스가 사랑을 하는 자와 그렇지 않은 자 중에 누구에게 기쁨을 주어야 하느냐는 논제에 대해 두 번째 이야기를 시작하면서 '광기는 나쁜 것이다'란 앞선 이야기의 전제를 뒤집는다. 앞선 이야기에서 증명 없이 주어진 전제와는 반대로 가장 대단한 것들은 신적인 광기를 통해서 생긴다는 것이다. 신적인 광기에 속하는 부류는 네 가지로서, 그중 세 가지는 신들린 예언술, 정화의식과 입교의식에서 보이는 종교적 광기, 시인의 영감을 자극하는 시적 광기이다. 마지막 광기이자 이 이야기의 핵심 주제가 되는 사랑의 광기가 아름다운 일들을 이루게 해 준다는 것을 증명하기 위해, 먼저 소크라테스는 혼의 불멸부터 증명한다.

계속해서 움직이는 것은 죽지 않는 것인데, 자신을 움직이는 것은 자신을 떠나지 않기 때문에 결코 멈추지 않고 다른 움직이는 것들의 운동의 원천이자 기원이 된다. 또한 기원은 생기지도 않고 소멸하지도 않는 것이다. 그런데 바로 그것이 혼의 본질이자 정의이다. 혼을 가진 것만이 자신 안에서 움직임이 주어지는 것이기 때문이다.

혼의 불멸을 증명하는 논변에 이어지는 것은 혼의 형태에 대한 이야기다. 여기서 혼은 한 멍에에 매인 날개 달린 두 필의 말과 마부가 합체된 형태로 그려진다. 완전한 형태의 혼은 천계에서 각자의 취향에 따라 제우스를 비롯한 열두 신의 행렬들을 따라서 주기적으로 천계의 꼭대기로 올라가 천계의 바깥 자리를 보고 온다. 신들의 마차는 어려움 없이 이 여행을 수행해 이데아의 세계를 관조하지만, 다른 혼들은 우여곡절 끝에 천계의 바깥을 보는 데 성공하기도 하고 실패하기도 한다. 성공한 혼들은 날개의 양식을 얻어 한 주기를 무사히 보내지만, 실패한 혼들은 땅에 떨어져 각자의 성향에 따라 각종의 사람으로 태어난다. 사람으로 태어난 혼들은 천 년씩 열 번의 주기와 삶을 보내야 다시 날개가 돋아 천계로 돌아가지만, 지혜사랑을 하거나 지혜사랑을 동반한 소년애를 하는 혼은 세 번만에 날개가 돋아 천계로 돌아갈 수 있게 된다.

지혜사랑을 하는 혼이 그럴 수 있는 것은 지상의 아름다움을 보면서 참된 것을 상기할 수 있는 능력 때문이다. 하지만 그들은 상기를 할 수는 있어도 혼의 날개가 바로 나지는 않아 날아오르려는 열망으로 인해 이 세상의 것들에 무관심하게 되는데, 그것이 바로 사랑으로 인해 주어지는 신적인 광기이다. 혼의 날개에 자양분이 되는 천계 바깥 자리의 형상들 중에서는 오직 아름다움만이 이 지상의 것을 통해서 상기될 수 있는 것이며, 그것도 기억을 충분히 갖춘 소수의 혼에게만 가능하다.

기억을 충분히 갖춘 소수의 혼은 사랑하는 소년의 얼굴이나 몸을 보면서 아름다움의 형상을 보던 때를 떠올려 당시의 두려움을 느끼고 오한이 들지만, 소년의 아름다움의 유출물을 눈으로 받아들여 열기로 달아올라 깃털이 있던 자리의 상처 딱지가 떨어지고 깃촉이 부풀어 올라 통증과 간지러움을 느끼는 한편 환희에 차게 된다. 이러한 상반된 상태에 어쩔 줄 모르고 사랑하는 이를 만나면 통증이 가라앉는 통에 만사를 제쳐 두고 사랑하는 이를 만나게 되는 것이 바로 사랑의 광기이다.

이렇게 사랑에 빠진 이들은 천계에서 그들이 추종하던 신들의 방식에 따라 자신들의 소년애인들을 사랑하게 되며, 그 신들을 그들 자신도 모방할 뿐만 아니라 자신들의 애인들도 그 신들을 모방하여 닮게 되도록 교육한다. 하지만 사랑에 빠진다고 해서 바로 혼이 상기를 통해 지혜사랑에 이르고 혼의 날개를 회복하는 것은 아니다. 천계에서부터 말썽을 부렸던 질 나쁜 말은 이때에도 여전히 말썽을 부려 좋은 혈통의 말과 마부가 이끄는 대로 하지 않고 소년애인을 통해서 자신의 육체적인 욕망을 채우려고 한다. 마부의 거듭된 제지로 비로소 혈통 나쁜 말이 겁을 먹고 기가 죽게 되고 바람직한 삶의 방식과 지혜사랑으로 이끌리게 될 때에야, 사랑을 하는 자의 혼도 사랑을 받는 자의 혼도 복된 이승의 삶을 살게 된다. 이러한 삶은 인간의 절제로도 신적인 광기로도 제공될 수 없는 것이고, 이 둘이 같이해야만 가능한 것이다. 이렇게 복된 삶을 세 차례 거듭할 때, 비로소 인간의 혼은 다시 천계로 돌아간다는 것이 소크라테스의 두 번째 이야기다.

7. 세 번째 막간 대화 : 말과 글의 중요성과 매미 신화
(257a~259d)

소크라테스는 자신의 두 번째 이야기를 마치면서, 에로스 신에게 자신의 이야기가 파이드로스에 의해 강제된 것이었으며, 두 번째 이야기를 봐서 자신을 용서하고 자신이 가진 사랑의 능력을 빼앗지 말고, 뤼시아스가 진정한 철학의 길로 들어서게 해 달라고 기도한다.

이런 그의 기도에 파이드로스는 소크라테스의 이야기들을 듣고 뤼시아스가 글쓰기를 포기할까 걱정하지만, 소크라테스는 뤼시아스를 연설문 작성가라 비난하는 정치가들이나 뤼시아스 본인이나 모두 글쓰기 자체를 부끄러워하지 않고 오히려 자랑스러워한다고 말한다. 그 증거가 정치가들 역시 법안을 작성하는 글쓰기를 하며 자신의 글에 찬동하는 사람들의 이름을 부기하기까지 한다는 점이라는 게 소크라테스의 이야기다. 따라서 정작 문제가 되는 것은 글을 잘 쓰느냐 못 쓰느냐 하는 것이고, 그것이 앞으로 다루어야 할 주제라는 것이 또한 소크라테스의 말이다.

이 주제를 다루기에 앞서 소크라테스는 그들의 머리 위에서 울고 있는 매미의 신화에 대해서 언급한다. 시가에 미쳐서 식음을 전폐하고 노래만 부르다 굶어 죽었고, 그 후 매미로 태어났다는 이들은 한여름날 자기들이 울고 있는 나무 밑에서 자기들의 노래를 듣는 사람들이 자기들의 주문에 걸려 잠이 드는지, 아니면 정신을 바짝 차리고 진지한 이야기를 나누는지를 지켜보고 무사 여신들에게 이를 알린다는 것이다. 이렇게 소크라테스는 연설술의 주제로 넘어가면서, 이 주제를 제대로 다루려면 정신의 나태로 말미암아 겉으로 보이는 설득력에 현혹되어서는 안 된다는 점을 넌지시 이른다.

8. 좋은 이야기와 나쁜 이야기의 구별(259e~274b)

말로든 글로든 좋은 이야기를 하는 것의 첫째 조건으로 소크라테스가 꼽는 것은 '진실'이다. 하지만 파이드로스는 이 주장에 대해 당시의 연설가들의 통념에 따라 설득을 위해서 중요한 것은 진실이 아니라 '그럴듯한 것'이라고 응수한다. 이에 대해 소크라테스는 말(馬)을 예로 들어 전쟁에 나가는 사람한테 당나귀를 말이라고 설득해서 말 대신 당나귀를 타고 나가게 할 때처럼 진실을 모르고 설득을 하는 자는 지극히 위험하다고 말한다. 다른 한편 그는 연설술 이전에 진실을 먼저 알아야 하고, 연설술은 그와 별도로 설득을 하기 위한 추가의 기술이라는 연설가들의 반론을 소개한다.

이에 대한 소크라테스의 반박은 설득을 위한 기술 자체가 진실에 토대를 두지 않고서는 성립되지 않는다는 것이다. 그 이유는 연설술은 혼을 이끄는 기술의 일종인데, 그 핵심에 반론술이 있기 때문이라는 것이다. 왜냐하면 반론술은 "가능한 모든 것을 가능한 모든 것과 닮아 보이게 할 수 있고, 다른 사람이 닮아 보이게 하고 그걸 숨기는 경우에는 그것을 밝혀낼 수 있을 기술"(261e)인데, 그러려면 진리(진실)를 알고 있어야 닮음을 통해서 남을 속일 수도 있고 속임수를 간파할 수도 있기 때문이라는 것이 소크라테스의 생각이다.

이어서 그는 앞에서 나왔던 뤼시아스의 이야기와 자신의 이야기 둘을 예로 삼아 기술적인 것과 그렇지 않은 것을 설명하기로 한다. 마침 그들의 두 이야기가 "참된 것을 아는 사람이 어떻게 해서 이야기들 속에서 장난을 쳐서 듣는 사람들을 잘못 이끌 수 있는지를 보여 주는 어떤 실례를 담고"(262d) 있었다는 것이다.

우선 연설술에 능한 사람은 대중이 헷갈릴 수 있는 주제를 선택해야 하는데, 뤼시아스와 소크라테스가 이야기들을 통해 다룬 주제인 사랑이 바로 그런 논쟁이 되는 주제였다. 이어서 필요한 것은 논쟁의 주제를 규정하는 일인데, 소크라테스는 이것을 했던 데 반해 뤼시아스는 이런 과정이 없이 결말부터 이야기를 시작했었다는 데 소크라테스와 파이드로스는 동의한다. 뿐만 아니라 뤼시아스의 이야기에는 조직적인 구성이 없어서 부분과 전체가 조화를 이루지 못한다는 것이 소크라테스의 비판이다.

뤼시아스의 이야기가 갖는 구조상의 문제점에 대한 비판은 이쯤하고 소크라테스는 자신의 두 가지 이야기들로 화제를 옮긴다. 소크라테스의 이야기들은 사랑이라는 주제를 놓고 서로 상반된 이야기를 하는 것으로 보였는데, 실제로는 사랑을 하는 자에 대한 비난에서 칭찬으로 설득력 있게 이행되었다. 이렇게 할 수 있었던 것은 우선은 앞에서 말했듯이 주제에 대해 명확한 규정을 내림으로써 각각의 이야기를 일관성 있게 전개할 수 있었기 때문이었다. 다음으로는 변증술의 모음과 나눔을 통해 한 가지 주제가 갖는 다양한 측면을 규명해 냄으로써 이야기들을 총괄적으로 진행할 수 있었다는 것이다.

변증술에 대비하여 연설술의 기술적 요소들을 묻는 파이드로스에게 소크라테스는, 현재 우리에게는 전해지지 않는, 그래서 『파이드로스』에 나오는 것이 최초의 보고인 고대 연설가들의 저술에 대한 간략한 정리를 해 준다. 하지만 소크라테스는 그것이 기술의 전부가 아니라 기술 이전의 필수적인 배움들이라는 점을 비극과 음악, 의학 등에 빗대어 설명한다. 연설술이 진정한 기술이기 위해서는 필수적인 배움들을 아는 것에 그치지 말고 "그것들 각각을 설득력 있게 이야기하고 전체를 조직할"(269c) 수 있어야 한다는 것이다. 이렇게 연설술에 능하고 설득력 있게 되기 위해서는 변증술을 이용하여 이야기를 들을 혼의 부류와 형태를 명확히 규명함으로써 혼과 사람 됨됨이의 연관 관계를 파악하는 한편, 그에 맞는 이야기들의 수와 형태 또한 규명하여 사람 됨됨이와 이야기들 상호 간의 관계를 밝혀야 한다. 이것이 이론에 그쳐서는 안 되고 실생활 속에서 실제 사람들의 본성과 이야기들의 대응 관계를 감각적으로 파악할 수 있어야 하고, 필수적인 배움들을 적용해야 할 시기와 그렇지 못한 시기를 가릴 수 있어야 진정으로 연설술에 능하다고 할 수 있다는 게 소크라테스의 주장이다. 이렇게 정리하고 나서 소크라테스는 기존의 연설술의 핵심에 놓인 '진리가 아니라 그럴듯함'을 이용해야 한다는 주장을 앞의 논지를 이용하여 최종적으로 논박한다.

9. 글쓰기의 적절성과 비적절성 : 테우트 신화(274b~278e)

소크라테스가 259e 이하에서 좋은 이야기와 나쁜 이야기를 구별할 때는 그것이 글로 쓰인 것이든 말로 이루어지는 것이든 구별하지 않았으나, 그는 이제 여기서 그동안의 논의를 토대로 해서 더 높은 차원에서 글쓰기가 적절한 경우와 그렇지 못한 경우를 구별하려 한다. 앞서 했던 논의와 겹치지 않기 위해서, 이 논의는 앎과 지혜를 전달하기에 글쓰기가 적절한가 아닌가로 초점이 잡힌다. 이 논의를 하기 위해 그는 신화를 이용한다. 플라톤의 창작으로 보이는 이 신화의 내용은 이집트의 테우트라는 신이 문자를 비롯한 여러 가지 것을 발명하여 이집트의 왕이자 신인 타무스에게 가서 보여 주었는데, 타무스는 테우트가 기억의 약이라고 자랑하는 문자가 약이 아니라 오히려 망각과 의견을 제공할 뿐이고 지혜를 제공하는 것이 못 된다고 비판했다는 이야기다.

신화의 내용을 해설하면서 소크라테스는, 글은 묻는 말에 답해 주지 않으며 글을 읽을 사람의 수준과 상태를 고려하지 않고 똑같은 내용을 전달하기 때문에, 오독의 가능성을 갖는다고 말한다. 반면에 이와 반대되는 성격을 갖는 것은 "아는 사람의 살아 있고 혼이 담긴 이야기"(276a)다. 주제에 대한 참된 앎을 가지고 있는 사람이 글을 쓸 때는 기억력이 감퇴되는 노년에 이르러

관상용 화초를 기르듯 놀이 삼아 하는 것이고, 그가 주제에 대해 진지할 때는 변증술을 사용하고, 적절한 혼을 찾아 그곳에 자신의 앎을 심고, 그렇게 해서 제자의 혼에서 앎을 다시 싹 틔운다.

10. 마무리(278e~279c)

소크라테스는 지금까지 한 이야기를 마무리 지으면서 아는 사람으로서 글을 쓰고 그 글에 대해서 옹호할 수 있으면서도 자신의 글이 하찮다는 점을 말로써 입증할 수 있는 사람을 바로 지혜를 사랑하는 사람이라 말할 수 있다고 한다. 이에 관련해서 그는 당대의 유명한 연설문 작성가인 이소크라테스의 자질을 높이 칭찬하며 그의 철학적 가능성을 인정한다. 끝으로 그는 이 모든 이야기의 영감을 불어넣어 준 신으로 판을 꼽아 그에게 기도하고 한낮의 더위가 가신 일리소스 강변을 떠나 도시로 돌아간다.

『파이드로스』의 이야깃거리

『파이드로스』는 그 구성과 내용의 특이함에 대한 논문이 있을 정도로[1] 플라톤의 대화편들 중에서도 그 독특함이 유난히 돋보이는 대화편이다. 다른 어떤 대화편에도 없는 자연 풍광에 대한 아름다운 묘사가 있다든지 대화편의 전반부 주제인 '사랑'과 후반부 주제인 '연설술'의 관계는 어떤 것인지 등, 다양한 이야깃거리가 이 대화편에 즐비하다. 그런데 플라톤 자신이 이야기는 마치 동물의 몸처럼 조직적으로 연결되어야 한다(264c)고 말하기까지 했으니 이 대화편에 있는 다양한 이야깃거리들은 그럴 만한 이유가 있어서 나온 것이고, 배치의 순서 또한 반드시 그렇게 배치되어야 할 이유를 갖고 배치했을 것이라는 짐작이 선다. 그러나 이런 추측에도 불구하고 과연 이야기들이 어떻게 연결되고 있는지에 대해서는 논란이 분분하다. 이와 관련해서 옮긴이는 앞에서 이 대화편의 줄거리를 훑어가면서 옮긴이가 이 대화편의 흐름을 어떻게 파악했는지는 대략 전달했다. 여기서는 이 대화편에 등장하는 주요 화제들과 이 대화편을 둘러싼 논란거리들을 몇 가지 소개함으로써 이 대화편 전체의 전개 과정을 좀 더 심층적으로 이해할 수 있는 실마리를 제공하고자 한다.

---

1 「대화편 『파이드로스』의 특이성」(박종현, 2001)

1.『파이드로스』의 구조

이 대화편의 주제는 크게 전반부에 나오는 뤼시아스의 이야기와 소크라테스의 두 가지 이야기에서 다루어지는 '사랑'의 문제, 즉 '사랑을 하는 이에게 기쁨을 줄 것인가, 사랑을 하지 않는 사람에게 기쁨을 줄 것인가'란 주제와 후반부의 주제, 즉 '연설술이란 무엇이고, 연설술은 기술일 수 있는가'란 주제로 나뉠 수 있다. 플라톤은 『향연』에서 '사랑(erōs)'을 심층적으로 다룬 바가 있는데, 이 대화편에서 또 『향연』과 큰 틀에서는 같은 이야기를 전혀 다른 신화적 설명의 방식으로 다룬다. 뿐만 아니라 이 주제를 전개하는 과정에서 '혼의 불멸과 윤회', '이데아론과 상기' 등과 같은 굵직한 이야기들이 풀려 나온다. 그런데 후반부에서는 연설술의 문제를 다루면서 전반부의 주제가 형식적인 측면에서만 주로 언급될 뿐, 내용의 측면에서 심도 깊게 다시 다루어지지는 않는다. 하지만 전반부의 주제가 그 자체로 보거나 플라톤의 철학의 관점에서 보거나 상당한 무게감을 갖고 있다는 점을 감안하면, 이 두 주제 사이의 연결 고리를 무엇으로 봐야 할지 난감해진다.

이 문제는 다시 형식의 측면과 내용의 측면으로 나누어 볼 수 있다. 형식으로 보면 이 대화편 전반부의 '사랑' 논의가 후반부에 나오는 사례로 활용된 것은 분명하다. 이 대화편 안에서 소크라테스가 분명히 사례로서 자신과 뤼시아스의 이야기들을 소개하고 분석하고 있기 때문이다. 다만 문제는 플라톤이 세 가지 이야기들을 어떤 형태로 사례에 활용하고 있는가 하는 점이다. 이에 대해서는 네하마스(Nehamas, A.)가 정리해 놓은 것이 적절한 것으로 보인다. 그는 당시의 연설이 대결 구도에서 이루어졌다는 점을 감안하면 『파이드로스』의 세 가지 이야기도 같은 구도에서 배치된 것으로 이해할 수 있다고 본다. 처음의 두 연설을 묶으면 같은 주제에 대해서 소크라테스가 더 나은 연설을 했음을, 뒤의 두 연설을 묶으면 한 연설가가 상반된 주제를 훌륭하게 해냈음을(당시에는 한 연설가가 같은 주제로 상반된 결론을 보여 주는 것이 그 연설가의 능력을 보여 주는 것으로 간주되었다), 뤼시아스의 연설과 소크라테스의 연설 전체를 대비시키면, 상반되어 보이나 하나로 이해할 수 있는 진정한 철학적 연설을 함으로써 소크라테스가 뤼시아스의 연설을 누르고 진정한 승리를 거두었음을 보여 주는 것이라고 한다[네하마스와 우드러프(Nehamas & Woodruff), 1995, 서문 23~24쪽].

형식의 측면에서 우리가 『파이드로스』를 통일된 구성으로 본다고 하더라도, 여전히 내용과 관련된 의문은 남는다. 연설술의 사례로서 세 가지 이야기들을 넣은 것이라고 한다면, 왜 굳이 '사랑'이라는 주제를 다뤘을까? 그것이 순전히 형식적인 사례에 불과했다면, 임의의 어떤 주제라도 선택할 수 있었을 것이다. 더구나 플라톤은 『향연』에서 같은 주제를 다룬 바가 있다. 학자들 간에 의견이 완전히 일치하는 것은 아니지만 대체로 『향연』은 『파이드로스』 이전에 쓰인 것으로 보고 있다. 그렇다면 왜 한 번 다루었던 주제를 다시 다루게 된 것일까? 또 대화편의 도입부에서 파이드로스와 소크라테스가 일리소스 강변에 있던 나무 그늘 아래로 가면서 나누었던 대화는 후반부 논의와 어떤 관계가 있는 것일까? 이에 대해서는 구구절절이 다양한 해석들이 많이 나와 있지만, 여기서는 전반부의 내용과 후반부의 내용을 적극적으로 연결시킬 수 있는 두 가지 단서를 점검해 보기로 한다.

먼저 사랑이라는 주제와 관련해서, 『향연』과 『파이드로스』는 '에로스'가 철학으로 향하는 강렬한 충동이라는 결론에서는 거의 같다고 볼 수 있으나, 그 주제에 접근하는 방식은 다르다. 혼에 대한 이해가 다르기 때문이다. 『향연』에서는 플라톤이 혼을 나누지 않고 단일한 것으로 본 반면에, 『파이드로스』에서는 『국가』에서 처음 그랬던 것처럼 혼을 셋으로 나눈다. 그 부분들은 『파이드로스』에서는 '마부, 혈통 좋은 말, 혈통 나쁜 말'이라는 비유적인 말로 표현되지만, 『국가』에서는 '지혜, 기개, 욕구'라는 용어로 표현된다. 『파이드로스』에서는 이렇게 혼의 세 가지 구분을 도입함으로써 플라톤은 사랑을 하는 자가 자기가 사랑하는 자의 혼과 육체 사이에서 겪는 갈등을 묘사할 수 있었다. 이러한 갈등의 묘사는 소크라테스의 두 번째 연설에 생생함과 설득력을 부여하기도 하지만 후반부의 내용과도 연관이 된다. 후반부에서 플라톤은 수사술이 기술이기 위해서는 변증술을 이용하여 설득의 대상이 되는 자들의 혼을 구별하고, 또 이에 맞춰 그 혼에 적합한 이야기의 형태를 구별하여 서로 맞는 형태끼리 대응시켜야 한다는 주장을 한다. 이런 주장의 바탕이 되는 다양한 혼의 존재는 혼의 삼분설을 바탕으로 할 때, 효과적으로 설명 가능할 것이다. 더군다나 신화의 형태로이기는 하지만, 윤회하는 혼들의 성향을 아홉으로 분류한 것은(248d~e), 후반부의 형식적인 혼의 구별에 내용을 부여하는 격이 된다.

뿐만 아니라 소크라테스와 파이드로스가 우연히 만나서 플라타너스 나무 그늘 아래에서 뤼시아스의 글을 펼쳐 읽기 전까지 그들이 나눈 이야기와 뒤이어 이어지는 소크라테스의 이야기들은 후반부의 훌륭한 연설가의 자격에 대한 논의와 밀접한 연관이 있다. 앞서 말했듯이 훌륭한 연설가가 되려면 문답법에 능해서 설득의 대상이 되는 혼에 대한 정확한 이해를 가질 수 있어야 한다. 또한 문자로 된 매뉴얼에 의존하지 않고 혼의 기억에 의해서 그때그때 상황에 맞는 이야기를 펼칠 수 있어야 한다. 이런 자격 조건의 실례가 되는 것이 이 대화편의 도입부와 소크라테스의 연설들에서 찾아볼 수 있다. 파이드로스는 소크라테스와 가는 도중에 오레이튀이아의 납치에 대한 전설에 대해 질문한다. 그 질문은 플라톤이 파이드로스의 혼의 성향이 어떠한지를 보여 주려는 장치로 넣은 것이라 읽을 수 있다. 그리고 그곳에 도착해서 읽게 되는 이야기는 사랑에 관한 것이었다. 비록 소크라테스가 님프와 여러 신들에게 홀려 있는 상태라고 둘러대기는 하지만, 그는 파이드로스의 성향에 맞는 신화 형식을 취한 이야기를, 그것도 마침 뤼시아스의 이야기가 사랑이었기 때문에 사랑이라는 주제를 즉흥적으로 택하여[2] 이야기를 하게 된다. 이렇게 볼 때, 소크라테스는 변증술을 사랑하고, 참된 앎을 혼 속에 가진 진정한 연설가의 표본이 된다.

2. 뤼시아스의 작품은 진품인가 아닌가?

왜 플라톤은 그의 작품을 비판하는가?

이 대화편은 파이드로스가 뤼시아스가 쓴 이야기가 담긴 책자를 갖고 소크라테스를 만나면서부터 시작한다. 그래서 소크라테스는 파이드로스를 따라 아테네 시내를 벗어나 일리소스 강변에 자리를 잡고 뤼시아스의 이야기를 듣게 된다. 그런데 과연 이 이

---

2 물론 즉흥적이라고 볼 수 있기는 하지만, 애초에 파이드로스가 뤼시아스의 이야기를 소개할 때 "들으실 이야기가 선생님께 제격이긴 해요"(227c)라고 말함으로써 평소에 소크라테스가 이 주제에 관심이 많고, 말하자면 참된 앎을 가지고 있었을 가능성이 미리 언급된다.

야기는 뤼시아스의 것이 맞을까? 학자들은 일찌감치 이에 관해 논란을 벌여 왔다. 그런데 흔히 '사랑을 하는 자(Eroticus)'라는 라틴어 제목으로 불리는 이 연설이 뤼시아스의 진작인지에 대해서는 현재로서도 문헌학적으로 결정적인 답을 내릴 수가 없는 실정이다. 왜냐하면 뤼시아스의 저술 목록으로 이 작품을 지목하는 믿을 만한 증언이 없는 데다가, 어휘나 문투를 증거로 해서 진위를 가리려는 시도도, 플라톤이 작가로서 패러디의 대가라는 점을 감안하면, 뤼시아스의 것이라고 하는 이 연설이 뤼시아스의 작품 스타일과 유사하면 유사할수록 플라톤의 작가적 재능만 칭송하는 결과가 될 수도 있기 때문이다. 다른 한편 뤼시아스의 작품으로 알려진 425편 중에서 233편만이 진짜 그의 것이라고 할리카르나소스 출신의 고대의 문헌학자 디오뉘시오스가 밝혔지만, 현재 전해지는 것은 35편이고 그중 이 연설과 비견될 만한 내용을 갖고 있는 것은 없다. 물론 플라톤의 작품이거나 개작 내지는 패러디가 들어가 있다는 주장 역시 적극적인 근거를 갖출 수는 없다. 정작 작자인 플라톤이 뤼시아스의 작품이라고 정색을 하고 말하고 있는 데야 달리 적극적인 근거를 찾기 어렵다. 그러나 대다수의 학자들은, 플라톤이 『향연』에서 아리스토파네스와 아가톤의 문체를 흉내 낸 훌륭한 이야기들을 선보였던 것을 감안하면, 플라톤이 『파이드로스』에서 이미 기존에 공개된 뤼시아스의 작품을 있는 그대로 자신의 작품에 실을 필요가 없었다는 데 동의한다.

한편 플라톤이 굳이 유명한 뤼시아스의 작품을 들어 연설술을 비판하는 이유에 대해서도 여러 논란이 있다. 심지어는 소크라테스의 재판 배후의 인물로 뤼시아스가 있었기 때문에 그것에 대한 플라톤의 보복이라는 추정까지도 있지만, 그건 그야말로 추정에 불과한 것으로 보인다. 현재로서 안전하게 추측할 수 있는 것은 플라톤이 뤼시아스의 연설 중에서 과시형(epideictic) 연설을 혐오했으며, 그의 대중적 인기가 잘못된 것임을 순수하게 문체 비판의 차원에서 인용하고 모방했던 것으로 보는 것이다.

3. 서정시와 『파이드로스』

플라톤의 대화편 중에서 『파이드로스』를 이례적으로 아름다운 대화편으로 꼽는 이유 중 하나는 소크라테스와 파이드로스의 대화가 플라톤 대화편의 대화 장소로는 이례적으로 일리소스 강변의 전원 풍광을 배경으로 이루어진다는 점일 것이다. 여기에는 도시가 갖는 세련된 경박함을 벗어나 시골의 순박하면서도 순수한 마음과 신화적인 분위기를 대화의 내용과 연결 지으려는 플라톤의 의도가 엿보인다. 그리고 이 전원의 아름다움을 플라톤은 유려한 문체로 찬탄한다. 그런데 이러한 그의 문체에는 그리스 서정시의 시풍이 풍겨 나온다. 일리소스 강변의 풍광이 그리스의 여성 시인 사포의 시에 자주 등장하는 이미지들로 구성되어 있는 점이 그것이다.[3] 문체가 그럴 뿐만 아니라 아예 플라톤은 사포와 아나크레온의 이름을 직접 언급해 가며 그들의 글이 뤼시아스의 글보다 뛰어나다고 암시한다.

이렇게 플라톤이 서정시의 시풍을 이 대화편에 도입하는 이유는 무엇보다 이 대화편의 전반부에 등장하는 세 가지 이야기가 사랑(에로스)을 주제로 하고 있는 것과 밀접한 관계가 있어 보인다. 그리스의 문학과 문화가 서사시→서정시→비극→철학의 순서로 전개되는(물론 이 시기들은 서로 상당 부분 겹치기도 한다) 과정에서 인간의 삶과 연애 감정이 주된 주제가 되는 시기가 바로 서정시의 시기다. 플라톤은 사랑의 문제를 다루면서 바로 이 서정시의 분위기를 대화편에 깔아 둠으로써 독자로 하여금 사랑이라는 주제를 우선 심정적으로 자연스럽게 받아들일 수 있게 만든 것으로 보인다. 뿐만 아니라 소크라테스의 두 번째 연설에 등장하는 사랑하는 연인들이 느끼는 절절한 심정의 탁월한 묘사는 사포를 비롯한 서정시인들의 시의 내용을 플라톤이 재해석해 낸 것으로 보인다.

다른 한편 플라톤은 서정시라는 장르를 자신의 대화편에 단지

3 미주 42 참고.

활용하는 것에 그치지 않고 서정시 특유의 주제를 대화편에 끌어들여 재해석하고 비판함으로써 사랑에 대한 철학적 고찰로 심화시킨다. 뤼시아스의 이야기와 소크라테스의 두 가지 이야기 모두에 걸쳐 나오는 '카리스[4]'가 바로 서정시인들이 즐겨 다루는 주제이다.[5] 뤼시아스의 이야기가 시작되는 대목에서 '기쁨을 주어야 한다(charisteon)'는 말로 등장했던 '카리스(기쁨)' 개념은 사람들의 사랑도 일종의 호혜적인 관계라는 관점을 함축한다. 그런데 카리스가 갖고 있는 이 호혜적 성격은 소크라테스의 두 번째 연설의 말미에서 그 복선을 드러낸다. 전통적으로 그리스의 남색 문화에서 사랑을 하는 이는 주도자의 역할을 하여 적극적인 애정 공세를 퍼붓는 한편, 사랑받는 이는 수동적으로 애정을 받는 역할에 머문다. 이런 불균등한 관계는 한쪽은 물적이나 사회적 재화를 제공하고, 상대편은 그 재화에 대한 답례로 육체적 쾌락을 제공하는 관계로 이어진다. '카리스'는 이런 전통적 관계를 함축하는 말인 동시에, 쌍방이 제공하는 재화 및 쾌락이 '카리스'라는 하나의 용어로 표현된다는 점에서 새로운 함의를 가질 가능성이 있다. 플라톤은 이를 255e에서 '마중사랑(anterōs)'이라는 말로 요약한다. 플라톤은 진정한 에로스로 뭉친 관계를 한쪽

---

4   카리스의 의미에 대해서는 미주 15 참고.

5   펜더(2007), 주석 9 참고.

이 가진 것을 다른 한쪽에게 일방적으로 내주는 그런 교환의 관계가 아니라 한쪽이 이끌어 주면서 그 한쪽 역시 이끌어지는 관계, 에로스를 받고 안테로스로 화답하는 관계로 승화시키고 있는 것이다. 이것은 서정시의 에로스를 플라톤이 철학적으로 극복해 내고 있는 것으로 보아도 좋을 것이다. 스승과 제자 간의 관계를 일찍이 이렇게 쌍방향의 소통으로 규정한 철학자가 과연 달리 있었을까?

사포와 함께 이름이 거명된 서정시인 아나크레온의 경우, 그의 시[6]에서 자신이 사랑하는 소년을 자신의 마차의 마부로 묘사한 것이 플라톤에게 영향을 미친 것으로 보인다.[7] 아나크레온의 시에 등장하는 소년 마부와 플라톤의 혼을 이끄는 지성으로서의 마부가 서로 연결됨으로써 플라톤의 마부는 차가운 지성이 아니라 에로스에 이끌리는 에로틱한 지성의 모습을 부여받게 된다. 이는 플라톤이 이 대화편에서 부각시키고 있는 여러 주제들이 엮이는 한 가지 대표적인 방식일 것이다. 광기, 혼의 세 부분, 카리스, 설득과 철학이 하나로 묶이는 것이다.

6   캠벨(D. A., Campbell), 58~59쪽, 360항.
7   펜더, 같은 글 24쪽 참고.

4. 변증술, 그리고 모음과 나눔

'변증술(dialektikē)'이란 말은 '대화하다(dialegesthai)'에 어원을 두고 있다. 그러니까 변증술은 대화의 기술이라는 뜻을 갖는다. 그렇게 보면 고대 그리스에서 발달한 다양한 말의 기술들은 모두 넓은 의미의 변증술에 속하는 것으로 보인다. 그것이 소피스트들이 행했던 쟁론술(eristikē)이 되었든 연설술(rhētorikē)이 되었든, 또는 소크라테스가 했던 문답술(dialektikē)이 되었든, 모두 대화의 형태를 겸하거나 대화의 형태를 취한다는 점에서 대화의 기술로 볼 수 있기 때문이다. 그래서인지 전하는 바에 따르면 아리스토텔레스는 변증술의 창시자로 엘레아의 제논을 꼽았다고 한다.[8] 하지만 플라톤은 『파이드로스』에서 그를 반론술과 연결 지음으로써 변증술과 반론술을 구분 짓고 이에 따라 소피스트들을 비롯한 기존 연설가들의 연설술과 철학적 연설술을 구분 짓고자 한다.[9] 다른 한편 아리스토텔레스의 변증술은 플라톤의 변증술과는 상당히 다른 의미의 기술이어서 '대화의 기술'이라는 일반적인 의미에 더 가깝다고 볼 수 있다.[10] 그렇지만 '변증술'을 정식화

---

8 『파이드로스』 261d의 각주 참고.

9 같은 책, 261c~e 참고.

10 아리스토텔레스, 『변증론』(김재홍 역), 「역자 해제」 399쪽 이하 참고.

해서 철학 고유의 방법론으로 끌어들인 사람은 뭐니 뭐니 해도 플라톤이라 할 수 있다. 그런데 이 변증술은 플라톤의 대화편들에만 한정하더라도 나름대로 긴 역사와 의미의 변천을 겪고 있어서 『파이드로스』에 이르기까지 변증론이 어떤 의미 변화의 과정을 겪어 왔는지 살펴보는 것도 『파이드로스』를 이해하는 한 가지 단서를 제공해 줄 것이다.

플라톤의 변증술의 출발이 되는 것은 아무래도 소크라테스가 아테네에서 사람들과 주고받았던 질문과 대답의 대화들이[11] 될 것이다. 플라톤은 그의 초기 대화편들에서 이 대화를 문학적으로 탁월하게 형상화해 놓았는데, 이 대화의 기술의 핵심에는 논박(elenchos)이 들어 있다.[12] 하지만 철학의 방법론으로서 자리를 잡게 되는 것은 플라톤의 『국가』에서부터라고 할 수 있다. 플라톤은 『국가』에서 좋음의 형상을 인식할 수 있는 방법론인 변증술을 철학자를 길러 내기 위한 학과목으로 제시한다.[13] 여기서 플라톤은 변증술을 위한 다양한 예비 과목들을 제시하면서, 그 과

---

11 소크라테스의 대화 방법 역시 그리스어로는 같은 'dialektikē'지만, 플라톤 고유의 변증술과 구별하기 위해 대개 '문답법'이라는 번역을 사용한다.

12 소크라테스의 문답법과 플라톤의 변증술의 관계에 대해서는 박종현(1982), 253쪽 이하 참고.

13 플라톤 『국가』 521d~541b 참고. 이 부분에 대한 해설로는 김영균(2008), 245쪽 이하 참고.

목들이 그 자체로만 머물지 않고, 형상을 향해 나아가야 한다고 주장한다. 그 이유의 하나로 그가 제시하는 것은 손가락의 예이다. 손가락들 하나하나는 우리의 감각능력이 지각할 수 있다. 그러나 그 손가락들 간의 크기 차이는 감각에 직접 지각되는 것이 아니다. 우리 감각으로만 본다면, 각각의 손가락은 다른 손가락들에 비해 더 크기도 하고 더 작기도 하다. 그렇게 되면 우리는 한 개의 손가락이 크기도 하면서 작기도 하다는 모순에 봉착하게 된다. 이럴 때, 우리는 감각에 머물지 않고 순수한 지성의 단계로 나아가서 형상의 세계를 이해함으로써만 문제를 해결할 수 있는 방향으로 돌아설 수 있게 된다. 이때 어떤 감각적인 것도 이용하지 않고 형상만을 이용해서 사유하는 방법이 바로 '변증술'이다. 이 변증술을 오랫동안 수련한 후에야 비로소 좋음의 형상을 볼 수 있고, 그럴 수 있는 이들이 바로 진정한 철학자라는 것이 플라톤의 주장이다.[14]

플라톤의 변증술에 대해서는 다양한 해석이 존재한다. 실패한 방법론이라는 것부터 진정한 존재론이라는 것까지.[15] 플라톤이 중기와 후기에 걸쳐서 변증술의 의미를 변경하는 것처럼 보이기

---

14 『국가』 540a~b 참고.

15 플라톤의 변증술에 대한 역사적인 평가와 전반적인 내용에 대해서는 마틴 (2004), 214쪽 이하 참고.

때문에 통일된 해석을 찾기가 어려운 것이 사실이다. 다만 우리로서는 주어진 문맥에서 이 방법론이 어떻게 사용되었는지를 면밀히 따져 읽어 봄으로써 통일된 이해를 위한 한 걸음을 디뎌 보는 것이다.

5. 문자 비판

『파이드로스』의 중요 주제 중에 또 하나는 274b~278c에서 테우트 신화를 통해 제기되는 문자에 대한 비판이다. 문자에 대한 플라톤의 비판은 플라톤의 작품들 중에서 주로 플라톤의 『일곱째 편지』와 『파이드로스』에 집중되어 있다. 이 두 작품에 담긴 문자 비판의 내용은 각각의 문맥에 따라 강조점이 다르고 내용도 다소 차이가 나지만, 문자의 근본적인 문제와 말의 우선성 및 변증술에 대한 강조라는 점에서는 큰 차이가 없다. 세부적으로 두 작품에 나타나는 문자 비판의 내용을 비교하는 작업은 별도의 큰 작업이 될 것이라[16] 이 자리에서 할 수 있는 일이 아니고, 다만

---

16 다만 『일곱째 편지』에서는 말과 글, 이 두 가지 의사소통 수단 모두가 비판되고 있는 것으로 보이며, 반면에 『파이드로스』에서는 비판이 글에 집중되어 있다. 물론 이것은 『파이드로스』의 중요 주제가 '연설'이기 때문일 것이다. 하지만 플라톤의 이 두 작품에 나오는 말과 글에 대한 비판을 어떻게 해석하고 받

고대 그리스의 문화적 맥락에서 『파이드로스』에 문자 비판이 등장하는 이유만 간략히 살펴보고자 한다.[17]

고대 그리스의 역사에서 문자가 다시 등장한 것은 기원전 8세기경으로 추정된다. 그 이전에도 문자가 있었지만, 미케네 왕국이 망하면서 기원전 12세기에서 8세기 사이에 문자의 기록이 나타나지 않다가, 8세기경 폴리스가 성립하면서 오늘날의 그리스 문자가 등장하였다. 호메로스의 『일리아스』와 『오뒤세이아』가 이 무렵 구성되었다고 한다. 이렇게 시작된 문자의 사용은 그 이전의 소통 수단이었던 구술과 겨루면서 의사소통의 중요한 수단으로 떠올랐다. 플라톤은 이렇게 문자가 의사소통 수단으로 강력하게 떠오르는 시점에서 기존의 구술 문화와 대비하여 문자를 비판적으로 언급하고 있는 것이다. 특히나 당대의 문화가 연설을 통해 정치와 재판이 이루어졌던 것을 감안하면, 문자의 확산은 중요한 문화적 변동의 요인으로 비추어졌을 것이다. 구술 문화와 문자 문화의 차이에 대한 연구는 고대 그리스에 국한되지 않고 인류학적 연구로서 진행되고 있으며, 오늘날 문화 변동에

아들일 것인지에 대해서는 논란이 분분하다.

17 아울러 플라톤의 문자 비판을 둘러싼 여러 가지 문제와 해석의 다양성에 대해서는 이미 옮긴이가 공역자로 참여했던 플라톤의 『편지들』에 부록으로 실은 바가 있다. 그래서 여기서는 그 부분에 대한 설명은 생략하고자 하니 『편지들』 234쪽 이하를 참고하기 바란다.

대한 중요한 시사점을 던져 주는 연구로서 자리 잡고 있다. 문자 비판자로서 플라톤이 독특한 점은 그가 위대한 고전을 저술한 작가로서 문자 문화의 혜택과 장점을 충분히 인지하고 있었다는 점이다. 그럼에도 불구하고 그가 문자로 된 기록을 단지 기억을 다시 하기 위한 수단에 불과하고 일종의 장난과도 같은 것이라고 한 것은 그의 철학 전반과 대화 형태로 된 그의 글, 그리고 진정한 철학적 지혜란 무엇인가란 주제와 뒤얽혀서 복잡한 해석들을 낳고 있는 것이 사실이다.

대화의 추정 연대

이 대화편의 대화가 벌어졌다고 플라톤이 설정한 시기를 추정하기 위해서는 몇 가지 사실들을 조합해 보아야 한다. 그런데 이 사실들이 아주 정합적으로 연결되지는 않기 때문에 이 추정은 상당히 불확실할 수 있다. 먼저 이 대화편에서 대화를 나누는 파이드로스는 415년에서 403년 사이에는 아테네에 없었다.[18] 따라서 이 기간에 이 대화편의 대화가 이루어졌다고 보기는 어렵다. 또한 대화의 내용을 보면 소포클레스와 에우리피데스가 아직 살

18 그 이유에 대해서는 등장인물 소개 참고

아 있는 시기로 되어 있다(『파이드로스』 268c). 이들은 모두 기원전 406년에 죽은 것으로 알려져 있기 때문에 이 대화는 그 이전에 이루어졌어야 한다. 한편 이 대화의 실마리를 제공한 뤼시아스는 그의 나이 15세가 되는 기원전 430년경에 투리이로 가서 아테네의 시칠리아 원정이 실패로 끝난 후 투리이에 팽배했던 반(反) 아테네 정서로 인해 추방되어 기원전 412년경에 아테네로 돌아온 것으로 알려져 있다. 대화의 내용 중에 파이드로스가 뤼시아스와 같이 있었다고 되어 있기 때문에 412년 이후가 대화가 이루어진 시기가 되어야 한다. 하지만 앞에서 봤듯이 파이드로스는 그 이전에 이미 아테네를 떠나 있었다. 따라서 둘이 만날 수 있는 시기는 403년 이후가 될 테지만, 그때는 이미 소포클레스와 에우리피데스가 죽은 후다. 게다가 이 대화편에는 대화가 이루어질 당시 뤼시아스의 형인 폴레마르코스가 생존해 있는 것으로 되어 있다. 그는 403년에 죽은 것으로 알려져 있기 때문에 대화는 그 이전에 이루어진 것이 되어야 한다. 하지만 이 대화편에는 뤼시아스가 연설문 작성가로서 절정의 인기를 구가했던 것으로 되어 있는데, 그 시점은 아테네에서 민주정이 회복된 403년 이후다. 그래서 대화편의 내용들만 가지고 만족할 만한 연대를 추정하기란 어렵다. 다만 한두 가지 사실을 어기는 것을 무릅쓴다면, 418년에서 415년 사이로 잡거나 403년 이후로 잡을 수 있을 것이다. 물론 플라톤의 대화편에서 이렇게 사실에 맞지 않는 언급은 자주 있는 편이라서 굳이 플라톤이 특정한 시기를 염두에 두지 않고 대화편의 내용을 구성했을 개연성도 크다.

대화편의 작성 연대

이 대화편을 플라톤이 작성한 시기에 대해서는 고대에서부터 논의가 되어 왔다. 디오게네스 라에르티오스의 『유명한 철학자들의 생애와 사상』 3권 38절에는 『파이드로스』의 주제가 '젊음'이라는 근거로 그것이 플라톤의 첫 번째 작품이라는 설이 전한다. 그런가 하면 19세기 독일의 문헌학자 슐라이어마허 역시 이 작품을 플라톤의 첫 작품으로 보기도 했다. 그러나 이 설은 그동안의 여러 논의를 통해 부정된 상황이다.

플라톤의 대화편 저술 시기를 추정하는 데 사용되는 몇 가지 방법이 있다. 대화편에 나와 있는 역사적 사실을 통하는 방법이 있고, 플라톤의 문체를 분석하는 방법이 있으며, 플라톤의 사상적 발전 과정을 전제하고 그 틀에 따라 추정하는 방식이 있다. 먼저 대화편에서 언급되는 내용으로 보면, 이소크라테스에 대한 언급이 단서가 될 수 있다. 이 대화편에 이소크라테스는 전도가 유망한 연설문 작성가로 언급된다. 그의 전성기를 370년에서 350년 사이로 볼 때, 최소한 이 대화편은 그 사이에 작성된 것이라고 볼 수 있다. 문체를 보고 저술 시기를 추정하는 방법은 이 글에서 다루기에는 너무 복잡하며, 또한 문체만을 가지고 시기를 추정하기란 쉽지 않기 때문에 여기서는 이 방법에 대한 언급은 생략하기로 하자. 다른 한편으로 플라톤의 사상적 발전 과정으로 보면 이 대화편에 언급되는 '형상이론', '정의' 등의 덕에 대한 언급, '모음과 나눔의 변증술', '혼의 삼분설' 등이 추정의 근거가 될 수 있다. 형상이론은 플라톤의 『파이돈』에서 언급되기 시작하여 『국가』, 『향연』, 『파이드로스』에서 주로 언급되고, 『파르메니데스』에서 비판되면서부터 그 이후의 대화편에는 이들 대화편에 언급되는 것처럼 주제로 삼아 언급되지는 않는다. 다른 한편 『파이돈』에서는 혼이 단일한 실재라고 언급되는 반면에 혼의 삼분설은 『국가』 이후에 언급되는 이론이다. 또한 『향연』에서는 같은 사랑을 주제로 삼았으면서도 혼의 삼분설을 이용하지 않고 있다. 따라서 이런 점을 연결해서 『파이드로스』를 적어도 『파이돈』과 『향연』 이후에 쓰인 것으로 볼 수 있다. 또한 『국가』에서는 변증술이 언급되면서도 그 자세한 방법에 대해서는 소개되고 있지 않은데, 『파이드로스』에서는 그 방법을 '모음과 나눔'으로 언급하고 있다. 또한 『파이드로스』에는 정의와 같은 형상에 대해서 글을 쓰는 것에 대한 언급이 있는데, 이것을 『국가』를 암암리에 지시하는 것으로 이해할 수 있다. 이렇게 볼 때, 『국가』보다 『파이드로스』가 나중에 쓰인 것이라는 추정을 해 볼 수 있다. 마지막으로 『파르메니데스』에서 플라톤의 중기 형상이론이 비판받는 것을 감안하면[19] 『파이드로스』에서 여전히 형상의 순수성을 강조하면서도 그 분할 가능성에 토대를 두는 '모음과 나눔'을 방법론으로 제시하는 것을 보면, 『파이드로스』를 『국가』와 『파르메니데스』 사이에 쓰인 대화편으로 추정하는 것이 가능하다. 통상 『파르메니데스』를 플라톤의 중기 대화편 중 거의 맨 나중에 배치하는 것과 관련지으면 『파이드로스』 역시 중기의 후반기에 저술된 것으로 볼 수 있으며, 이를 앞의 이소크라테스의 전성기와 연결하면 대략 기원전 360년대에 『파이드로스』가 저술되었을 것으로 보는 게 상당수의 학자들의 의견이다.

---

19 플라톤의 형상이론의 발전 과정에 대해서는 여러 논란이 있다. 그렇지만 단순하게 파악해 보면 중기 형상이론에서는 형상의 단일함이 강조되고, 후기 형상이론에서는 형상이 갖는 복합성이 주제가 된다고 할 수 있다.

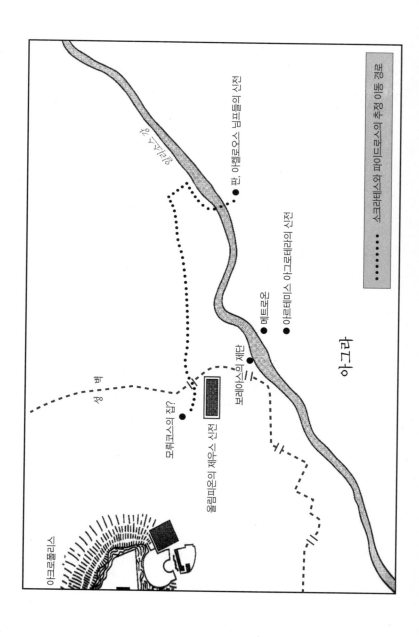

아고라

아크로폴리스

성벽

모뤼코스의 집?

올림피온의 제우스 신전

보레아스의 제단

메트로온

아르테미스 아그로테라의 신전

판, 아켈로우스 님프들의 신전

일리소스 강

소크라테스와 파이드로스의 추정 이동 경로

•••••••••• 소크라테스와 파이드로스의 추정 이동 경로

참고문헌

일차 문헌(원전 · 번역서 · 주석서)

Aristotle, *Art of Rhetoric*, Freese, J. H.(tr.), Harvard UP, 1975.

Aristotle, *Politics*, E. Barker(tr.), Oxford UP, 1947.

Brisson, L., *Platon. Phèdre, trad, inedite introd et notes*, suivi de *La Pharmacie de Platon* de Jacques Derrida, Paris, 2000.

Buchwald, W., *Platon, Phaidros*, hg. und ubers., München, 1964.

Burnet, J.(ed.), *Platonis Opera II*, Oxford Classical Texts, Oxford: Oxford University Press, 1901(OCT로 줄여 부름).

Cobb, W. S., *Plato's Erotic Dialogues : The Symposium and The Phaedrus*, New York State UP, 1993.

Hackforth, R., *Plato's Phaedrus*, trans. with an introd. and comm., Cambridge, 1952.

Heitsch, E., *Platon, Phaidros*, Übersetzung und Kommentar, Göttingen, 1997.

Hermeias, *In Platonis Phaedrum scholia*.

Hilderbrandt, K., *Platons Phaidrs*, übertr. und eingel., Kiel, 1953, ND

Stuttgart, 1976.

Moreschini, C & Vicaire, P., *Platon oeuveres complètes tome IV: Phèdre, texte ètabli par Claudio Moreschini et traduit par Paul Vicaire*, Paris : Les belles lettres, 1985.

Nehamas, A. & Woodruff, P. B., *Plato, Phaedrus*, trans. with introd. and notes., 1995.

Nichols, J. H., *Plato, Phaedrús*, Ithaca, 1998.

Rowe, C. J., *Plato, Phaedrsu*, Warminster, 1986.

_____, *Phaedrus*, Penguin, 2005.

Rufener, R., *Platon Klassische Dialoge : Phaidon, Symposion, Phaidros*, dtv-bibliothek, 1958.

Thompson, W. H., *The Phaedrus of Plato, with English notes and dissertations*, London, 1868, ND New York, 1973.

de Vries, G. J., *A commentary on the Phaedrus of Plato*, Amsterdam: Hakkert, 1969.

Waterfield, R., Phaedrus, Oxford UP, 2002.

Yunis, H., *Plato Phaedrus : Cambridge Greek and Latin Classics*, Cambridge: Cambridge UP, 2011.

아리스토텔레스, 『영혼에 관하여』, 유원기 옮김, 궁리, 2001.

아리스토텔레스, 『변증론』, 김재홍 옮김, 길, 2008.

아리스토텔레스 외, 『고대 그리스정치사 사료』, 「아테네 정치제도사」, 최자영 · 최혜영 옮김, 신서원, 2002.

플라톤, 『알키비아데스 I · II』, 김주일 · 정준영 옮김, 아카넷, 2020.

플라톤, 『파이드로스』, 조대호 역해, 문예출판사, 2008.

플라톤, 『편지들』, 강철웅 외 옮김, 이제이북스, 2009.

플라톤, 『플라톤의 네 대화편 : 「에우티프론」, 「소크라테스의 변론」, 「크리톤」, 「파이돈」』, 박종현 역주, 서광사, 2003.

플라톤, 『향연』, 강철웅 옮김, 아카넷, 2020.

히포크라테스, 『히포크라테스 선집』, 여인석 · 이기백 옮김, 나남, 2011.

이차 문헌(단행본)

Campbell, D. A., *Greek Lyric* vol. II, Harvard UP, 1988.

Dover, K. J., *Greek Homosexuality*, Harvard UP, 1989.

Guthrie, W. K. C., *The History of Greek Philosophy* vol.1, Cambridge UP, 1962.

Henry, A. S., *The prescripts of Athenia decrees*, Menmosyne Supplementum 49, Leiden, 1977.

Huffman, C. A., *Philolaus of Croton : Pythagorean and Presocratic : A Commentary on the Fragments and Testimonia with Interpretive Essays*, Cambridge UP, 1993.

MacLachlan, B., *The Age of Grace : Charis in Early Greek Poetry*, Princeton: Princeton University Press, 1993

고트프리트 마틴, 『진리의 현관 플라톤』, 이강서 옮김, 한길사, 2004.

권오선, 『그리스 격투 스포츠』, 대한미디어, 2003.

김영균, 『국가, 훌륭한 삶에 대한 근원적인 성찰』, 살림, 2008.

김헌, 『고대 그리스의 시인들』, 살림, 2004.

도즈, 『그리스인들과 비이성적인 것』, 주은영 · 양호영 옮김, 까치, 2002.

로제 샤르티에, 굴리엠모 카발로 엮음, 『읽는다는 것의 역사』, 이종삼 옮김, 한국출판마케팅연구소, 2006.

마틴 호제, 『희랍문학사』, 김남우 옮김, 작은 이야기, 2005.

미르치아 엘리아데, 『세계 종교 사상사 I』, 이용주 옮김, 이학사, 2006.

박종현, 『희랍사상의 이해』, 종로서적, 1982.

정혜신, 『그리스 문화 산책』, 민음사, 2003.

카를 케레니, 『그리스 신화』, 장영란 · 김훈 옮김, 궁리, 2002.

헤르만 프랭켈, 『초기 희랍의 문학과 철학』, 김남우 옮김, 아카넷, 2011.

이차 문헌(논문)

Linforth, I. M., "The Corybantic rites in Plato", *Classical Philology vol. 13, no. 5*, pp. 121~162, California UP, 1946.

Pender, E. E., "Poetic allusion in Plato's *Timaeus* and *Phaedrus*", *Göttinger Forum für Altertumswissenschaft*, 10, 51-87, 2007.

_____, "Sappho and Anacreon in Plato's *Phaedrus*", *Leeds International Classical Studies* 6.4, 2007.

박종현, 「대화편 『파이드로스』의 특이성」, 『헬라스 사상의 심층』, 서광사, 2001

사전류

Liddle, H. G. & Scott, R.(rev. & aug. by Jones, H. S.), *A Greek-English Lexicon*, 9th ed., Oxford Clarendon Press, 1961(LSJ로 줄여 부름).

피에르 그리말, 『그리스 로마 신화 사전』, 최애리 외 번역, 강대진 감수, 열린 책들, 2003.

찾아보기

일러두기

- 한글 찾아보기는 동일한 그리스에 대한 여러 번역어가 있을 경우, 표제어를 맨 앞에 두고 이후에 같은 그리스어에 대한 다른 번역어들을 열거했다.
- 동일한 그리스어 대한 다른 번역어들에는 각 용례가 등장한 자리를 따로 표시하였다. 다만 의미상의 차이가 거의 없고 표현상의 차이일 뿐인 번역어는 같은 항목에 묶었다.
- 유사한 그리스어에서 문법적으로 변형된 경우들은 한 가지 표제어로 다루었다. 예컨대 '아름다운(kalos)'을 표제어로 해서 그의 부사형인 '아름답게(kalōs)'나 명사형인 '아름다운 것(to kalon)'을 한 항목에 제시하였다. 동사의 경우라면 부정사의 여러 용법이나 중간태나 수동태, 분사 형태 등은 모두 능동태 부정사의 번역어의 표제어 항목 아래 제시하고 필요할 경우 그리스어 변화 형태를 같이 제시하였다. 그러나 어근은 동일하지만 어휘상으로 분리된 것은 표제어를 따로 두었다. '아름다운(kalos)'과 '아름다움(kallos)'을 구별한 것이 그 예다.
- 용례의 자리 표기는 OCT의 스테파누스 페이지를 따랐다. 그러나 번역과 편집의 과정에서 약간씩 바뀌었을 수 있으므로 표시된 자리에 없을 경우, 앞뒤 자리도 확인해 봐야 한다.
- 이 찾아보기에 사용된 기호는 다음과 같은 뜻을 갖는다.
  1) → : 그 항목으로 가면 해당 단어에 대한 상세한 정보를 알 수 있다.
  2) cf. : 긴밀히 연결되어 있어 참고할 만한 단어를 가리킨다.
  3) ( ), [ ] : 앞의 말을 빼고 ( ) 안에 든 말을 대신 넣어 번역한 경우에는 ( )를, [ ] 안에 든 말을 추가로 넣어 번역한 경우에는 [ ]를 사용한다.
  4) (*) : 이 기호가 표시된 단어는 의미상 중요하지 않아서 모든 번역어와

용례를 표시하지 않은 단어이다.

5) * : 해당 위치에 관련된 주석이 있음을 표시한다. 예) 251d*

일반용어

한국어 - 그리스어

가르치다 didaskein 230d, 265d, 268d, 269b~c, 271b, 272b, 276c, 277c, 278a

가문 → 종족

가축 → 종자

갈망 pothos 250c, 252a, 253e

갈망하다 → 욕구하다

감각 aisthēsis 240d, 250d, 271e / 지각 249b, 253e

감지하다 → 느낌을 받다

강압책 → 어쩔 수 없음

같다 → 보이다

같은 → 동등한

같이 열광하다 synkorybantian 228c*

거죽 → 모습

걷기 → 산책

검토하다 exetazein 258d, 261a, 270c, 277a

것 pragma 227b / 사정 230e, 262e, 263e / 그런 것 231d, 234a / 일 232e / 주제 234e, 235b, 268c /

짓거리 236c, 254a / 행위 272d

격에 맞다 → 제격이다

격정 oistros 240d

격조 있다 semnos 257d, 258a, 275d

견디다 → 사로잡다

결정 boulē 237c

경배하다 orgiazein 250c*, 252e

경외하다 sebesthai 250e~251a, 252a, 254b

경주로 dromos 227a

곁에 있다 pareinai 228e

고난 → 수고

고매하다 → 사리 분별하다

고움 → 모습

공경하다 → 영예를 사다

과시하다 epideiknynai 232a, 235a, 258a, 269a / 보여 주다 236e, 274d / 드러내다 233b, 234b

과업 → 일

관습 nomos 232a / 법 248c, 256d, 277d, 278c / ~처럼 250e

관장하다 dioikein 246c

관조 → 광경

관조하다 theasthai 247e, 249e, 250b, 250e, 271d / 보다 258c

228d

사랑의 → 사랑에 관한

사로잡다 katechein 244e / 견디다 241a / 자제하다 254a

사로잡다 lambanein* 238c, 251b, 252c

사로잡히다 → 신들리다

사리 분별 phronimos 235e, 239b

사리 분별하다 phronein 231d, 232d, 266b, 275d / 고매하다 257e

사실 → 참된

사정 → 것

사항 → 모습

산책 peripatos 227a*, 228b / 걷기 227a

삶의 방식 diaita 239d, 256a~b

[모]상(模像) eikōn 235d, 250b

상기 anamnēsis 249c

상기하다 anamimnēskein 249d, 250a / 기억을 떠올리다 254d, 272c, 273a

상태 hexis 239c, 241c

상태 pathos 245c, 250a, 251c, 252b~ c, 254e, 262b, 265b, 269b / 증상 251d / 기운 238c

생각 dianoia 234c, 239a, 239c, 244c, 247d, 249c, 256a, 256c, 259a, 259e, 265e, 270a / 취지 228d

샘 pēgē 230b / 원천 245c, 255c

서술 diēgēsis 246a, 266e

설득 peithō 270b*, 271a, 272a, 277e

설득하다 peithein 232d, 237b, 253b, 260a~d, 261a, 271a~c, 271e, 272a~b / 따르다 228a, 233a~b, 235b / 믿다 227a, 229c, 230a, 245a, 252c, 270c

섭리 → 몫

성벽 teichos 227a*, 227d, 228b

성장 → 본성

성품 ēthos 243c

세상 → 자리

소녀 korē 229b

소년애인 paidika 236b*, 239a~b, 240a~c, 241a, 243c, 251a, 252c, 253b, 254a~b, 254d~ e, 256a, 264a, 279b

소중한 timios 241c, 250b, 257a, 278d

손해 → 해[악]

수고 hamilla 271a

수고 ponos 231a~b, 239c, 255e / 고난 244c, 247b, 248b, 252b

~수밖에 없게 하다 → 어쩔 수 없이 ~하다

수치심 aidō 253d, 254a, 256a

숙달 tribē 260e, 270b

쉼터 katagōgē 230b cf. katagōgion

[~을] 위하는 마음 eunoia 241c,
    255b, 275a cf. eunous(위하는
    마음을 갖는) 239e, 256a
윗길인 hyperteros 227b
유혹하다 peiran 227c
육체 sōma 232e, 238c, 239c~d,
    241c, 248d, 256c, 258e,
    270b~c / 물체 245e / 몸
    246c~d, 250c*~d, 251a,
    266a, 268b, 271a / 몸체 264c
음악적인 → 시가를 즐기는
음악 전문가 → 시가를 즐기는
의견 doxa 237d, 238b, 260c, 262c,
    275a / 평판 232a, 251a, 253d,
    257d
의결하다 → 보이다
이득이 되다 sympherein 230e, 262e,
    263e
이상하다 atopos 229c, 230c
    cf. atopia(이상한 것) 229e
이상한 것 atopia 229e / 이상함 251d
이상함 → 이상한 것
이성 → 이야기
이야기 logos* 227c~228c, 228e,
    229c, 230a, 230d, 234c, 234e,
    235b, 235e, 236e, 242a, 243d,
    246c / 말 227b* / 이성 237e,
    238a, 256a / 정의 245e / 연설
    [문] 257e*, 259e / 설명 270e*

이야기하다 legein 227c, 228a, 228c
이유 aitia 243a, 252c, 271d / 원인
    246d, 249d, 266b, 271b
익히다 meletan 228b*, 260c, 274a
일 ascholia 227b*
일 epitēdeuma 233d, 258b / 행실
    234b / 행위 240b / 과업 252e~
    253b
일 → 것
일가친척 → 제격이다
~일 공산이 크다 → 그럴듯한(함)
    [것]
읽다 anagignōskein 228e*, 230e,
    234d, 262d, 263e
입교의식 teletē 244d*, 249c, 250b,
    253c
입교하지 못하는 → 목적을 이루지
    못하는
입 맞추다 → 좋아하다
있는 것답게 ontōs 247c, 247e
잊다 epilanthanasthai 228a

자라(나)다 phyō 230c, 250b, 259c,
    276d, 277a / 본성이 ~하다
    53b, 277c / 안성맞춤이다 255c
    / 본래의 265e, 266a~b, 271a
    / 타고나다 270d, 276a
자리 topos 230b~c, 247c / 장소
    238d / 세상 248a / 지역 274d

charizesthai 기쁨을 주다

choros 합창

daimōn 신령

daimonios 신묘한

deidein 두려워하다

deiknynai 보여 주다

deinos 무섭도록 능수능란한

deisthai 조르다

dēlon 보나마나

dēmēgoria 민회연설

dēmōphelēs 대중에게 득이 되는

diairein 나누다

diaita 삶의 방식

dialektikos 변증술[에 능한]

dianoein 생각해 두다

dianoia 취지

diaphanos 맑다

diaprattein 다 하다

diathesis 구성

diatribē 어떻게 시간을 보냄

diatribein [시간을] 보내다

didaskein 가르치다

diēgēsis 서술

dikaiosynē 정의

dikē* 재판

dioikein 관장하다

dokein 의결하다

doxa 평판

dromos 경주로

dynamis 능력

eidōlon 영상

eidos 모습

eikōn [모]상

eikonologia 그럴듯한 논증

eikos 그럴듯한(함) [것]

ekmanthanein 싹 다 배우다

ekplēssein 넋이 나가다

ektrapein 길을 벗어나다

elenchos 논박

elpis 희망

emmeletan 연습하다

engymnazesthai 훈련하다

entheos 신들린

enthousiazein 신들리다

epanalambanein 거듭하다

ephaptein 접하다

ephexēs 줄줄이

epideiknynai 과시하다

epilanthanasthai 잊다

epistanai 알다

epitēdeios 마춤하다

epitēdeuma 일

epithymein 마음이 간절하다

epithymia 욕구

eran 사랑[을] 하다

erastēs 사랑을 하는 이

erein 말하다

erōs 사랑

erōtikos 사랑에 관한

ēthos 성품

euētheia 어리석음

eunoia [~을] 위하는 마음

euthychēs 운 좋은

exepistasthai 싹 다 알다

exetazein 검토하다

gennaios 대단한

genos 종족

geras 영예의 선물

graphein [글을] 쓰다

hamarthanein 빗맞히다

hamilla 수고

hapalos 여리다

haploos 단순한

harpazein 채가다

hēdesthai 기뻐하다

hēdonē 즐거움

hekōn 자발적으로

hēniochos 마부

hestian 잔치를 베풀다(벌이다)

hetairos 벗

heuresis 발견

hexis 상태

hieros 신성한

hikanos 충분하다

himation 겉옷

himeros 열망

hodos 길

holon 전체

homilia 사귐

horizein 규정하다

hybris 방종[한 짓]

hybristos 방종한

hydation 냇물

hyperteros 윗길인

hypisknesthai 약속하다

hypomimnēskein [기억을] 환기시키
다

hypomnēma 기억거리

hypomnēsis 기억의 환기

hypopteros 날개 달린

hypsēlos 높다

idea 형태

idiōtēs 어설픈

isos 동등한

isotēs 대등함

kakia 무능(함)

kallos 아름다움

kalos 아름다운

katagōgē 쉼터

katechein 사로잡다

katēgoria 논고

kathairein 정화의식을 치르다

katharmos 정화의식

katharos 깨끗하다

kathoran 목격하다

keleuein 부탁하다

kinēsis 운동

kompseuein 절묘한 솜씨를 보이다

kompsos 묘하다

korē 소녀

kosmos 장식

kratein 지배하다

kreittōn 누르하다

krinein 분간하다

lambanein* 사로잡다

lampros 환하다

legein 이야기하다

lēthē 망각

logographos 연설문 작성자

logos* 말

logosgraphia 연설문 작성

mainesthai 광기가 들다

mania 광기

mantikē 예언술

mathēma 배움

meletan 익히다

meletē 연습

methodos 방법

metrios 적당한

mimeisthai 모방하다

mnēmē 기억

moira 몫

mousikos 시가를 즐기는

mythologēma 신화적인 이야기

mythologia 신화에 관한 이야기

mythos 옛이야기

noein 깨닫다

nomimos 규범[에 맞는]

nomos 관습

nosein 병에 걸리다

nous 주목

nouthetein 욕하다

ochlos 무리

odynē 아픔

oistros 격정

oneidos 비난[거리]

onoma 어휘

ontōs 있는 것답게

opsis 얼굴

orgiazein 경배하다

ouranos 천계

ousia 재산

oxeōs 날카롭게

paidika 소년애인

paizein 놀다

palinodia 다시 부르는 노래

pantōs 어차피

paradeigma 실례

parechein 맡기다

pareinai 곁에 있다

parelthein 지나가다

paschein 작용을 겪다

pathos 기운

pauein 항복하다

옮긴이의 말

『파이드로스』는 옮긴이가 박사 논문을 마친 2002년에 처음 초고를 만든 작품이었다. 학위를 준비하면서도 바쁜 학위의 과정이 끝나면 꼭 읽어 보겠노라고 마음먹었던 작품이었고, 마침 정암학당에서 새 학기 강독 목록을 짜면서 학당 연구원들 중에서 『파이드로스』를 읽을 자원자를 찾기에 얼른 손을 들었던 기억이 여전히 새롭다. 선후배 연구원들과 『파이드로스』를 읽는 그 학기는 참 즐거웠다. 이 작품이 플라톤의 여느 대화편들과는 다른 요소들을 많이 가지고 있어서 플라톤 강독을 여러 차례 같이 해 온 우리에게도 생소한 경험이었다. 뤼시아스의 연설 부분을 읽으면서 플라톤의 글에 이런 야한 이야기가 나오겠냐고, 뭔가 우리가 잘못 독해하고 있는 게 아니냐며 논전을 벌였던 일은 이 번역을 준비하면서도 두고두고 떠오르는 기억이다. 그만큼 『파이드로스』는 이야기는 많이 들었으나 실체는 잘 접하지 못했던 전설 속의 대화편이었다.

초역을 만들고서 번역을 내기까지 10년의 세월이 지났다. 그동안 플라톤의 다른 번역본들을 내느라고 바빴다는 핑계는 옮긴이의 게으름과 우매함을 둘러대는 말일 뿐이다. 하지만 10년의 세월을 미적거린 것은 또 그만큼 『파이드로스』가 옮긴이에게 두렵고도 가슴 뛰는 모험이었기 때문이기도 했다. 그동안 뒷동산이나 들락거리던 솜씨로 덜컥 지리산 종주에 나선 것 같은 막막함에 얼마나 자주 휩싸였는지 모른다. 골짜기 구석구석, 접어드는 산자락마다에, 또한 올라섰던 그 많은 산꼭대기들 아래 펼쳐진 아름답고 신비한 비경들을 전하면서도, 산행이 힘겨워 헉헉대는 소리가 이 대화편의 번역에 너무 많이 배여 있지는 않을까 걱정스러웠다. 그래도 전에 했던 다른 작품들이 국내 최초 번역이었던 것과는 달리 이번 번역 작업은 조대호 교수의 번역이 먼저 있어서 많은 도움과 위로가 되었다. 번역이 섞일까 봐 작업 중에는 미리 읽지 않으려 했지만, 마지막 작업을 하면서는 이미 나와 있는 번역본을 읽으며 내가 한 번역을 다시 돌아볼 수 있었고, 몇 군데 미진했던 부분을 다듬게 된 계기가 되었다. 옮긴이가 이 작품을 번역하고 있다는 것을 미리 알고 책까지 보내 주었던 조대호 교수에게 고마운 마음을 전한다. 읽는 분들로서는 『파이드로스』라는 큰 산을 더듬어 본 두 번역자의 번역본을 비교해

가며 읽는 것이 읽는 분들 스스로도 또 하나의 등산로를 개척하는 계기가 될 수 있지 않을까 생각해 본다.

이 글까지 찾아 읽게 된 독자 분들은 대개 본문의 번역을 보았으니 알 테지만, 『파이드로스』는 참 읽기 어려운 대화편이다. 하나로 엮을 수 있을까 싶은 다양한 주제들이 즐비한 데다가, 그 주제들을 접근하는 각도도 여느 대화편들과는 달라서 자칫 선입견에 사로잡혀 읽었다가는 막힌 골목 속에서 맴돌기 십상이다. 단지 플라톤에 대한 선입견뿐만 아니라 현대를 사는 우리가 갖기 쉬운 선입견, 남자나 여자라서 갖게 되는 선입견 등 일상의 말 속에 싸여 있는 우리가 갖기 쉬운 선입견들을 치워 두고 맑은 눈으로 들여다보지 않으면 읽히지 않는 내용이 수두룩하다는 점에서도 이 대화편은 읽을 가치가 높은 대화편이다. 이 대화편의 내용에도 나오듯이 바보와도 같은 단순함으로 주어진 사태를 마주 보지 않고 어디서 들은 남의 이야기로 부질없이 말의 그물을 짜는 헛똑똑이들에게 이 대화편이 한 여름의 매미 소리와 같은 청량한 충격이 되기를 기대해 본다.

내용도 그렇지만 『파이드로스』는 문장도 여간 읽기 어렵지 않다. 이 대화편에서 플라톤은 주로 기름기 없는 담백한 미문을 구사하면서도 뤼시아스와 같은 다른 작가들의 문투를 능청스레 흉내 내는 통에 번역하는 데 애를 많이 먹었다. 게다가 소크라테스는 간간히 님프니 판 신이니 하는 신들에게 사로잡혔다는 핑계로 긴 이야기를 늘어놓아 장문의 글을 어떻게 이해 가능한 형태의 우리말로 옮길까 고민이 많았다. 원래의 문장들의 어순을 바꾸고, 긴 문장을 잘라 붙이는 방법도 생각해 봤지만, 다른 대화편들은 몰라도 이 대화편은 플라톤의 원래 글에 가능한 한 가깝게 번역해야 한다는 생각을 버릴 수가 없었다. 그래서 가급적 원문의 순서와 문장의 길이를 유지하는 한편, 문장이 길어지면서 자칫 문장의 내용이 실종되는 일이 없도록 내 깜냥으로서는 최선의 노력을 했다. 다만 그리스 문화와 우리 문화 사이의 간격을 완전히 극복하지 못해 몇 가지 용어 번역에서 원의를 충분히 전달하지 못하는 번역어를 택하게 된 점은 지금 이 순간에도 아쉬움으로 남는다. 번역을 빡빡하게 했기 때문에 독자들에게는 한 번 읽고 덮어 두지 마시고 여러 번 곱씹어 가며 읽어 달라는 말씀을, 플라톤의 책을 비롯한 철학책들은 원래 그런 글들이라는 말씀을 핑계 삼아 드리고 싶다.

처음 이제이북스에서 나왔던 이 책을 이제이북스의 사정과 정암학당의 총서 기획에 맞춰 아카넷으로 옮기면서 이 책에 얽힌 인연과 감사한 분들을 다시 생각해 보게 된다. 다시 생각해도 늘 고맙고 감사한 마음의 맨 앞에 두게 되는 정암학당 이사장 이정호 선생님은 이 책의 최종 원고까지 감수해 주시면서 많은 조언의 말씀을 해 주셨다. 학당에서 이 대화편을 같이 읽었던 선후배 연구자들과 수강했던 여러 대학의 대학원 학생들과 수강생에 대한 감사의 마음도 꼭 잊지 않고 챙기고 싶다. 그분들이 없었다면 이 책은 괜한 종이 낭비가 되었을 것이다. 각박한 세상에서도 귀한 공부한다며 격려의 말씀으로 부추겨 주셨던 학당의 후원회원분들에게게도 감사를 드린다. 인문학의 중심이 어디에 있어야 하는지를 그분들에게 늘 새로 배우고 있다. 그 밖에도 처음 출간한 지 8년 만에 출판사를 옮겨 재출간하는 사이에 쌓인 인연이 또 얼마나 많겠냐마는 학당과 새롭게 인연을 맺은 아카넷 출판사 김정호 대표님과 편집에 만전을 기해 주신 박수용 팀장님에게도 감사의 말씀과 오랜 세월 같이 하고픈 마음을 전한다.

사단법인 정암학당을 후원해 주시는 분들

정암학당의 연구와 역주서 발간 사업은 연구자들의 노력과 시민들의 귀한 뜻이 모여 이루어집니다. 학당의 모든 연구는 시민들의 자발적인 후원을 바탕으로 하기 때문입니다. 그 결실을 담은 '정암고전총서'는 연구자와 시민의 연대가 만들어 내는 고전 번역 운동의 산물이라고 할 수 있습니다. 이 같은 학술 운동의 역사적 의미를 기리고자 이 사업에 참여한 후원회원 한 분 한 분의 정성을 이 책에 기록합니다.

평생후원회원

Alexandros Kwanghae Park	강대진	강상진	강선자	강성훈	강순전	강창보
강철웅	고재희	공기석	권세혁	권영경	권장용	기종석	길명근	김경랑
김경현	김기영	김남두	김대오	김미성	김미옥	김상기	김상수	김상욱
김상현	김석언	김석준	김선희(58)	김성환	김숙자	김영균	김영순	김영일
김영찬	김운찬	김유순	김 율	김은자	김은희	김인곤	김재홍	김정락
김정란	김정례	김정명	김정신	김주일	김진성	김진식	김출곤	김 헌
김현래	김현주	김혜경	김혜자	김효미	류한형	문성민	문수영	문종철
박계형	박금순	박금옥	박명준	박병복	박복득	박상태	박선미	박세호
박승찬	박윤재	박정수	박정하	박종민	박종철	박진우	박창국	박태일
박현우	반채환	배인숙	백도형	백영경	변우희	서광복	서 명	서지민
설현석	성중모	손병석	손성석	손윤락	손효주	송경순	송대현	송성근
송순아	송유레	송정화	신성우	심재경	안성희	안 욱	안재원	안정옥
양문흠	양호영	엄윤경	여재훈	염수균	오서영	오지은	오흥식	유익재
유재민	유태권	유 혁	윤나다	윤신중	윤정혜	윤지숙	은규호	이기백
이기석	이기연	이기용	이두희	이명호	이미란	이민숙	이민정	이상구
이상원	이상익	이상인	이상희(69)	이상희(82)	이석호	이순이	이순정	이승재
이시연	이광영	이영원	이영호(48)	이영환	이옥심	이용구	이용술	이용재
이용철	이원제	이원혁	이유인	이은미	이임순	이재경	이정선(71)	이정선(75)
이정숙	이정식	이정호	이종환(71)	이종환(75)	이주형	이지수	이 진	이창우
이창연	이창원	이충원	이춘매	이태수	이태호	이필렬	이향섭	이향자
이황희	이현숙	이현임	임대윤	임보경	임성진	임연정	임창오	임환균
장경란	장동익	장미성	장영식	전국경	전병환	전헌상	전호근	정선빈
정세환	정순희	정연교	정 일	정정진	정제문	정준영(63)	정준영(64)	정태흡
정해남	정흥교	정희영	조광제	조대호	조병훈	조익순	지도영	차경숙
차기태	차미영	최 미	최세용	최수영	최병철	최영임	최영환	최운규
최원배	최윤정(77)	최은영	최인규	최지호	최 화	표경태	풍광섭	하선규
하성권	한경자	한명희	허남진	허선순	허성도	허영현	허용우	허정환
허지현	홍섬의	홍순정	홍 훈	황규빈	황유리	황예림	황희철	

나와우리〈책방이음〉　　　　도미니코 수도회　　　　도바세　　　　방송대문교소담터스터디
방송대영문과07 학번미아팀　　　법률사무소 큰숲　　　　부북스출판사(신현부)
생각과느낌 정신건강의학과　　　이제이북스　　　　카페 벨라온

개인 249, 단체 10, 총 259

후원위원

강성식	강승민	강용란	강진숙	강태형	고명선	곽삼근	곽성순	구미희
권영우	길양란	김경원	김나윤	김대권	김명희	김미란	김미선	김미향
김백현	김병연	김복희	김상봉	김성민	김성윤	김순희(1)	김승우	김양희(1)
김양희(2)	김애란	김영란	김옥경	김용배	김윤선	김장생	김정현	김지수(62)
김진숙(72)	김현제	김형준	김형희	김희대	맹국재	문영희	박미라	박수영
박우진	박현주	백선옥	사공엽	서도식	성민주	손창인	손혜민	송민호
송봉근	송상호	송연화	송찬섭	신미경	신성은	신영옥	신재순	심명은
오현주	오현주(62)	우현정	원해자	유미소	유형수	유효경	이경진	이명옥
이봉규	이봉철	이선순	이선희	이수민	이수은	이승목	이승준	이신자
이은수	이재환	이정민	이주완	이지희	이진희	이평순	이한주	임경미
임우식	장세백	전일순	정삼아	정은숙	정현석	조동제	조명화	조문숙
조민아	조백현	조범규	조성덕	조정희	조준호	조진희	조태현	주은영
천병since	최광호	최세실리아		최승렬	최승아	최이담	최정옥	최효임
한대규	허 민	홍순혁	홍은규	홍정수	황정숙	황훈성	정암학당1년후원	

문교경기〈처음처럼〉　　　　　문교수원3학년학생회　　　　　문교안양학생회
문교경기8대학생회　　　　　　문교경기총동문회　　　　　　문교대전충남학생회
문교베스트스터디　　　　　　　문교부산지역7기동문회　　　　문교부산지역학우일동(2018)
문교안양학습관　　　　　　　　문교인천동문회　　　　　　　　문교인천지역학생회
방송대동아리〈아노도스〉　　　방송대동아리〈예사모〉　　　　방송대동아리〈프로네시스〉
사가독서회

개인 124, 단체 16, 총 140

후원회원

강경훈	강경희	강규태	강보슬	강상훈	강선옥	강성만	강성심	강신은
강유선	강은미	강은정	강임향	강주완	강창조	강 항	강희석	고경효
고복미	고숙자	고승재	고창수	고효순	곽범환	곽수미	구본호	구익희
권 강	권동명	권미영	권성철	권순복	권순자	권오성	권오영	권용석
권원만	권정화	권해명	권혁민	김경미	김경원	김경화	김광석	김광성
김광택	김광호	김귀녀	김귀종	김길화	김나경(69)	김나경(71)	김남구	김대겸
김대훈	김동근	김동찬	김두훈	김 들	김래영	김명주(1)	김명주(2)	김명하
김명화	김명희(63)	김문성	김미경(61)	김미경(63)	김미숙	김미정	김미형	김민경
김민웅	김민주	김범석	김병수	김병옥	김보라미	김봉습	김비단결	김선규
김선민	김선희(66)	김성곤	김성기	김성은(1)	김성은(2)	김세은	김세원	김세진
김수진	김수환	김순금	김순옥	김순호	김순희(2)	김시형	김신태	김신판
김승원	김아영	김양식	김영선	김영숙(1)	김영숙(2)	김영애	김영준	김옥주
김용술	김용한	김용희	김유석	김은미	김은심	김은정	김은주	김은파
김인식	김인애	김인옥	김인자	김일학	김정식	김정현	김정현(96)	김정화
김정훈	김정희	김종태	김종호	김종희	김주미	김중우	김지수(2)	김지애

김지열	김지유	김지은	김진숙(71)	김진태	김철한	김태식	김태욱	김태헌
김태희	김평화	김하윤	김한기	김현규	김현숙(61)	김현숙(72)	김현우	김현정
김현정(2)	김현철	김형규	김형전	김혜숙(53)	김혜숙(60)	김혜원	김혜정	김홍명
김홍일	김희경	김희성	김희정	김희준	나의열	나춘화	나혜연	남수빈
남영우	남원일	남지연	남진애	노마리아	노미경	노선이	노성숙	노채은
노혜경	도종관	도진경	도진해	류다현	류동춘	류미희	류시운	류연옥
류점용	류종덕	류진선	모영진	문경남	문상흠	문순혁	문영식	문정숙
문종선	문준혁	문찬혁	문행자	민 영	민용기	민중근	민해정	박경남
박경수	박경숙	박경애	박귀자	박규철	박다연	박대길	박동심	박명화
박문영	박문형	박미경	박미숙(67)	박미숙(71)	박미자	박미정	박배민	박보경
박상선	박상준	박선대	박선희	박성기	박소운	박순주	박순희	박승억
박연숙	박영찬	박영호	박옥선	박원대	박원자	박윤하	박재준	박정서
박정오	박정주	박정은	박정희	박종례	박주현	박준용	박준하	박지영(58)
박지영(73)	박지희(74)	박지희(98)	박진만	박진현	박진희	박찬수	박찬은	박춘례
박태안	박한종	박해윤	박헌민	박현숙	박현자	박현정	박현철	박형전
박혜숙	박홍기	박희열	반덕진	배기완	배수영	배영지	배제성	배효선
백기자	백선영	백수영	백승찬	백애숙	백현우	변은섭	봉성용	서강민
서경식	서동주	서두원	서민정	서범준	서승일	서영식	서옥희	서용심
서월순	서정원	서지희	서창립	서회자	서희승	석현주	설진철	성 염
성윤수	성지영	소도영	소병문	소선자	손금성	손금화	손동철	손민석
손상현	손정수	손지아	손태현	손혜정	송금숙	송기섭	송명화	송미희
송복순	송석현	송염만	송요중	송원욱	송원희	송유철	송인애	송진우
송태욱	송효정	신경원	신기동	신명우	신민주	신성호	신영미	신용균
신정애	신지영	신혜경	심경옥	심복섭	심은미	심은애	심정숙	심준보
심희정	안건형	안경화	안미희	안숙현	안영숙	안정숙	안정순	안진구
안진숙	안화숙	안혜정	안희경	안희돈	양경엽	양미선	양병만	양선경
양세규	양예진	양지연	엄순영	오명순	오승연	오신명	오영수	오영순
오유석	오은영	오진세	오창진	오혁진	옥명희	온정민	왕현주	우남권
우 람	우병권	우은주	우지호	원만희	유두신	유미애	유성경	유정원
유 철	유향숙	유희선	윤경숙	윤경자	윤선애	윤수홍	윤여훈	윤영미
윤영선	윤영이	윤 옥	윤은경	윤은경	윤정만	윤혜영	윤혜진	이건호
이경남(1)	이경남(72)	이경미	이경선	이경아	이경옥	이경원	이경자	이경희
이관호	이광로	이광석	이군무	이궁훈	이권주	이나영	이다영	이덕제
이동래	이동조	이동춘	이명란	이명순	이미옥	이병태	이복희	이상규
이상래	이상봉	이상선	이상훈	이선민	이선이	이성은	이성준	이성호
이성훈	이성희	이세준	이소영	이소정	이수경	이수련	이숙희	이순옥
이승용	이승훈	이시현	이아람	이양미	이연희	이영숙	이영신	이영실
이영애	이영애(2)	이영철	이영호(43)	이옥경	이용숙	이용웅	이용찬	이용태
이원용	이윤주	이윤철	이은규	이은심	이은정	이은주	이이숙	이인순

이재현　이정빈　이정석　이정선(68)　이정애　이정임　이종남　이종민　이종복
이중근　이지석　이지현　이진아　이진우　이창용　이철주　이춘성　이태곤
이평식　이표순　이한솔　이현주(1)　이현주(2)　이현호　이혜영　이혜원　이호석
이호섭　이화선　이희숙　이희정　임석희　임솔내　임정환　임창근　임현찬
장모범　장시은　장영애　장영재　장오현　장재희　장지나　장지원(65)　장지원(78)
장지은　장철형　장태순　장해숙　장홍순　전경민　전다록　전미래　전병덕
전석빈　전영석　전우성　전우진　전종호　전진호　정경회　정계란　정금숙
정금연　정금이　정금자　정난진　정미경　정미숙　정미자　정상묵　정상준
정선빈　정세영　정아연　정양민　정양옥　정　연　정연화　정영목　정옥진
정용백　정우정　정유미　정은정　정일순　정재웅　정정녀　정지숙　정진화
정창화　정하갑　정은교　정해경　정현주　정현진　정호영　정환수　조권수
조길자　조덕근　조미선　조미숙　조병진　조성일　조성혁　조수연　조슬기
조영래　조영수　조영신　조영연　조영호　조예빈　조용수　조용준　조윤정
조은진　조정란　조정미　조정옥　조증윤　조창호　조황호　주봉희　주연옥
주은빈　지정훈　진동성　차문송　차상민　차혜진　채수환　채장열　천동환
천명옥　최경식　최명자　최미경　최보근　최석묵　최선회　최성준　최수현
최숙현　최영란　최영순　최영식　최영아　최원옥　최유숙　최유진　최윤정(66)
최은경　최일우　최자련　최재식　최재원　최재혁　최정욱　최정호　최정환
최종희　최준원　최지연　최혁규　최현숙　최혜정　하승연　하혜용　한미영
한생곤　한선미　한연숙　한옥희　한윤주　한호경　함귀선　허미정　허성준
허　양　허　웅　허인자　허정우　홍경란　홍기표　홍병식　홍성경　홍성규
홍성은　홍영환　홍은영　홍의중　홍지흔　황경민　황광현　황미영　황미옥
황선영　황신해　황은주　황재규　황정희　황주영　황현숙　황혜성　황희수
kai1100　익명

리테라 주식회사　　　　　　　　문교강원동문회　　　　　　　　문교강원학생회
문교경기〈문사모〉　　　　　　　문교경기동문〈문사모〉　　　　　문교서울총동문회
문교원주학생회　　　　　　　　문교잠실송파스터디　　　　　　문교인천졸업생
문교전국총동문회　　　　　　　문교졸업생　　　　　　　　　　문교8대전국총학생회
문교11대서울학생회　　　　　　문교K2스터디　　　　　　　　　서울대학교 철학과 학생회
(주)아트앤스터디　　　　　　　영일통운(주)　　　　　　　　　장승포중앙서점(김강후)
책바람

개인 695, 단체 19, 총 714

2022년 4월 30일 현재, 1,068분과 45개의 단체(총 1,113)가 정암학당을 후원해 주고 계십니다.

┃ 옮긴이

김주일

성균관대학교에서 플라톤과 파르메니데스 철학의 관계에 대한 주제로 박사학위를 받았다. 현재 성균관대학교와 청주대학교에 출강하며 그리스 로마 고전 연구소인 정암학당의 학당 장으로 있다. 저서로는 『소크라테스는 악법도 법이라고 말하지 않았다. 그럼 누가?』 『서양고 대철학 1』(공저)이 있고, 역서로는 『소크라테스 이전 철학자들의 단편선집』(공역), 플라톤의 『에우튀데모스』 『파이드로스』 『편지들』(공역), 『알키비아데스 1, 2』(공역), 『법률 1, 2』(공역) 등 이 있다.

정암고전총서는 정암학당과 아카넷이 공동으로 펼치는 고전 번역 사업입니다.
고전의 지혜를 공유하여 현재를 비판하고 미래를 내다보는 안목을 키우는
문화적 기반을 마련하고자 합니다.

정암고전총서 플라톤 전집

파이드로스

1판 1쇄 펴냄 2020년 8월 28일
1판 2쇄 펴냄 2023년 2월 24일

지은이 플라톤
옮긴이 김주일
펴낸이 김정호
펴낸곳 아카넷

출판등록 2000년 1월 24일(제406-2000-000012호)
주소 10881 경기도 파주시 회동길 445-3 2층
전화 031-955-9511(편집) · 031-955-9514(주문)
팩스 031-955-9519
www.acanet.co.kr

© 김주일, 2020

Printed in Paju, Korea.

ISBN 978-89-5733-691-5 94160
       978-89-5733-634-2 (세트)